U0142567

楊智傑 著

 **四版序**

　　本書雖然是入門書，但仍希望對最重要的大法官解釋，都作基本的介紹。在人權基礎理論方面，我認為有必要增加介紹三種審查基準的概念，因為現實大法官的運作，早已不只是單純操作比例原則。

　　2018年底，立法院通過憲法訴訟法，2022年開始正式實施。2020年本書修正已經補上了新的憲法訴訟制度。而憲法訴訟制度與憲法法庭運作以來，也作出了許多重要的判決。

　　在大法官解釋與憲法判決方面，上一次2020年修正時，增加了徵收及相關的大法官解釋，還有性行為自由及通姦除罪化之釋字第791號解釋。此次2024年修正，增加了憲法法庭上路後的幾個重要憲法判決，包括強制道歉案（二）、誹謗案（二）及健保資料庫案。

楊智傑

2024.3.25雲林科技大學研究室

# 自序

　　會想用「一頁文一頁圖」這種模式來寫書，是因為看到市面上翻譯不少日本人寫的圖解書籍，覺得這種模式對外行人來說，是一種很有吸引力的入門讀物。但法律這門知識，各國規定不同，沒辦法直接翻譯日本人寫的圖解法律書，所以只好自己親自撰寫製作。但真正開始寫才知道，實在不容易。要把每一篇文字控制在850-950字之間，又要填滿右邊那一頁圖表，實在煞費不少苦心。

　　我認為圖解應該是一個入門書，要寫流暢的文字，搭配簡單的圖形。這本書的章節安排，有別於傳統憲法教科書章節安排順序，而是用我自己的思路重新組織過。我認為傳統的憲法章節，讀起來並不是那麼順暢，而我也不想寫考試用書。因而，我堅持用自己的邏輯，有系統地、很順暢地，一篇接一篇，希望帶領讀者輕鬆進入憲法的世界。

　　這本書製作後期，我用圖解憲法這個概念，申請到陳惠馨老師主持的教育部「法學教育教學研究創新計畫」子計畫「憲法PowerPoint教材製作計畫：新聞案例引導與圖解概念學習」。獲得計畫的挹注，讓我可以聘請兩個助理，協助我處理其他雜務，以及姊妹作「圖解法律」的資料整理工作，分擔我不少心力，也讓我可以繼續專心為這本書的最後校稿奮戰。當然，這本書裡面很多的圖解概念，我也繼續延伸，放到教育部的計畫裡面，做出炫麗的簡報檔。所以我真的很感謝教育部與陳惠馨老師工作團隊的支援。

　　本書出版後，獲得各界支持與迴響。有不少讀者寫信或在網頁留言給我，提醒我書中的一些錯字，或請教我一些書中寫的不甚清楚的地方。我在每次改版時，都把讀者的寶貴意見納入修改，使得本書益加完善。在此要感謝這些熱心的讀者。另外，也有不少國高中公民老師，此以書作為備課參考資料；也有一些學界朋友，使用本書作為通識課程憲法教科書。對於這些教師朋友，我非常感激他們的推廣。

　　原本這本書強調的是簡單易懂、並用圖表呈現體系架構，但對一些憲法學的細節，包括大法官解釋，沒辦法花太多篇幅講解。但憲法學習，若能增加大法官解釋與案例，會讓讀者讀來更容易吸收。此次改版，我嘗試挑了幾個重要大法官解釋，用白話說明的方式，解講其來龍去脈。未來若能持續改版，我也會陸續增補一些重要大法官解釋，讓本書內容更加豐富。

楊智傑

2012.8.20雲林科技大學研究室

# 本書簡目

# 本書目錄

## 第 **4** 章 憲法前言、總綱與基本架構 053

# 第二篇　政府組織

## 第 **5** 章　總統　065

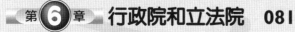

# 本書目錄

# 本書目錄

# 本書目錄

---

# 第三篇 人權保障

## 第10章 人權基本理論 157

# 本書目錄

# 本書目錄

# 第 **1** 章
# 憲法的基本概念

章節體系架構 ▼

# UNIT 1-1
# 憲法的意義

圖解憲法

## （一）憲法

什麼是憲法（Constitution）？憲法這個概念，來自外國。Constitution這個字的動詞constitute，在英文是「建構、組織」的意思，所以，憲法可以說是建構政府的法律，規定政府該怎麼組成。

換句話說，所謂的憲法，應該是「約束政府權力」的法律。在有憲法以前，法律是國王頒布來約束人民的，國王的權力最大，想要什麼法律就有什麼法律，沒人可以約束國王。而憲法與一般法律不同，其就是反過頭來要約束政府的權力，不要讓政府濫用權力打壓人民。

## （二）憲法的歷史

第一次出現憲法這個概念，是在英國1215年英王約翰（John）與貴族簽訂「大憲章」（Magna Carta, 1215），規定政府向人民徵收租稅須得到人民代表的同意：也就是「無代表不納稅」。這是第一次有法律約束統治者的行為。後來英國又有1628年的「權利請願書」、1688年的「權利法典」等不斷的演變，雖然至今英國仍無一部「成文憲法」，但仍有「憲政母國」的稱號。

英國的憲法是不成文憲法，而世界上第一部的成文憲法，則是出現在美國獨立後，1787年所制定的《美國聯邦憲法》。後來這樣的風潮漸漸影響其他歐洲國家，到了20世紀之後，大部分的國家，都有一部成文憲法。

## （三）立憲主義

有些國家雖然大部分有憲法，但卻是獨裁極權國家。所以他們的憲法，只是寫來好看的，並不能真正約束他們的獨裁者。真正的憲法，必須能夠約束他們的統治者，這也就是所謂的「憲政主義」（Constitutionalism）的概念。

所以一般立憲主義會要求憲法必須有幾項內容：❶必須設計政府組織內容，尤其必須「權力分立」，將權力分開，避免將權力集中在少數獨裁者手上；❷必須是民主政府，由人民選出民意代表組成國會，監督政府、制定法律；❸必須保障人權。

### 😊 小博士解說

### 美國聯邦憲法

《美國聯邦憲法》（Constitution of the United States），簡稱美國憲法，是美國的根本大法。該憲法於1787年9月17日在費城召開的美國制憲會議上獲得代表表決通過，並在此後不久被當時美國擁有的13個州的特別會議所批准。根據這部憲法，美國成為一個由各個擁有主權的州所組成的聯邦國家，同時也有一個聯邦政府來為聯邦的運作而服務。從此聯邦體制取代了基於《邦聯條例》而存在的較為鬆散的邦聯體制。1789年，美國憲法正式生效。該部憲法為日後許多國家的成文憲法的制定提供了成功的典範。

## 憲法的出現

| | | |
|---|---|---|
| 1215年 | 大憲章 | |
| 1628年 | 權利請願書 | |
| 1688年 | 權利法典 | |

**1787年**
**美國聯邦憲法**
第一部成文憲法出現

## 美國憲法的誕生過程

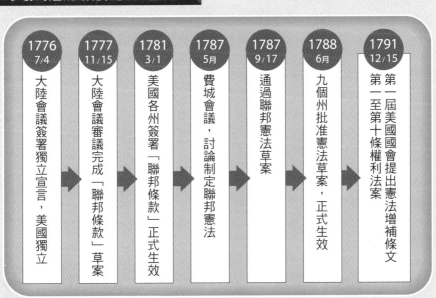

| 1776 7/4 | 1777 11/15 | 1781 3/1 | 1787 5月 | 1787 9/17 | 1788 6月 | 1791 12/15 |
|---|---|---|---|---|---|---|
| 大陸會議簽署獨立宣言，美國獨立 | 大陸會議審議完成「聯邦條款」草案 | 美國各州簽署「聯邦條款」正式生效 | 費城會議，討論制定聯邦憲法 | 通過聯邦憲法草案 | 九個州批准憲法草案，正式生效 | 第一屆美國國會提出憲法增補條文第一至第十條權利法案 |

## 憲政主義

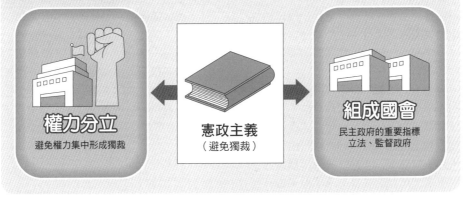

**權力分立**
避免權力集中形成獨裁

**憲政主義**
（避免獨裁）

**組成國會**
民主政府的重要指標
立法、監督政府

# UNIT 1-2
# 憲法的分類

圖解憲法

## （一）成文憲法與不成文憲法

憲法可分為「成文憲法」（Written Constitution）與「不成文憲法」（Unwritten Constitution）。如果一個國家有一份明白清楚名為《憲法》的法律，就算是成文憲法。相反地，世界上有少數國家，他們有很多個重要的法律，共同組成憲法，卻沒有單一的《憲法》，我們稱之為不成文憲法。

最有名的國家就是英國。英國是憲法起源國，但因為他們憲政主義發展是一步一步的，所以他們沒有一份叫《憲法》的法律文件，卻有一些重要的法律文件，這些法律的內容與其他國家的憲法的內容相同，故我們稱英國為不成文憲法。

通常成文憲法國家都是經過劇烈的政治改革，才會決定制定一部成文憲法。而不成文憲法國家，通常都是緩慢的改革，所以沒有將憲法法典化。目前世界上有三個不成文憲法國家，為以色列、紐西蘭和英國。

## （二）剛性憲法與柔性憲法

依憲法「修改難易」分類，可分為「剛性憲法」（Rigid Constitution）與「柔性憲法」（Flexible Constitution）。剛性憲法指憲法的修改，比一般修改法律還要困難。柔性憲法指憲法之修改程序與機關與一般法律相同，如英國及義大利1848年憲法。

表面上，臺灣的修憲程序比制定法律的程序還難，好像是剛性憲法，但是從1991年5月1日起至2005年卻連續修憲七次，甚至第七次修憲的時候，由人民複決時，投票率只有29％，就這樣通過了修憲案，可見過去臺灣修憲似乎沒有想像中的困難。

## （三）欽定憲法、協定立憲及民定憲法

依「制憲主體」分類，可分為「欽定憲法」、「協定憲法」、「民定憲法」。欽定憲法是由君主以獨斷之權力所制定施行之憲法。如：二次大戰以前的日本憲法（明治維新憲法）、清末所頒布之憲法大綱均屬之。

協定憲法是由君主與人民共同協議商洽所制定之憲法，也就是一般說的「君主立憲」。如：1215年大憲章、法國第二共和憲法（1830年）。目前大部分仍保有皇室的國家的憲法，都是君主立憲的憲法，包括歐洲各國和日本。

民定憲法則是依國民自己的意思所制定施行之憲法，當今的憲法大都標榜「民定」的特徵，也就是由人民選出制憲代表，制定憲法，或是由人民自己公民投票通過憲法。

### 小博士解說

**英國不成文憲法**

我們常說英國屬於不成文憲法，其實其有很多組成憲法的重要法律文件，包括國會通過的1972年歐洲共同體法、1975年下議院法、1998年北愛爾蘭法、1998年蘇格蘭法、1998年威爾斯政府法、1998年人權法。此外還包括一些不成文的法源，諸如英國的憲政慣例、上議院的判決先例、皇室命令、習慣和傳統等。

## 憲法分類示意圖

| 不成文憲法 | ← | 形式 | → | 成文憲法 |
|---|---|---|---|---|
| 柔性憲法 | ← | 修憲難易 | → | 剛性憲法 |

**憲法的類型** ⟶ 制憲主體

- 欽定憲法 — 統治者
- 協定憲法
- 民定憲法

## 不成文憲法國家

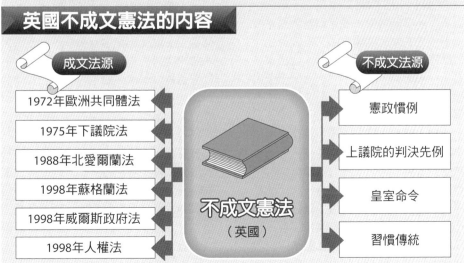

採用不成文憲法國家只有三個

- 英國
- 以色列
- 紐西蘭

## 英國不成文憲法的內容

**成文法源**

| 1972年歐洲共同體法 |
| 1975年下議院法 |
| 1988年北愛爾蘭法 |
| 1998年蘇格蘭法 |
| 1998年威爾斯政府法 |
| 1998年人權法 |

**不成文憲法（英國）**

**不成文法源**

| 憲政慣例 |
| 上議院的判決先例 |
| 皇室命令 |
| 習慣傳統 |

# UNIT **1-3**
# 憲法的內容

圖解憲法

## (一) 政府組織

一般學者會說，憲法必須有兩項內容，一是政府組織，二是基本人權。甚至有學者會說，憲法中政府組織的存在，是為了保障基本人權，所以最重要的，就是要保障人權。

所謂的政府組織，主要是規定政府的組成，分成幾個部門，而各部門之間如何進行權力制衡。例如會規定這個國家的民意代表要如何選舉、國會的制度是兩院制還是一院制、政府的組成是總統制還是內閣制、政府是中央集權還是地方分權、司法體制的設計等等。

政府組織這個部分會寫得比較清楚，例如國會議員是幾年一任、可不可以連任、選舉區域怎麼區劃、要選多少人、投票方式為何等等。由於政府組織的條文會寫得比較清楚，所以這些條文是憲法中較能直接被使用的條文。

## (二) 基本人權

基本人權，也有稱為人權條款（Bill of Rights），主要是以人民的「自由」為主。所謂的自由，就是原則上國家不要干涉，例如有言論自由、宗教自由、行動遷徙自由、講學自由等。但後來又有另一種新興人權，是要求國家給予人民照顧，例如有生命權、財產權、工作權等。

不過，基本人權的內容，往往沒辦法寫得很具體，只能寫得很抽象。例如憲法中只會寫一句「人民有言論自由」。但是人民的言論自由到底有多大？能不能誹謗他人？能不能散播色情圖片？能不能宣傳叛國思想？能不能揭穿他人隱私？這些問題並不能直接從憲法中得到明確的答案，還必須透過相關的法律清楚的規定。

甚至，有的國家的憲法不一定有規定人權條款。例如最早的一部憲法美國聯邦憲法，剛開始制定時就沒有人權條款，是後來透過修憲程序才增補了人權條款。而法國第五共和的憲法也沒有人權條款。

## (三) 基本國策

除了上述兩個部分之外，有少數的國家憲法有第三個部分，就是「基本國策」。通常這是社會主義國家，才會有這個部分。例如共產主義國家（中國）和一些社會主義國家，都有基本國策的規定。

所謂的基本國策，就是規定國家某些大政策的方向，規定國家的土地該如何分配、國家的教育該如何實施等等。不過和基本人權一樣，這些基本國策也不能夠被直接使用。甚至，很多國家並不會真的確實遵守其基本國策的規劃。

## (四) 臺灣的違憲審查制度

臺灣的違憲審查，採取歐陸式的「事後審查」以及「集中審查」，亦即只有在法律通過後，發生具體問題時，才可以申請憲法解釋。而且，我國只有一個司法院大法官具有法律違憲審查權，一般的訴訟案件，必須用盡救濟程序（三級三審），才能以系爭法律牴觸憲法為由，聲請司法院大法官解釋憲法。而且大法官在審查憲法時，採取的是抽象審查制度，而非具體審查，亦即審理的是抽象的法律是否牴觸憲法，而非具體的個案情況是否牴觸憲法。這種種的侷限，就是為了避免司法違憲審查權過大。

## 憲法三大內涵

憲法

政府組織 → 總統制、內閣制、雙首長制

基本人權 → 言論自由、宗教自由
行動自由、男女平等

基本國策 → 平均地權、節制資本

## 憲法核心

政府組織的目的，是在保障基本人權。
至於基本國策，則只是一個方針。

基本人權

政府組織    基本國策

## 臺灣違憲審查流程

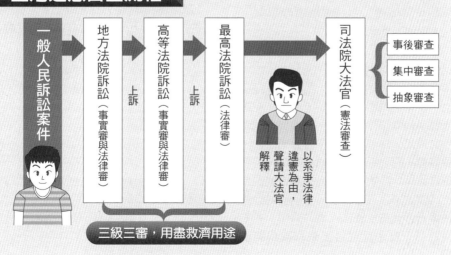

一般人民訴訟案件

地方法院訴訟（事實審與法律審）

上訴

高等法院訴訟（事實審與法律審）

上訴

最高法院訴訟（法律審）

以系爭法律違憲為由，聲請大法官解釋

司法院大法官（憲法審查）

事後審查
集中審查
抽象審查

三級三審，用盡救濟用途

# UNIT **1-4**
# 憲法地位與維護

## （一）憲法的最高性

憲法是國家的根本大法，高於所有的法律。我們可以透過右邊的金字塔圖形，了解憲法在所有法律體系內的最高地位。

一般國家的成文法律，主要包括憲法、法律和命令。奧國的純粹法學者凱爾森（Hans Kelsen, 1881-1973）提出一個法律金字塔的概念。命令之所以有效，是因為其得到法律的授權依據，而法律之所以有效，則是經過憲法的制定程序。這樣一層一層往上，看起來就像是金字塔。憲法最高、法律次之、命令最低。另外，法律不得牴觸憲法，命令不得牴觸法律和憲法。

## （二）憲法的維護機制

一般認為，憲法是一國的根本大法，優於其他法律。所有的法律、命令與憲法牴觸均無效。但是法律到底有沒有違反憲法，誰說了算數？這時必須有輔助機制。這樣的輔助機制，有的是由國會自己來決定法律到底有沒有違反憲法，有的則是透過「司法違憲審查機制」（judicial review）。

## （三）國會審查

在某些歐洲國家，他們強調國會至上，法律也是國會通過的，所以不能讓人輕易指責法律違憲。例如荷蘭憲法就明文規定，法院不得宣告國會制定的法律違憲。而北歐和大英國協國家，則是會透過國會設置某些人權委員會或監察使這類的國家人權機構，定期檢討該國法律是否有違反憲法人權的問題，如果有的話，就由國會自己來修改相關法律。

又或者在法國，國會通過法律後，在總統公布以前，必須先交由「憲法委員會」檢查是否有違反憲法的地方。這種憲法委員會比較類似「第三個國會」（法國本來就有兩個國會）。憲法委員會是在國會通過法律草案後、「法律生效前」先審查是否有違憲的問題，如果有就直接退回給國會要求國會修改法律；一旦法律生效之後，憲法委員會就不能夠再審查法律是否違憲。所以這稱為法律生效前的「事前違憲審查」。

## （四）司法違憲審查

至於美國和德國，則是在法律制定以後，在一般的訴訟過程中，透過法院來行使違憲審查權，檢查一個訴訟涉及的相關法律，是否牴觸憲法？如果有牴觸憲法，他們負責維護憲法的法官，就可以宣告那些法律違憲。我們稱這種審查為法律生效之後「事後的違憲審查」。

當然，每個國家對於違憲審查制度，都有不同的設計。例如德國是由單一的憲法法院來審理憲法案件，而美國則是各級法院都有權力行使違憲審查權，但是由美國聯邦最高法院作最後的定奪。

## 憲法的最高性

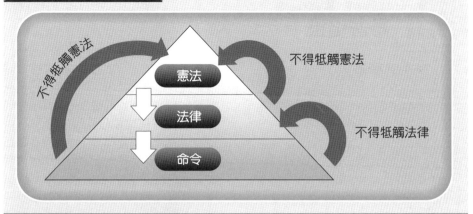

不得牴觸憲法

不得牴觸憲法

不得牴觸法律

憲法

法律

命令

## 憲法的維護機制

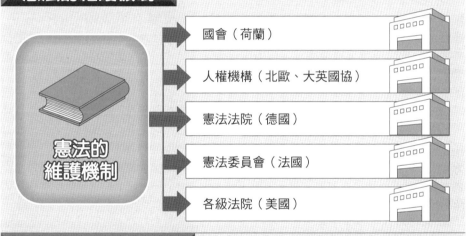

憲法的
維護機制

國會（荷蘭）

人權機構（北歐、大英國協）

憲法法院（德國）

憲法委員會（法國）

各級法院（美國）

## 美國違憲審查運作

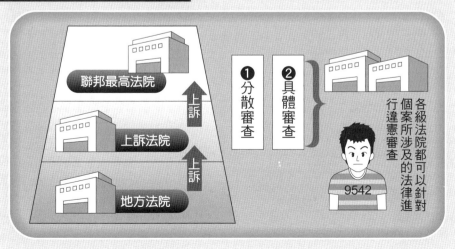

聯邦最高法院

上訴

上訴法院

上訴

地方法院

❶ 分散審查

❷ 具體審查

9542

各級法院都可以針對個案所涉及的法律進行違憲審查

# UNIT 1-5
# 憲法變遷

## （一）憲法需要修正

原則上，我們希望憲法是基本大法，不可以常常修改，所以把修憲門檻訂得很高。可是由於時代在進步，可能憲法條文會跟不上時代，如果不允許憲法改變的話，可能會自綁手腳。

但是，要更動憲法的內容，不一定要進行正式的修憲。一般我們會說，憲法的變遷，有三種方式：一是依照憲政慣例慢慢調整，二是依照修憲程序進行修憲，三則是透過大法官憲法解釋調整。

### ❶憲政慣例

所謂的憲政慣例，就是憲法並沒有寫，可能是一個國會通過的法律，或者是政府機關在沒有法律下運作的習慣，這些法律或運作的習慣漸漸形成慣例，所以也就承認其憲法的地位。制訂法律補充憲法，如果這個法律用久了，其內容也可算是一種憲政慣例。

憲政慣例應具備下列幾項條件：①相當長時期經人們反覆實行；②內容具有明確的規範性；③現行法並無規範亦與現行法並無牴觸具有相當的拘束力。

例如，美國憲法對於總統任期並未規定僅能連任一次而不得第二次連任，但華盛頓總統與傑弗遜總統皆拒絕第二次連任，影響所及，以後總統皆只做完兩任即退職不再連任形成憲法習慣。1951年並配合憲法修正，即強制規定不得連任兩次（1974年提案），使憲法慣例更進一步成為具體成文法的規定（美國憲法增修條文第22條）。

### ❷修憲

第二種方式就是透過正式的修憲程序來進行憲法變遷。

### ❸憲法解釋

第三種方式，則是透過大法官做憲法解釋，讓抽象的憲法跟隨時代腳步演變。因為修憲比較困難，而大法官解釋相對容易，有時候大法官在解釋時，就會允許不要那麼僵硬地遵守憲法的規定，而容忍一些彈性，這樣就可以讓憲法跟得上時代。常有人說，美國憲法制定於200年前四輪馬車時代，但到現在太空梭時代都還能用，可是才修憲不到30次，靠的就是大法官解釋。

## （二）反省：憲政慣例的存在？

但今天還允許用憲政慣例的方式進行變遷嗎？如果立法院制訂了某個法律，也沒有人宣告它違憲，我們就一直用下去，那麼或許用久了，我們也可以說它是一種憲政慣例。不過，如果大法官宣告這種方式違憲，也就是不准立法院自己制訂法律來落實憲法、不准立法院形成新的憲政慣例，那麼，憲法變遷的方式，是不是只剩下修改憲法和解釋憲法了呢？這個疑問供大家思索。

### 😊小博士解說

**日本和平憲法**

日本於二次戰後，在美國主導下於1947年制定了新憲法。其中第9條規定：「日本國民誠實希求以正義與秩序為基本之國際和平。永久放棄以國權發動之戰爭，以及以武力威嚇或行使威力，做為解決國際紛爭之手段。為達成前項目的，陸海空軍及其他戰力，不予保持，國家交戰權，不予承認。」一般稱為和平憲法，也就是日本不可以有軍隊。可是實際上日本人卻一步一步的，慢慢改變憲法中原本禁止一切戰力的規定，建立自衛隊。

## 憲法的變動途徑

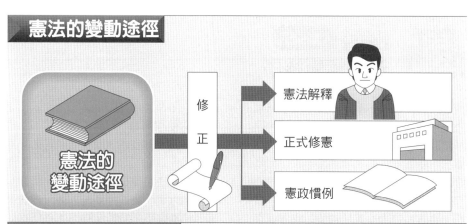

憲法的變動途徑 → 修正 → 憲法解釋 / 正式修憲 / 憲政慣例

## 憲法跟不上時代

你跟不上時代啦！

## 日本和平憲法的演變

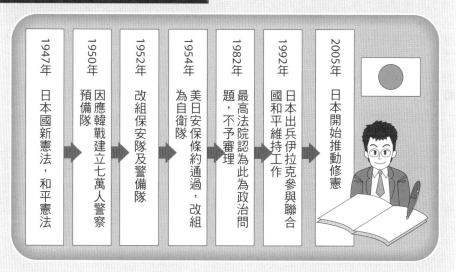

1947年 日本國新憲法，和平憲法

1950年 因應韓戰建立七萬人警察預備隊

1952年 改組保安隊及警備隊

1954年 美日安保條約通過，改組為自衛隊

1982年 最高法院認為此為政治問題，不予審理

1992年 日本出兵伊拉克參與聯合國和平維持工作

2005年 日本開始推動修憲

# UNIT 1-6
## 各種修憲程序

圖解憲法

各國的修憲程序都不一樣。如果是柔性憲法，則修憲的程序和一般立法的程序相同。但大多數國家的憲法都是剛性憲法，剛性憲法的意思就是修憲要比修法還要困難，需要更高的門檻。

世界上各種國家的修憲程序各不相同，而這又會因為其是聯邦制或是單一制國家而有不同的設計。

### ❶超級多數決

大多數國家的修憲，都是交給現有的立法機關去負責，但是修憲的門檻會比一般立法的門檻還要高。例如一般立法門檻只要全體立委的1/2，而修憲門檻可能要提高到全體立委的3/4。當然，如果是兩院制國會，可能兩院都必須提高門檻。

### ❷特別機關

有些國家會將修憲權賦予類似「憲法會議」之特別機關行使，這種機關平時並不存在，只有當要修憲時，才會特別選出來。例如我國第六次修憲的任務型國大，就很類似這種方式。其好處在於，這種只為了修憲而存在的特別機關，本身並沒有特別的政治利益（例如沒有連任壓力），所以在思考修憲方案時，並不因為自己的利益而受扭曲，比較能夠理性、專注的思考修憲方向。

### ❸公民投票

現代很多國家都會要求修憲要加入全國性的公民複決。有下列三種類型：一是任意公民投票制，指由憲法指定之人或機關，以決定是否交付公民投票，如泰國。二是必要公民投票制，在一定條件下（如憲法修正案未獲絕對多數之通過時）必須交付公民投票，如南斯拉夫。三是強制公民投票，此制度是立法或制憲機關先行提出修憲案，再交由公民票決是否通過，如韓國。

### ❹連續兩屆國會

有些國家會要求一個修憲案，必須連續兩屆國會都通過，才算通過。這連續兩屆國會必須是接連的兩屆，中間必須舉行過大選，更換過議員。這種方式是確保修憲案不是基於一時的激情衝動。

### ❺聯邦制國家

在聯邦制國家，修憲程序可能會需要各州的同意。例如在美國，修憲案在聯邦參、眾兩院通過，還需要各州州議會的複決。又例如，伊拉克戰敗後，2005年草擬的新憲法，也必須要有伊拉克國內18個省進行公民複決，若其中有3個省以上2/3的民眾投票反對，憲法就不通過。這種方式通常是為了保護少數州的利益，避免多數州忽略少數州的訴求。

### ❻混合

有些國家的修憲方式有很多種，其可能有上述兩種以上的修憲方式，或者將上面兩種方式混合。例如，法國的修憲方式就有兩種，一種是國會修憲但拉高投票門檻，另一種則是公民投票。而混合兩種方式的，則可能先由連續兩屆國會通過修憲案，再交由人民複決。

## 美國憲法複雜的修憲程序

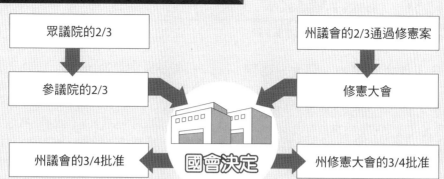

眾議院的2/3 → 參議院的2/3

州議會的2/3通過修憲案 → 修憲大會

州議會的3/4批准 ← 國會決定 → 州修憲大會的3/4批准

知識 ★★★ 補充站

美國憲法第5條：「舉凡兩院議員各以三分之二的多數認為必要時，國會應提出對本憲法的修正案；或者，當現有諸州三分之二的州議會提出請求時，國會應召集修憲大會，以上兩種修正案，如經諸州四分之三的州議會或四分之三的州修憲大會批准時，即成為本憲法之一部分而發生全部效力，至於採用哪一種批准方式，則由國會議決。」

## 修憲程序類型比較表

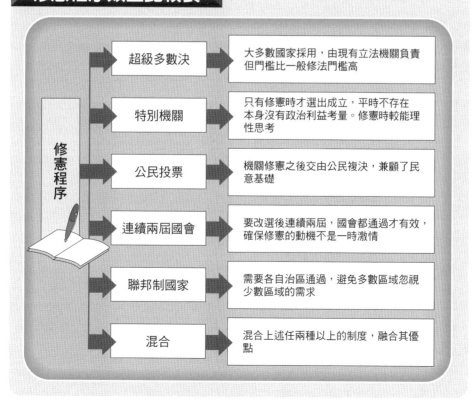

修憲程序

| 超級多數決 → 大多數國家採用，由現有立法機關負責但門檻比一般修法門檻高 |
| 特別機關 → 只有修憲時才選出成立，平時不存在本身沒有政治利益考量。修憲時較能理性思考 |
| 公民投票 → 機關修憲之後交由公民複決，兼顧了民意基礎 |
| 連續兩屆國會 → 要改選後連續兩屆，國會都通過才有效，確保修憲的動機不是一時激情 |
| 聯邦制國家 → 需要各自治區通過，避免多數區域忽視少數區域的需求 |
| 混合 → 混合上述任兩種以上的制度，融合其優點 |

# UNIT 1-7
## 我國修憲程序

### （一）前六次修憲：國大一機關修憲

憲法本文規定的修憲程序，主要由國民大會修憲，但立法院也有提案權。在2000年以前的第一次到第六次修憲，我國的修憲程序，主要是國民大會一機關負責修憲。而特色在於會先有一個體制外會議主導，在體制外會議經過政黨協商達成共識之後，再召開國民大會進行修憲。

憲法第174條：「憲法之修改，應依左列程序之一為之：

❶由國民大會代表總額五分之一之提議，三分之二之出席，及出席代表四分之三之決議，得修改之。

❷由立法院立法委員四分之一之提議，四分之三之出席，及出席委員四分之三之決議，擬定憲法修正案，提請國民大會複決。此項憲法修正案，應於國民大會開會前半年公告之。」

### （二）第七次修憲：任務型國大修憲

第五次修憲國民大會延長自己任期，被大法官宣告該次修憲違憲後，國民大會進行第六次修憲，將國民大會「虛級化」，改為「任務型國大」，修憲程序更改為由立法院3/4出席、3/4同意提出修憲案，提案之後交由全國討論6個月，然後3個月內依比例代表制選出任務型國大，複決修憲案。2005年第七次修憲就是採用這種方式進行。

### （三）未來修憲：人民公投複決

2005年6月第七次修憲後，完全廢除了「任務型國大」，往後整個修憲程序，改採為立法院3/4出席、3/4同意通過修憲案後，直接交由人民「公投複決」。

憲法增修條文第12條（2005年第七次修憲）：「憲法之修改，須經立法院立法委員四分之一之提議，四分之三之出席，及出席委員四分之三之決議，提出憲法修正案，並於公告半年後，經中華民國自由地區選舉人投票複決，有效同意票過選舉人總額之半數，即通過之，不適用憲法第一百七十四條之規定。」

將來修憲的門檻高了很多，必須立法院3/4的立委通過提案，交給人民複決，而人民公投複決的門檻必須全國有選舉權人一半以上都投贊成票，才能通過修憲案。若按照我國目前有選舉權人一千九百多萬來看，將來想通過修憲案，必須要有九百五十多萬人投贊成票才有可能。所以，許多學者認為未來都不再可能修憲，因為公投的門檻太高了。

# 憲法本文所規定的修憲方式

 國民大會提議 ➡  ⬅ 立法院提議

國民大會議決

# 憲法本文的修憲方式

| 提案機關 | 提案數額 | 議決 | 依據 |
|---|---|---|---|
| 國民大會 | 1/5提議 | 國民大會2/3出席，出席代表3/4決議 | 第174條第1款 |
| 立法院 | 1/4提議<br>3/4出席<br>3/4決議 | 國民大會2/3出席，出席代表3/4決議 | 第174條第2款、國大職權行使法 |

# 第七次修憲之方式

立法院提案（3/4出席、3/4同意）

⬇

六個月內全國討論

⬇

三個月內依比例代表制選出任務型國大

⬇

一個月內召開任務型國大「複決」立法院修憲案

# 未來修憲之方式

立法院提案（3/4出席、3/4同意）

⬇

六個月內全國討論  全民公投

⬇

三個月內舉辦全民公投複決修憲案（全國投票人口1/2）

# UNIT **1-8**
## 修憲有界限?

圖解憲法

所謂的修憲有界限,意思為如果修憲的結果逾越了修憲的界限,就可能無效。但是,人民就是覺得憲法不好才想修,怎麼卻又不准修了?而且修憲門檻這麼高,能經過修憲門檻的,一定是全國大部分民眾認同的,為何要禁止呢?

### (一)少數國家的例證

世界上只有非常少數國家的憲法,會規定憲法中的某些條文不可修改,成為修憲的界限。這些界限可能是要保護民主,或者是要保護重要的基本人權。最有名的,就是德國的基本法。德國因為希特勒崛起的教訓,所以在德國基本法第79條就規定,聯邦體制和人性尊嚴,是不可以修改的。但是德國至今為止,還沒有真正宣告哪次修憲因為逾越了修憲界限而無效。

也有一些國家,雖然憲法中沒有規定修憲的界限,但是該國負責解釋憲法的大法官,卻可能透過解釋,自己說修憲是有界限的,而宣告某些修憲條文違憲。例如,印度的最高法院,就在某一個案件中宣告印度憲法的基本結構不能被破壞。

### (二)釋字第499號解釋

臺灣和印度一樣,在憲法中並沒有規定修憲的界限,可是我們的大法官卻在解釋憲法時,宣告修憲有界限。我國在第五次修憲時,決定修憲延長自己的任期2年。當時第五次修憲結果一出,社會輿論譁然,認為民意代表怎麼可以延長自己的任期。就算要延長也應該從下一屆開始適用,怎麼可以從當屆開始適用在自己身上。結果大法官在釋字第499號解釋,就宣告那次修憲國大延長自己任期,已經「逾越了修憲的界限」,所以該次修憲無效。

### (三)大法官的勇氣

修憲是經過那麼高的門檻修出來的結果,大法官怎麼敢輕易宣告修憲違憲?這樣很容易讓大法官捲入政治漩渦。大法官要這麼做,勢必要有很大的勇氣。以過去經驗來看,大法官之所以敢宣告第五次修憲違憲,主要是因為大部分民眾對第五次修憲結果非常反彈,在民氣可用的情勢下,大法官才敢宣告一個修憲案違憲。相較於此,第七次修憲時,也有人認為修憲程序有很多瑕疵,聲請大法官解釋。但是當時反彈該次修憲的聲浪不大,大法官也就不敢輕易宣告那次修憲違憲。

### (四)反省

若從「事後諸葛」的角度來看,第五次修憲被宣告違憲,導致第六次修憲草草發明了任務型國大,而第七次修憲又因為任務型國大沒有用處、形同虛設,在2005年的第七次修憲廢了任務型國大,改為公民投票。倘若當時真的讓國大延任、依附於立委選舉,將臺灣轉型為「兩院制國會」,今天臺灣的政治局勢會不會穩定一點呢?

## 釋字第499號宣告第五次修憲違憲的理由

| | 大法官建立的標準 | 第五次修憲的瑕疵 |
|---|---|---|
| 程序上瑕疵 | 不可有重大明顯瑕疵 | 無記名投票<br>→ 違反政治責任原則 |
| 實質上瑕疵 | 修憲界限 民主共和國原則（第1條）<br>國民主權原則（第2條）<br>保障人民權利（第2章） | 民意代表延任<br>→違反國民主權原則 |

 ★釋字第499號的修憲界線

釋字第499號解釋：「憲法條文中，諸如：第一條所樹立之民主共和國原則、第二條國民主權原則、第二章保障人民權利、以及有關權力分立與制衡之原則，具有本質之重要性，亦為憲法整體基本原則之所在。基於前述規定所形成之自由民主憲政秩序，乃現行憲法賴以存立之基礎，凡憲法設置之機關均有遵守之義務。」

## 修憲不得牴觸憲法

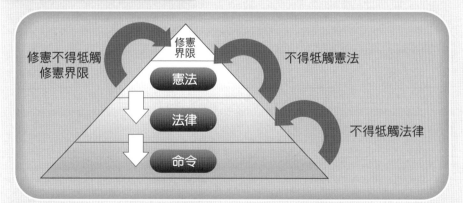

修憲不得牴觸修憲界限　　修憲界限　　不得牴觸憲法

憲法　　法律　　命令

不得牴觸法律

憲法第171條和第172條，說明命令不得牴觸憲法和法律，法律不得牴觸憲法，但修憲不正是要把憲法本身修改掉，為何修憲還會牴觸憲法呢？我國憲法中並沒有明確規定修憲的界線。

**第171條**

法律與憲法牴觸者無效。

法律與憲法有無牴觸發生疑義時，由司法院解釋之。

**第172條**

命令與憲法或法律牴觸者無效。

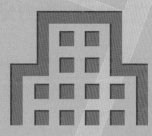

# 第 2 章

# 政府組織介紹

 章節體系架構 ▼

# UNIT 2-1
# 權力分立

圖解憲法

## （一）權力分立

權力分立（Separation of Powers），一般會將政府分為三個權力部門，分別是行政、立法、司法，也就是一般常說的「三權分立」。國會掌控立法權，負責制定法律；由內閣掌控行政權，負責執行法律；法院掌控司法權，負責判決法律爭議。

權力分立的目的，在於讓政府權力不要過度集中在一個部門手裡，避免發生獨裁專制的情形，以保障人民的權利。但是，權力分開後，更重要的是要讓他們彼此制衡（Check and Balance）。讓政府各機關透過各種憲法設計的遊戲規則，來彼此制衡，不要讓某一個權力獨大。

權力分立這個概念，首先來自英國洛克的《政府二論》，後來影響到法國孟德斯鳩《論法的精神》，到美國1787年制憲時，就按照三權分立的理念來制定憲法。

## （二）美國總統制

最典型的三權分立，就是美國的總統制。美國的總統是人民直選，直接掌控行政權。國會也是人民直選，掌控立法權。總統和國會之間，就有很強烈的制衡手段。此外，司法權也可以有效地和行政、立法兩權制衡。因為美國的法院有很大的審判權和違憲審查權，可以宣告行政、立法部門的行為違法，或宣告國會制定出來的法律違憲。

## （三）內閣制行政立法合一

一般人好像會認為，嚴格遵守三權分立、制衡的遊戲，就是一個「好的制度」。例如總統制就是嚴格的三權分立，所以是好的制度。至於內閣制，因為內閣是由國會中多數黨組成，也就是立法部門中有行政部門，看起來是「行政、立法合一」，而且英國上議院還同時兼任英國的最高法院，更是「立法、司法合一」。有人似乎認為，英國的內閣制沒有嚴守三權分立原則，所以是「壞的制度」。

但實際上，三權分立的原則，根本沒有經過什麼實驗證明，不能說「符合」三權分立就是好，「不符合」三權分立就是壞。世界上不少內閣制國家，運作的都很好。反觀採行總統制的國家，除了美國之外，很多都淪為威權統治國家。

## （四）垂直分權與水平分權
### ❶垂直分權

垂直面向的權力分立為中央政府與地方政府間之權限劃分，對此我國憲法設有專章，大體是採均權制。
### ❷水平分權

水平面向的權力分立為中央政府內與地方政府內部間之權限劃分，我國在中央為五權分立，在地方為行政與立法分立。

## （五）中央政府體制

將政府權力分成好幾塊後，就會設計彼此制衡的方式，也就是互相抗衡、對立的方式。尤其，立法權和行政權比較容易發生權力之間的衝突。因此，各國對於解決行政、立法權力之間衝突的方式，就是我們所謂的中央政府體制。一般典型的分類方式，是將中央政府體制分為「內閣制」、「總統制」、「雙首長制」。

## 權力分立思想的起源

1690年洛克《政府二論》　John Locke

↓

1748年孟德斯鳩《論法的精神》　Montesguieu

↓

1787年《美國聯邦憲法》  美國

### 洛克與《政府二論》
約翰‧洛克（John Locke，1632年8月29日—1704年10月28日）是英國哲學家、經驗主義的開創人，同時也是第一個全面闡述憲政民主思想的人，在哲學以及政治領域都有重要影響。1689年到1690年寫成的兩篇《政府論》是洛克最重要的政治論文。

### 孟德斯鳩與《論法的精神》
夏爾‧德‧塞孔達，孟德斯鳩男爵（Charles de Secondat, Baron de Montesquieu，1689年1月18日—1755年2月10日）是法國啟蒙時期思想家、社會學家，是西方國家學說和法學理論的奠基人。1748年以27年的光陰出版《論法的精神》，全面分析了三權分立的原則。

## 三權分立之相互關係

行政

立法　司法

## 總統制與內閣制的比較

| | 內閣制 | 總統制 |
|---|---|---|
| 權力概念 | 三權融合 | 三權分立 |
| 元首 | 虛位世襲元首 | 民選元首 |
| 行政權組成方式 | 國會多數黨或多數聯盟組成內閣 | 民選總統掌控行政權 |
| 多數與否 | 多數統治 | 總統代表的多數，與國會代表的多數彼此牽制 |
| 制衡方式 | 不信任投票（倒閣）、解散國會重新改選 | 總統否決權、國會2/3維持原決議 |
| 穩定性 | 內閣制可能會因為倒閣導致內閣更換頻仍 | 總統和國會各自民選，有固定任期，沒有倒閣問題 |
| 維持民主 | 內閣制民主較鞏固 | 總統制下總統大權獨攬，容易轉為獨裁，民主瓦解 |

## UNIT 2-2
## 內閣制（一）

圖解憲法

內閣制又叫做議會內閣（parliamentary system），採取內閣制的著名國家包括英國、日本、德國和北歐國家等。內閣制有下述特色：

### ❶國王

內閣制國家的特徵，在於通常這個國家乃是君主國家，有一個國王，作為國家元首。既然已經有國家元首了，就不會另外選出一人來擔任國家元首，也就是不會另選總統。

### ❷國會

內閣制國家只會進行國會大選，選出國會議員。通常因為歷史因素，都會有兩個國會，也就是採取兩院制。例如英國、日本和德國都是採取兩院制。國會原則上任期固定，例如5年一任或4年一任，但是如果國會倒閣之後被解散改選，則任期將重新計算。

### ❸內閣

所謂的內閣，在英文裡，就是「政府」（Government）這個字。內閣制國家的內閣，通常是由國會裡面的多數黨，或少數幾個黨合起來過半，組成內閣。通常都是由多數黨的領袖，出任內閣首相（Prime Minister），也有的國家稱為總理。內閣其他成員，是由首相挑選任命，但如果是多數黨聯合組閣，那麼內閣成員就會考量到每個黨的勢力分配了。

### ❹行政立法合一

內閣成員，原則上都必須具備國會議員的身分。所以內閣制並沒有堅持嚴格的「權力分立」原則，行政權原則上和立法權是合一的。甚至，像英國的最高法院，就在英國的貴族院裡面，更是立法、司法合一。

內閣首相原則上沒有任期的規定，只要國會繼續支持他擔任首相，他就可以繼續擔任下去。甚至到下一屆國會改選，國會仍然支持現任內閣，那麼內閣也可以繼續留任。不過，倘若內閣在很短期間內就不再獲得國會支持，也可能出現短命內閣。

### ❺副署制度

國王在名義上是國家元首，發布法律是由國王來做，名義上也是由國王任命內閣。但通常國王都會按照憲法，尊重國會多數黨，任命多數黨領袖或多數聯盟推舉出的首相人選。一般的法律名義上雖然是由國王發布，不過都需要相關內閣官員副署。所以實際上的行政權，是掌控在內閣手上。

### 😊小博士解說

#### 日本天皇

天皇是日本國君主的稱號，日本國家元首和國家的象徵。天皇是世界歷史上最長的君主制度（書籍記載於前660年）。由於被認為不同於普通的日本人（在神道教中，天皇是天照大神後裔，故具有神性），天皇與其家族沒有姓，日本憲法也未賦予其公民權。雖然裕仁以後的日本天皇已宣布完全放棄歷史上其被賦予的「神性」，多數日本人仍認為天皇代表著「國家」、「父母」。換句話說，天皇的意義與日本幾乎等同，在日本國民心中有重大意義。日本的現任天皇名為德仁，年號令和，於2019年即位。

## 日本內閣制的運作

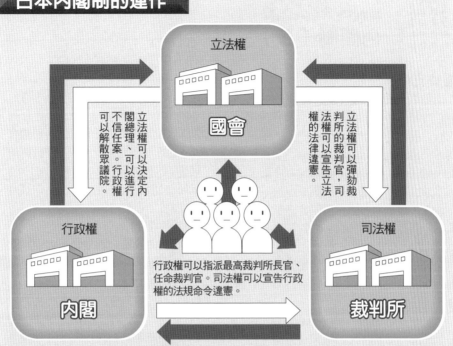

立法權

國會

立法權可以決定內閣總理、可以進行不信任案。行政權可以解散眾議院。

立法權可以彈劾裁判所的裁判官,司法權可以宣告立法權的法律違憲。

行政權

內閣

行政權可以指派最高裁判所長官、任命裁判官。司法權可以宣告行政權的法規命令違憲。

司法權

裁判所

## 內閣體系示意圖

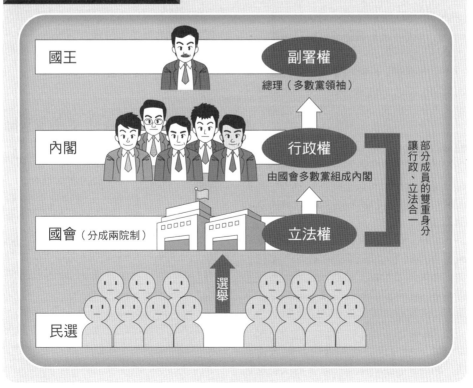

國王

副署權

總理(多數黨領袖)

內閣

行政權

由國會多數黨組成內閣

部分成員的雙重身分讓行政、立法合一

國會(分成兩院制)

立法權

民選

選舉

# UNIT **2-3** 內閣制（二）

圖解憲法

## 國會支持

由於內閣需得到國會議員多數的支持，內閣多半由國會裡面過半數的政黨或聯合幾個小黨過半數共同組成，所以其必須獲得國會過半數政黨的「支持」或「信任」。雖然內閣是由國會多數支持才成立的，但是一旦內閣成立後，久而久之，其政策可能會與國會多數漸漸偏離，而互相衝突。國會多數議員不再支持內閣的政策或法案。

此時，解決衝突的方式，主要是依循下面的管道：

## ❶不信任案

所謂的不信任案，一般也常說是「倒閣」。因為當國會大多數議員不再支持現任的內閣時，就是要倒掉現在的內閣。當不信任案投票通過時，內閣必須總辭。不信任案的發起，可以是內閣首相發起，也可以由國會議員自己發起。如果是內閣首相發起的，他們會聲稱某一法案的投票，同時也是不信任投票。如果議員不通過那個法案的話，也就是表示不信任內閣。或者反過來，由國會主動發起提出不信任案。

## ❷解散國會

如果內閣被國會倒閣成功，此時內閣也可以來一記回馬槍，內閣此時可以向國家元首要求解散國會，重新改選。這種方式就是訴諸民眾，因為內閣首相認為，也許不是自己背離民意，而是國會議員背離民意。雖然國會議員不支持他，但民眾可能會支持他。透過重新改選國會，由新改選的國會議員來決定，是否支持現任內閣。

如果國會改選結果，由支持現任內閣派獲勝，那麼內閣首相就可以繼續留任。倘若新選出的國會由原本的反對黨勝選，即表示人民不支持現任內閣，則將由新的國會多數出來組成新內閣。

這種解決行政權、立法權衝突的方式，其精神強調內閣一定要得到國會多數的支持，所以基本上是偏向國會的。只是賦予總理在被倒閣（不信任）時，可以反向要求重新改選，由新的民意來驗證民意是否支持現任內閣。

## ❸建設性倒閣

內閣制的缺點，就是當國會中沒有任何一個黨超過多數時，必須由好幾個黨組成多數聯盟執政。但這樣的聯盟是不穩定的，可能常常出現倒閣，使得內閣頻頻更換，或者選不出新的內閣，而導致政治不安定。

要解決這樣的方式，或許參考德國式的「建設性倒閣」制度。德國規定，國會議員必須先由多數選出新的內閣首相，才能夠倒閣。這種方式可以避免倒閣過於頻繁或是暫時選不出內閣的問題。

### 😀小博士解說

我國憲法增修條文，採取的是雙首長制，其中也採用了內閣制的倒閣及解散國會的設計。不信任案的條文如下：

不信任案（倒閣）：增修條文第3條第2項：「三、立法院得經全體立法委員三分之一以上連署，對行政院院長提出不信任案。不信任案提出七十二小時後，應於四十八小時內以記名投票表決之。如經全體立法委員二分之一以上贊成，行政院院長應於十日內提出辭職，並得同時呈請總統解散立法院；不信任案如未獲通過，一年內不得對同一行政院院長再提不信任案。」

## 內閣制的憲政運作

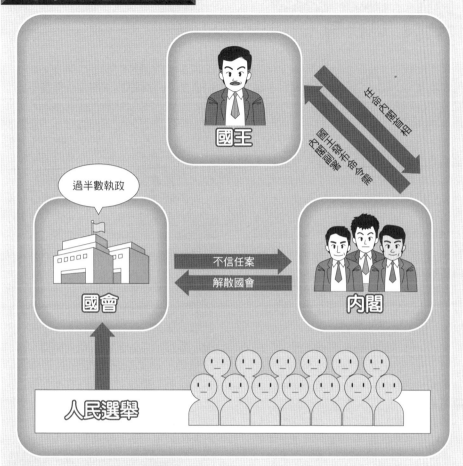

國王

過半數執政

國會

內閣

任命及罷黜閣揆

國王僅為名義元首及國家象徵

不信任案

解散國會

人民選舉

## 內閣制國家比較

| 國家 | 國家元首 | 國會制度 | 行政首長 |
|------|----------|----------|----------|
| 英國 | 女王 | 上議院、下議院 | 首相 |
| 日本 | 天皇 | 參議院、眾議院 | 首相 |
| 德國 | 總統（間接選舉） | 參議院、眾議院 | 總理 |

# UNIT 2-4
# 總統制（一）

採行總統制（presidential system）的代表國家為美國，還有一些新興民主國家。總統制大概有下述特色：

### ❶民選總統

總統為國家元首，乃是由人民直選，掌控行政權。而人民也直選國會議員，掌控立法權。由於總統和國會議員都是由人民直選，各有各的民意基礎，而任期也都固定（一般為4年），所以不像內閣制那樣，可以不信任對方或解散對方。

### ❷美國總統制

採取總統制的代表國家為美國。總統為國家元首，乃是由人民直選，掌控行政權。而人民也直選國會議員，掌控立法權。由於總統和國會議員都是由人民直選，各有各的民意基礎，而任期也都固定（一般為4年）。

### ❸權力分立

總統制是最強調權力分立精神的制度。這種制度的原始模型，就是美國的三權分立。美國很嚴格，由總統掌控行政權，國會掌控立法權，法院掌控司法權。這三種權力不能混合，嚴格區分，並透過很多方式，彼此相互制衡。例如國會可以通過法律案，總統可以覆議，而法院則可以宣告法律違憲。

總統制下的總統，一方面是國家元首，一方面也是行政權的最高首長，完全掌控行政部門的大小決策。總統可以提名任命政府內的官員，但各部會首長不得由國會議員兼任。

### ❹國會監督

在總統制下，行政權要受到國會監督。主要的監督方式，可分成「人」和「事」兩方面。就人的方面，美國總統要任命的政府官員，都只享有提名權，必須得到參議院的同意。另外，如果這些官員（包括總統）有違法失職行為，國會也可以彈劾他們。而在事的方面，國會可以審查法案和預算，且美國對此非常嚴格，行政部門沒有法案提案權，只有國會議員才有提案權。

### ❺美國國會對總統小布希的約束

美國第43、44任總統是小布希，任期從2000年到2008年。小布希因為在2003年決定攻打伊拉克，消滅海珊政權。戰爭很快就結束，但是戰後美國幫伊拉克建立民主，卻出現很多困難。美軍的死傷越來越多，而當初美國進攻伊拉克的理由，是發現伊拉克有大規模的毀滅性武器。但是到現在都還找不到，使得美國出兵伊拉克的正當性遭受質疑。由於在美國，發動戰爭必須得到國會的同意，並不是總統一個人說打就打，而且軍隊的預算也需要國會審查，總統的權力是受到限制的。後來美國國會決議通過新的戰爭預算，但是附條件要求小布希必須在2007年10月開始撤軍。可見對於權力太大的總統，美國國會還是可以加以約束的。

# 國會的監督功能

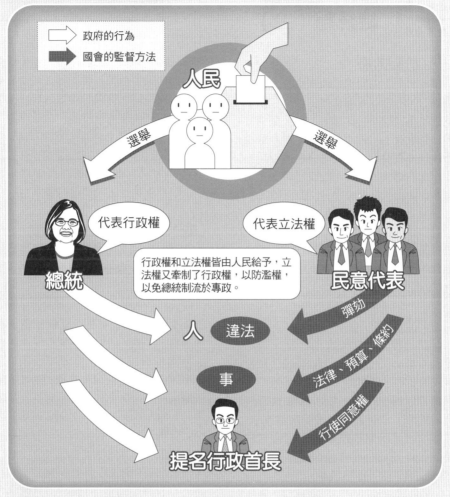

 **★美國第一任總統喬治‧華盛頓**

喬治‧華盛頓（George Washington，1732年2月22日－1799年12月14日），1775年至1783年美國獨立戰爭時大陸軍（Continental Army）的總司令，1789年成為美國第一任總統（其同時也成為全世界第一位以「總統」為稱號的國家元首），在接連兩次選舉中都獲得了全體選舉團無異議支持，一直擔任總統直到1797年。

在1787年他主持了制憲會議，制定了現在的美國憲法，並在1789年，他經過全體選舉團無異議的支持而成為美國第一任總統。他在兩屆的任期中設立了許多持續到今天的政策和傳統。在兩屆任期結束後，他也自願的放棄權力不再續任，因此建立了美國歷史上總統不超過兩任的傳統，維護了共和國的發展。之後他便再次回復平民生活，隱退在弗農山莊園。由於他扮演了美國獨立戰爭和建國中最重要的角色，華盛頓通常被稱為美國國父。

# UNIT 2-5
# 總統制（二）

圖解憲法

## （一）分裂政府

總統制下，由於總統和國會是人民分開選的，所以有可能會發生總統和國會多數政黨屬於不同政黨的情形，簡稱為「分裂政府」。例如在美國，很多選民都會有分裂投票的傾向，當他們投票給共和黨的總統時，就可能投票給民主黨的國會議員，好讓國會可以監督總統。

當發生分裂政府的時候，總統和國會多數意見不合，解決兩者間衝突的方式和內閣制不同。由於總統和國會議員各自有各自的民意基礎，都有固定任期，所以誰都不能叫對方下台。

## （二）覆議

所謂的覆議，在美國稱之為「否決權」（veto）。當國會以1/2通過的法律案或預算案，總統認為執行有困難時，總統可以提出覆議，要求國會重新表決。此時，重新表決門檻提高到2/3。亦即，總統所屬政黨雖然在國會無法過半，但只要在國會裡面同黨人到達1/3，就可以阻止法案過關。

由於美國強調純粹的三權分立，總統只能夠透過覆議這種制度，否決掉他不喜歡的法律案或預算案。但是他自己想通過的法案，卻沒辦法自己提出。所以他還是必須和國會議員維持良好關係，以遊說同黨的議員幫他提出他想要的法案。

在這種模式下，原則上當行政權、立法權發生衝突時，透過覆議門檻提高的方式，總統通常較容易獲勝。

## （三）彈劾總統

在總統制下，總統不能解散國會，國會也不能把總統「倒掉」。但是，國會卻可以彈劾總統。當總統發生重大違法失職時，國會就可以彈劾總統，讓總統下台。在美國，彈劾是由眾議院提出，然後由參議院審判。不過，由於彈劾的門檻很高，事實上要通過彈劾非常不容易。美國至今仍然沒有一個總統被彈劾下台的。尼克森總統是在彈劾案審理中，眼見大勢已去，自己辭職下台。

## （四）尼克森總統之水門案

在1972年的美國總統大選中，尼克森總統為了競選連任，想取得民主黨內部競選策略的情報，幫忙競選的人派遣5人闖入位於華盛頓水門大廈的民主黨全國委員會辦公室，在安裝竊聽器並偷拍有關文件時，當場被捕。事件發生後尼克森曾一度竭力掩蓋開脫，但在後續調查中，尼克森政府裡的許多人被陸續揭發出來，並直接涉及到尼克森本人。1973年10月23日，美國眾議院決定由該院司法委員會負責調查、蒐集尼克森的罪證，為彈劾尼克森作準備。1974年6月25日，司法委員會決定公布與彈劾尼克森有關的全部證據。7月底，司法委員會陸續通過了三項彈劾尼克森的條款。尼克森於8月8日宣布將於次日辭職，從而成為美國歷史上首位辭職的總統。

## 總統制的覆議制度（否決制）運作

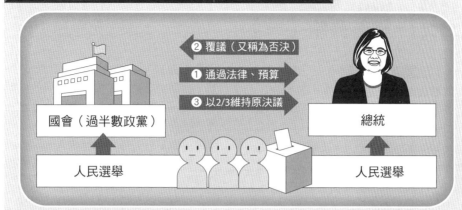

② 覆議（又稱為否決）

① 通過法律、預算

③ 以2/3維持原決議

國會（過半數政黨）　　　　　　　　　　　總統

人民選舉　　　　　　　　　　　　　　人民選舉

## 美國的彈劾制度

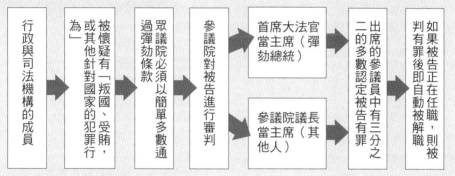

行政與司法機構的成員　→　被懷疑有「叛國、受賄，或其他針對國家的犯罪行為」　→　眾議院必須以簡單多數通過彈劾條款　→　參議院對被告進行審判　→　首席大法官當主席（彈劾總統）／參議院議長當主席（其他人）　→　出席的參議員中有三分之二的多數認定被告有罪　→　判有罪後即自動被解職／如果被告正在任職，則被

## ★美國彈劾的經驗

自從1789年以來，眾議院僅啟動過62次彈劾程序（最近的一次是針對柯林頓的），遭到過彈劾指控的聯邦官員僅有以下16名：

◎助理大法官Samuel Chase，他在1804年被彈劾。

◎總統柯林頓於1998年12月19日被眾議院彈劾，指控其對大陪審團作偽證（以228-206票通過）及阻礙司法公正（Obstruction of Justice）（以221-212票通過）。另兩項彈劾指控未能通過，包括在Jones案中的另一項偽證指控（以205-229票被否決）和一項濫用職權的指控（以148-285票被否決）。參議院認定其無罪。

　　總統Andrew Johnson於1868年被彈劾。在參議院的投票中，他以一票之差被宣告無罪。

◎一名內閣官員

◎一名參議員

◎另外11名聯邦法官

◎許多人以為尼克森被彈劾過，但實際上並沒有。儘管眾議院的司法委員會以較大票數優勢通過了對他的彈劾指控，並將這些條款提交給了整個眾議院，但尼克森在眾議院投票之前就辭職了。不過基本上可以肯定，如果他沒有主動辭職的話，他會被眾院彈劾並被參院認定有罪。

◎尼克森的第一位副總統Spiro Agnew也在被以逃稅和洗錢為由彈劾之前就辭職了。

# UNIT **2-6**
# 雙首長制（一）

圖解憲法

## （一）法國半總統制

雙首長制在學理尚稱為「混合制」（Mixed Parliamentary Presidential System）或稱為「半總統制」（Semi-Presidential System），「雙首長制」這種說法只是一般的慣例。世界上採雙首長制的著名國家，就是法國。

## （二）兩輪投票

一般選舉有採取「相對多數制」，也有採取「絕對多數制」。所謂相對多數制，就是只要在多組候選人裡面得票最多的，就可以當選。而絕對多數制則是要求，必須得票過半，才能當選。通常採取絕對多數制，必須搭配兩輪投票的設計。

法國的選舉，大部分都是採取「得票過半」的絕對多數制，總統選舉也一樣。當然，候選人一定不會只有兩個人，所以往往第一輪投票結果，沒有任何候選人可以過半。此時，他們會舉行「第二輪投票」，由第一輪投票中，得票數較高的前兩名來競選。這次的第二輪投票，應該就會產生「得票數過半」的當選人了。

## （三）兩個行政首長

雙首長制之所以稱為「雙首長」，乃是因為有兩個行政首長，一個是人民直選的總統，一個是總統任命的總理。在雙首長制國家，總統是人民直選的，為國家元首，而國會議員也是人民直選，內閣總理則是總統任命。

總理在名義上是真正掌有實權、組織內閣的行政首長。一般政府的行政工作，都是由內閣部門負責。

在法國，既然總統是行政首長，總理也是行政首長，那麼行政權由誰掌控呢？原則上行政權是由總理領導的內閣所掌控，但是總統可以召開部長會議，所以總統可以介入部分的行政權，而總統自己也掌有某些行政職權（外交、國防）。不過實際上權力的分配，得看國會多數黨和總統是否屬於同一政黨？

## （四）左右共治

由於總統和國會是分開選舉，可能會發生總統所屬政黨，與國會多數黨為不同黨的情形。

當總統與國會多數黨屬同一政黨時，總統任命的總理，也是同一黨的人，此時總統掌有行政實權，總理只是總統的幕僚長。此時比較偏向總統制的運作，而且可以算是「超級總統制」。

但當總統與國會多數黨屬不同政黨時，按照法國的憲政慣例，總統會提名國會多數黨人擔任總理，也就是提名與自己立場相左的人擔任總理。此時總統會將行政權力讓渡給總理，而總統僅保有少數行政權（主要為外交和國防）。

這個時候，可能是左派的總統和右派的總理共同分享行政權力，所以稱為「左右共治」。也有人會稱作「換軌」，因為雙首長制會因為國會多數黨的不同，由總統制換轉換到雙首長制，為「換軌」。

## 絕對多數制的兩輪投票

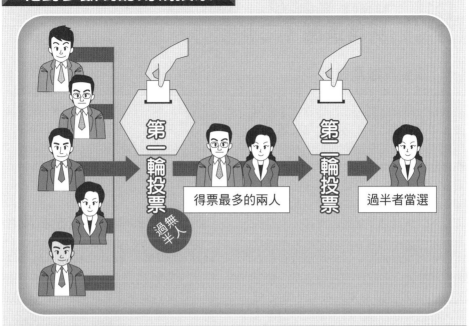

第一輪投票（無人過半） → 得票最多的兩人 → 第二輪投票 → 過半者當選

## 左右共治

總統 → 外交、軍事

總理領導的內閣 → 其他行政權

 知識補充站 ★法國第五共和

法蘭西第五共和國是現時的法國政府，由1958年戴高樂將軍掌權開始到現在。和第四共和比較起來，第五共和削弱了議會的權力，增加了總統的權力。

1958年，發生阿爾及利亞危機。國會授與戴高樂將軍全權，於是戴高樂利用這個機會建立了新的法國政府。1958年9月28日的公民投票表示，有79.2%的人支持新憲法。總統原來是由選舉團選舉，但1962年戴高樂將總統改為由人民直接選舉，任期為7年，2002年憲法修訂將7年縮短為5年。

# UNIT 2-7
# 雙首長制（二）

圖解憲法

## （一）主動解散國會

　　總統花了那麼多錢才選上，而且是採取兩輪投票後得到過半民意支持才當選的，即使發現國會多數黨與自己屬不同政黨，也不會輕易把權力讓出來。在法國憲法中，提供了一個制度，讓總統有最後掙扎的機會。若總統當選後，其所屬政黨在國會裡卻是少數黨，此時法國總統可以挾其過半民意的支持，主動解散國會，要求改選，由改選後的新國會決定是否支持總統。倘若新國會裡的多數支持總統，總統即可任命自己人擔任總理。倘若新國會裡的多數不支持總統，總統只好將權力讓出，任命國會多數黨領袖擔任總理組閣。

## （二）覆議和倒閣

　　雙首長制的行政、立法權對抗的方式比較複雜。其之所以被稱為「混合制」，乃混合了內閣制和總統制的制度，其有內閣制的不信任案、解散國會制度，也有總統制的覆議制度。

　　在覆議制度上，倘若總理不滿意國會通過的法案，可以請求總統對法案提出覆議。但因為覆議門檻的設計和總統制的2/3設計不同，其為1/2，所以通常內閣覆議的結果，並不會動搖原本國會的法案。

　　在倒閣制度上，國會可主動對內閣提出不信任案，而內閣總理也可以主動要求國會對其進行信任投票。而總統則有主動解散國會重新改選的權力，就算國會倒閣成功，總統也不一定要解散國會。

## （三）換軌的憲政慣例

　　按照法國的憲法慣例，總統通常會任命國會多數黨領袖出來組成內閣。但是，法國總統具有主動的解散國會權，其可以主動解散國新重新改選，要求人民以改選的方式來決定是否支持總統，倘若改選後的新國會裡面的多數政黨支持總統，總統就可以提名同政黨的人出任總理。

## （四）密特朗和席哈克左右共治

　　法國第一次出現左右共治，是在1986-1988年。當時的總統是左派的密特朗。密特朗在1981年第三次參選總統，終於打敗長期執政的右派，當選總統。他一當選總統後，當時的國會仍由右派占多數，為了避免被國會牽制，他立刻解散國會進行改選，結果左派大勝，密特朗順利組成左派政府。但到1986年國會改選時，右派贏得國會改選，密特朗只好任命右派的席哈克擔任總理，形成第一次的左右共治。第二次的左右共治，則是出現在1993-1995年密特朗第二任總統期間，一樣是1993年國會改選右派勝利，密特朗只好讓出政權，任命右派的巴拉杜擔任總理。

### 😊 小博士解說

**法國總統席哈克**

　　法國總統席哈克。他曾經在1986-1988年間，法國總統密特朗主政時，擔任內閣首相，為法國第一次的左右共治。

## 法國第五共和歷任總統

| 歷任總統 | 任期 |
|---|---|
| 戴高樂 | Charles de Gaulle，1958年～1969年 |
| 龐比度 | Georges Pompidou，1969年～1974年 |
| 德斯坦 | Valery Giscard d'Estaing，1974年～1981年 |
| 密特朗 | Francois Mitterrand，1981年～1995年 |
| 席哈克 | Jacques Chirac，1995年～2007年 |
| 薩科奇 | Nicolas Sarkozy，2007年～2012年 |
| 奧朗德 | Francois Hollande，2012年～2017年 |
| 馬克宏 | Emmanuel Macron，2017年～ |

席哈克

## 雙首長制的憲政運作

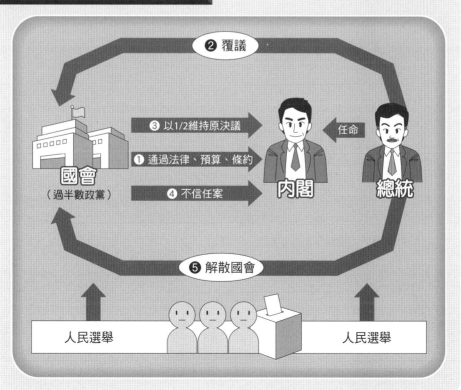

❷ 覆議

❸ 以1/2維持原決議

❶ 通過法律、預算、條約

任命

國會
（過半數政黨）

內閣

總統

❹ 不信任案

❺ 解散國會

人民選舉

人民選舉

# 第 **3** 章
# 臺灣的修憲歷程

●●●●●●●●●●●●●●●●●●●●●●●●●● 章節體系架構 ▼

## UNIT **3-1** 孫中山三民主義

圖解憲法

### （一）三民主義

孫中山寫的三民主義，包含民權主義、民族主義、民生主義。其中的民權主義，就是我們五權憲法的來源。

在民族主義中，他強調國內各民族應該一律平等，而國外各民族也應該一律平等。

在民生主義中，則比較接近社會主義，認為國家應該平均地權（耕者有其田）、節制資本，國家還應該照顧老弱幼小、建立公醫制度等。

### （二）五權憲法

孫中山的五權憲法究竟是什麼制？根據孫中山自己的說法，他的憲法是融合古今中外獨創的體制，所以很難與外國的體制作對比。原則上，他比照外國人的三權（行政、立法、司法），但又增加了兩個權力（考試、監察）。可是他又說在立法院之外，要有一個國民大會代表人民，可見得其所認知的國民大會，和外國人講的國會（立法權）不盡然相同。

### （三）權能區分

在孫中山的架構中，人民享有政權（選舉、罷免、創制、複決），政府享有治權（行政、立法、司法、考試、監察）。以人民的政權，管理政府的治權，使政府不致專橫。

### （四）政府有能（治權）

西方人說權力要分立，分成三權，彼此制衡。但孫中山將政府分成五權，是為了「分工合作」，並不是西方人講的要彼此制衡。在孫中山的想法中，真正的制衡，是發生在人民對政府的控制。

而政府之所以分為五權，是為了效率，為了「分工合作」，讓政府成為「萬能政府」。

政府的五權中，除了比照外國人講的三權（行政院、立法院、司法院）外，多了考試院和監察院。據孫中山的講法，那是中國的傳統良好制度，所以多加進來。考試制度是我國中國傳統以來，就很重視的科舉考試，認為考試才能公平的選舉人才。所以孫中山將考試從行政權劃分出來，不讓行政院兼管考試，就能避免任用私人的流弊。而監察制度也是我國中國傳統以來，就用來監督官員的一個制度。孫中山將監察從立法權劃分出來，不讓立法兼管監察，可以避免立法院太過牽制行政院。

### （五）人民有權（政權）

人民有四個政權：選舉、罷免、創制、複決。雖然人民享有政權，但由於人民太多，要所有人民一起聚集起來直接行使政權，有所困難，因此我們交由國民大會來代替人民行使政權，由其來替人民監督政府。

## 從三民主義到五權憲法

三民主義

| | |
|---|---|
| 民權主義 | 五權憲法，融合國外三權分立說和中國傳統的考試、監察制度。 |
| 民族主義 | 天下一家的平等思想，不分海內外各民族一律平等 |
| 民生主義 | 接近社會主義的理想桃花源，國家應當照顧弱勢、創造均富。 |

## 權能區分概念圖

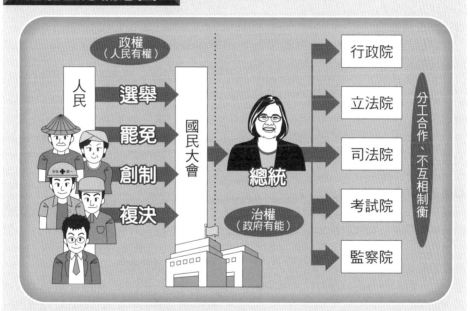

政權（人民有權）

人民 → 選舉 罷免 創制 複決 → 國民大會 → 總統

治權（政府有能）

行政院
立法院
司法院
考試院
監察院

分工合作、不互相制衡

### 知識補充站 ★中華民國國父孫中山

孫文（1866年11月12日—1925年3月12日），字逸仙，是近代中國的民主革命家，中華民國國父，中國國民黨總理，廣東省香山縣（今中山市）人；孫文流亡日本時曾化名中山樵，後人慣以中山先生相稱。民國29（1940）年，國民政府通令全國，讚揚孫氏「倡導國民革命，手創中華民國，更新政體，永奠邦基，謀世界之大同，求國際之平等」，尊稱其為「中華民國國父」。孫文被中國國民黨尊為「永遠的總理」；中國共產黨則稱他為「革命先行者」。在中國大陸也有人稱他為「現代中國之父」。

# UNIT **3-2**
# 中華民國憲法本文

圖解憲法

## ❶制定實施

現在施行於臺灣的憲法本文,是當時的制憲國民大會,在南京於民國35年(1946年)12月25日三讀通過,隔年36年(1947年)1月1日公布,12月25日開始實施。1949年10月1日後,其法律效力僅及於臺灣、澎湖、金門、馬祖。內容除前言外,全文共一百七十五條條文,計分十四章。

## ❷三民主義思想

綜觀整部憲法,孫中山的思想影響這部憲法的基本架構和內容。例如,根據五權憲法,設置了五院政府;根據權能區分理論,設置了代表全體國民行使政權的國民大會;根據「均權理論」,在憲法中作了中央與地方權限的劃分;而憲法還特別加入了基本國策章,充滿了孫中山民生主義的理念。

## ❸張君勱的修正式內閣制

雖然孫中山五權憲法的原型很獨特,但負責草擬憲法的張君勱,認為孫中山的講法太奇怪了,必須進行修正。基本上張君勱比較傾向外國的內閣制,但又有點擔心內閣制會因為政黨太多而出現常常倒閣的情況。

張君勱在草擬憲法時,一方面維持五院的外表,一方面卻納入內閣制的精神。最後他設計的憲法,很類似外國的內閣制,就是總統提名行政院長,必須得到立法院同意(憲法第55條)。而總統頒布各大小法律、命令,都必須得到行政院長或相關各部會首長的副署(憲法第37條)。諸種規定,都像是內閣制中,立法權控制行政權、且國家元首沒有實權的機制。

## ❹避免內閣制不穩定

但是他怕出現內閣制常常倒閣的情況,所以他將外國的倒閣制度,作了點修正。原則上,他設計:當總統提名行政院長時,必須得到立法院的信任投票(1/2),但當行政院長選出後,怕倒閣太過容易,則把倒閣的門檻拉高到2/3,以維持行政院的穩定。

他設計了一個類似不信任案(倒閣)的制度,當立法院對行政院的重要政策不贊同時,可以投票反對。投票通過後,行政院還有覆議的機會,此時立法院覆議的門檻提高到2/3,如果立法院還是通過原決議,表示不信任行政院的那項政策。但這時內閣也不一定要辭職,可以選擇接受或辭職(憲法第57條第2款)。這項提高到2/3門檻的設計,就是避免倒閣太容易發生,而倒閣之後,行政院長未必真的要下台,而可以單純接受。

另外,他也設計了一條類似總統制下覆議制的規定。一樣也是將覆議門檻設計為2/3(憲法第57條第3款),如此一來,行政院長就比較容易推翻他不喜歡的法律案、預算案。

## ❺三民主義的要點

①民族主義:反對列強的侵略,打倒與帝國主義相勾結之軍閥,求得國內各民族之平等,承認民族自決權;②民權主義:實行為一般平民所共有的民主政治,而防止歐美現行制度之流弊,人民有選舉、罷免、創制、複決四權(政權)以管理政府,政府則有立法、司法、行政、考試、監察五權(治權)以治理國家。其核心觀念強調直接民權與權能區分,亦即政府擁有治權,人民則擁有政權;③民生主義:其最重要之原則有兩個,一為平均地權(實行耕者有其田),二為節制資本(私人不能操縱國民生計)。

## 憲法本文運作圖

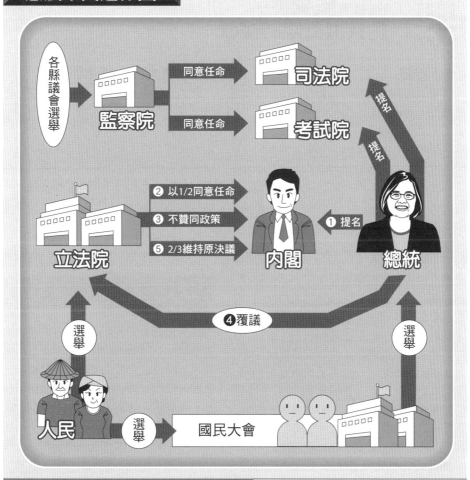

## 憲法本文中內閣制的規定

| 憲法本文中內閣制的規定 | 依據 |
|---|---|
| 總統提名行政院長，需得到立法院同意 | 憲法本文第55條 |
| 副署制度 | 憲法本文第37條 |
| 行政院長覆議失敗，倘若不接受，必須辭職 | 憲法本文第57條 |

# UNIT **3-3**
# 動員戡亂臨時條款

圖解憲法

## （一）戒嚴

中華民國憲法自1947年12月25日制定實施後，看起來進入了一個民主憲政國家。可是從1949年到1987年間，臺灣都處於戒嚴（Martial Law）時期，憲法中的人權保障，都完全受到限制，人民並不能夠享有憲法上的言論自由、宗教自由等。當時很多政治上有不同意見的人，都會被抓去關。

## （二）臨時條款

憲法從1947年開始實施後，1948年的第一屆國民大會，為了因應國共戰爭，馬上就想修改憲法。但因為怕被人質疑才剛制定好的憲法馬上就要修正，所以沒有正式地修改憲法本文，而是在憲法本文後面，增加了一個「動員戡亂時期臨時條款」，作為修憲的方式。

一直到1991年為止，所有的修憲，都是以修改臨時條款的方式。很多人誤會說這40年之間，臺灣都沒有實施憲法。其實當時仍然有實施憲法，政治的運作原則上還是依照憲法中的五權政府來走，只是憲法本文中的某些條文，被臨時條款凍結。

## （三）擴張總統權力

在這之間，臨時條款修了好幾次，主要的方向大致上都是為了擴張總統的權力，以及處理民意代表補選的問題。在擴張總統權力方面，包括修改總統發布緊急命令的限制、擴張總統連任的次數、讓總統可以設置國家安全會議，以及行政院下面設人事行政局。

## （四）國大四十年未改選

而民意代表補選的問題則是，國民黨認為要舉辦選舉必須包含全中國大陸，既然中國大陸淪陷，就不能辦選舉。以至於臺灣有將近40年，沒有改選中央的國民大會代表和立法委員。不過有一些老的國大代表和立法委員漸漸凋零，且臺灣的代表太少，就必須想出一些補選的方法。故臨時條款的修改中，也有幾次是針對增額代表增補選的問題。

### 🙂 小博士解說

**臺灣省戒嚴令**

臺灣從1949年5月20日實施「臺灣省戒嚴令」，長期限制人民的言論、出版、集會、結社等自由，而備受輿論的批評。金門、馬祖則劃入戰地政務實驗區，實施軍事管理，限制住民的自由和參政權，成年民眾編為自衛隊，支援國軍作戰。臺灣戒嚴延續了38年之久，直到1987年7月15日才解除，據知這是目前為止全世界施行時間最長的戒嚴令，至今仍然對臺灣政治與社會有著相當深入廣泛的影響。

## 臨時條款修改的重點

修改重點 → 總統擴權 → 取消連任限制 / 緊急命令權 / 國安會議

修改重點 → 民意代表補選

## 動員戡亂臨時條款

1947年 憲法頒布 → 動員戡亂時期臨時條款頒布

- 1948年第一屆國民大會增修
- 1991年修憲所修改的部分均屬臨時條款

憲法才頒布一年就修憲不好吧？

用增補條例的方式如何？戰爭非常時期不改也不行！

知識補充站 ★動員戡亂臨時條款

動員戡亂時期臨時條款是《中華民國憲法》的附屬條款。該條款是由國民大會所制定，並且在動員戡亂時期優於憲法而適用。該條款於民國37年（1948年）5月10日公布實施，直到民國80年（1991年）經國民大會決議及總統公告才於同年5月1日廢止，共施行43年之久。

## 歷任正副總統

| 任次 | 任期 | 總統 | 副總統 | 備註 |
|---|---|---|---|---|
| ① | 37.5～43.5 | 蔣中正 | 李宗仁 | 依臨時條款規定，第一任至第八任由第一屆國代選出，任期6年，連選得連任。 |
| ② | 49.5～55.5 | 蔣中正 | 陳　誠 | |
| ③ | 49.5～55.5 | 蔣中正 | 陳　誠 | |
| ④ | 55.5～61.5 | 蔣中正 | 嚴家淦 | |
| ⑤ | 61.5～67.5 | 蔣中正 | 嚴家淦 | 64.4嚴家淦繼任 |
| ⑥ | 67.5～73.5 | 蔣經國 | 謝東閔 | |
| ⑦ | 73.5～79.5 | 蔣經國 | 李登輝 | 77.1李登輝繼任 |
| ⑧ | 79.5～85.5 | 李登輝 | 李元簇 | |
| ⑨ | 85.5～89.5 | 李登輝 | 連　戰 | |
| ⑩ | 89.5～93.5 | 陳水扁 | 呂秀蓮 | |
| ⑪ | 93.5～97.5 | 陳水扁 | 呂秀蓮 | 依增修條文規定，自第九任起由人民直選，任期4年，連選得連任一次。 |
| ⑫ | 97.5～101.5 | 馬英九 | 蕭萬長 | |
| ⑬ | 101.5～105.5 | 馬英九 | 吳敦義 | |
| ⑭ | 105.5～109.5 | 蔡英文 | 陳建仁 | |
| ⑮ | 109.5～ | 蔡英文 | 賴清德 | |

# UNIT 3-4
## 第一次修憲

圖解憲法

### （一）李登輝繼任總統

1988年蔣經國總統逝世，李登輝副總統繼任總統，蔣家政權正式結束。1990年3月時，國民大會開會選任李登輝為第八任總統。但這些老代表同時也延長自己的任期，電視畫面上看到許多老代表坐著輪椅還要出席國民大會，讓很多民眾對國大40年不改選的現象深惡痛絕，開始抗議。後來出現三月學運，1990年李登輝總統也因應三月學運，決定召開國是會議，為正式修憲作準備。

### （二）三月學運

三月學運，發生自1990年3月16日起至1990年3月22日結束，又稱臺北學運或野百合學運。在該次運動中，人數最多時曾經有將近6,000名來自臺灣南北各地的大學生，集結在中正紀念堂廣場上靜坐抗議，他們提出「解散國民大會」、「廢除臨時條款」、「召開國是會議」，以及「政經改革時間表」等四大訴求。這不但是國民政府遷台以來規模最大的一次學生抗議行動，同時也對臺灣的民主政治有著相當程度的影響。在該次學生運動後，李登輝一方面依照其對學生的承諾，在不久後召開國是會議，另一方面也在1991年廢除動員戡亂時期臨時條款，並結束所謂「萬年國會」的運作，臺灣的民主化工程從此進入另一個嶄新的紀元。

### （三）國是會議

1990年6月，大法官做出釋字第261號解釋，認為國大應該全面改選。1990年7月李登輝總統召開國是會議，邀請社會各界人士參加，共商修憲的方向。最後協議出「一機關、兩階段」修憲。第一階段，先作形式上的修憲，不實質修憲，想辦法讓第一屆的老國大全部退休，並制定新國大的選舉辦法。然後在第二階段，選出新的第二屆國大代表，由新的國大代表作實質的修憲。

### （四）終結萬年國大

根據國是會議的共識，1991年第一次修憲時，並沒有實質的修憲，只是廢除臨時條款，把臨時條款這個形式，改成「增修條文」的方式，一樣附在憲法後面。第一次修憲基本上沒有更改什麼內容，甚至把大部分臨時條款的內容，原封不動的搬到第一次增修條文中。另外則是規定新國民大會的選舉方式，希望剩下的修憲，交由新選出的國民大會來作，而老代表將全面退休。

### 🔲 小博士解說

**蔣經國**

蔣經國（Chiang Ching-kuo，1910年4月27日—1988年1月13日），男，字建豐，浙江寧波奉化縣人。蔣經國係蔣中正的長子，曾任中華民國第六任、第七任總統（1978年—1988年），中國國民黨中央委員會主席，中華民國行政院長、國防部長、總政治作戰部主任等職。

**李登輝**

李登輝（羅馬拼音：Lee Teng-hui，1923年1月15日生），皇民化運動期間曾改名為岩里政男，祖籍福建永定縣，臺灣政治人物，曾任中華民國總統（1988年—2000年）。他是中華民國自1947年行憲以來，首位由公民直選選出的總統。

## 第一次修憲歷程

| 第一次修憲歷程 | |
| --- | --- |
| 1988年1月13日 | 蔣經國逝世，李登輝繼任總統 |
| 1990年3月 | 老國大選舉李登輝為第八任總統 |
| 1990年3月 | 野百合學運 |
| 1990年6月 | 大法官公布釋字第261號 |
| 1990年7月 | 李登輝召開國是會議 |
| 1991年5月 | 第一屆國大終止動員戡亂，進行第一次修憲 |
| 1991年12月21日 | 國大全面改選 |

李登輝

## 野百合學運

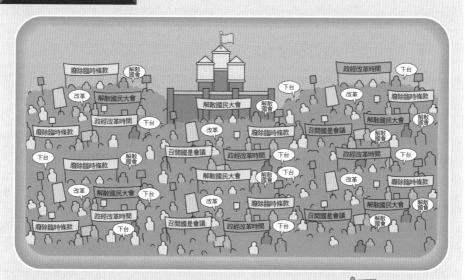

集會　遊行

### 知識補充站　★野百合的象徵

野百合作為該次運動之精神象徵的原因，包含了對臺灣主體性的認同（自主性）、全民的運動（草根性）、對抗不義的勇氣（生命力強）、青春的活力（春天盛開）、學生的理想道德象徵（純潔），以及參與者生命中的榮耀（崇高）。

# UNIT 3-5
# 第二、三次修憲

## (一)總統由自由地區選出

1991年底，全新的國民大會選出後，於1992年3月開會進行修憲。第二次修憲的內容，主要是確認以後總統由「自由地區」（也就是只限於臺澎金馬）人民選出，不再由過去代表全中國的國民大會選舉。但是具體的選舉方式，到底是人民直選還是間接選舉，則因為有爭議而沒有決定，必須留待第三次修憲才能決定。

## (二)監察院改為準司法機關

另外，第二次修憲的另一重點，則是監察院的調整。過去的監察院是由各縣議會間接選出，也算是民意代表，其除了負責彈劾公務員之外，還有另一項任務，就是對總統所提名的高級公務員，掌有同意權。基本上當時的監察院，有點類似其他國家參議院的職權，也算是另一個國會。

但是第二次修憲，將監察委員改由總統提名，國民大會同意。至於監察院原本掌有的人事同意權，也一併移交給國民大會。這樣的方向，是想將過去三院制（國民大會、立法院、監察院）往兩院制（國民大會、立法院）修正。

## (三)地方自治

第二次修憲還有一個重點，就是規定省、縣的地方制度，可以直接以法律定之，不受憲法相關條文的限制。以前的臺灣省省主席，以及臺北、高雄兩直轄市市長，都是中央政府官派的，並不是人民自己選出。透過這次修憲，確定人民可以直選省長和各縣縣長。也因此，在這之後的1994年7月，制定了「省縣自治法」和「直轄市自治法」，臺灣人民開始落實地方自治，選舉省長、直轄市長和縣長。因此，宋楚瑜當選了臺灣省第一任的省長。

## (四)第三次修憲總統直選

第二次修憲，雖然確認總統由「自由地區」（臺澎金馬）選舉出，但是到底要採取人民直選，還是委任選舉，兩派相持不下。最後只好擱置。直到1994年5月進行第三次修憲，才決定總統由人民「直選」。

## (五)臺灣第一次總統直選

1996年3月23日，中華民國在臺澎金馬舉行了歷史上首次的總統、副總統全民直選（第九任中華民國總統、副總統選舉）。最後由國民黨的參選人李登輝、連戰當選總統與副總統。當時除了李登輝、連戰這一組外，林洋港與郝柏村兩位國民黨副主席則脫黨由新黨支持參選，民進黨由初選提名彭明敏與謝長廷參選，曾任監察院長的陳履安與曾任監察委員的王清峰則是另一組候選人。在選舉期間，也發生中華人民共和國在臺灣海峽進行飛彈試射演習，企圖影響臺灣選舉，導致美國出動獨立號與尼米茲號兩艘航空母艦前往臺灣海峽鄰近水域的事件，引發國際關注。

## 第二、三次修憲後政府組織運作

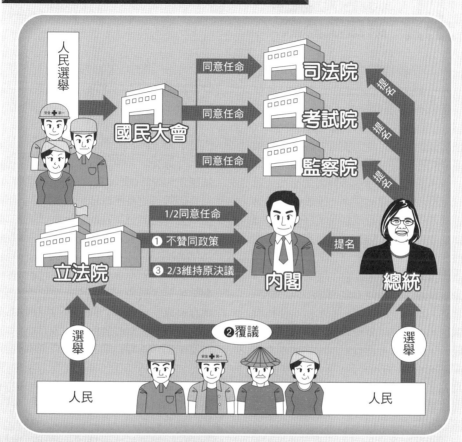

## 第二、三次修憲歷程

| 第二、三次修憲歷程 ||
|---|---|
| 1991年12月21日 | 國大全面改選,國民黨當選254席,超過3/4 |
| 1992年3月22日 | 第二屆國大開議 |
| 1992年5月4日 | 民進黨宣布退出國民大會 |
| 1992年5月28日 | 公布第二次修憲內容 |
| 1994年5月2日 | 國大開會進行第三次修憲 |
| 1994年7月28日 | 民進黨退出修憲 |
| 1994年7月29日 | 立法院制定「省縣自治法」與「直轄市自治法」 |
| 1994年8月1日 | 公布第三次修憲內容 |
| 1994年12月 | 第一次民選省長和直轄市長 |
| 1996年3月 | 第一次民選總統 |

# UNIT **3-6**
## 第四次修憲

## （一）李登輝不提名新行政院長

第三屆立法院組成後，李登輝總統（第八任總統）提名連戰擔任行政院長，並經立法院同意任命。但第三屆立法院改選後國民黨僅獲得85席（過半數多3席）。

後來李登輝與連戰聯袂競選第九任總統、副總統，並獲當選。連戰乃向李登輝總統提出辭去行政院長一職。但因為當時政治情勢，一方面國民黨內有中生代卡位戰，另一方面立法院內國民黨席次僅能維持過半多1席（後又有兩位脫離國民黨），導致李登輝總統未再提出新的行政院長人選，而批示「著無庸議」，由連戰以副總統身分續任行政院院長，並未再重新提名。因而引起立法院的抗爭。連戰也因此有一年時間未踏進立法院，爆發嚴重的憲政爭議。

而省長宋楚瑜與總統李登輝漸行漸遠，因有凍省之議。

## （二）國家發展會議

李登輝乃於1996年12月23日召開「國家發展會議」，邀請社會各界人士參與，就憲政體制作重大改革。會中做出共識，將學習法國雙首長制精神，修改憲法。

## （三）法國雙首長制

1997年5月5日，第三屆國大開議修憲，根據1996年12月國家發展會議修憲的共識，根據法國雙首長制，作了下列幾項修正：

❶廢除了立法院對於行政院長人選之同意權，由總統直接任命行政院長。

❷廢除立法院對行政院重要政策的不贊同權。

❸把覆議門檻由2/3降為1/2。

❹增加立法院對行政院的倒閣權，以及總統被動解散國會權。

## （四）凍省

由於臺灣省面積高達中華民國實際管轄區的98％以上，臺灣省長的選舉，民氣指數可能高過總統。因此，為了解決中央與地方行政區的過度重疊，該次修憲也決定將省虛級化（精省）。並在1999年通過《地方制度法》以加強縣（市）政府的地位與功能，當時政府宣稱這是為了提高行政效率。由於擔心省議會結束後省議員們失業，同時增加立委的人數，改為225人。

才剛在1994年民選出來的臺灣省省長宋楚瑜，於1998年任滿後撤職，恢復官派的省主席，由總統任命。宋楚瑜也成為臺灣省第一位也是最後一位的民選省長。臺灣省政府自此以後正式成為了諮詢機關，組織被大量精簡，功能也大幅萎縮。臺灣省議會也改為「臺灣省諮議會」，沒有實行地方自治或是監督施政的權利。

# 第四次修憲歷程

| 第四次修憲歷程 | |
|---|---|
| 1996年12月23日 | 李登輝總統召開國家發展會議 |
| 1996年12月31日 | 大法官公布釋字第419號解釋 |
| 1997年5月5日 | 第三屆國大開議修憲 |
| 1997年7月21日 | 公布第四次修憲條文 |
| 1998年12月20日 | 臺灣省長改為中央派任省主席 |

福建

屬福建

馬祖

臺北
直轄市

釣魚島

赤尾嶼

臺中

臺灣海峽

金門
屬福建

彰化

臺

澎湖
屬臺灣省

灣

1999年為了避免中央與地方行政區過度重疊通過《地方自治法》，加強各縣市政府的地位與功能（圖示為省政府管轄範圍）。

臺南

蘭嶼

高雄
直轄市

## 知識補充站 ★臺灣省主席及宋楚瑜

臺灣省主席為1947年5月16日－1993年12月20日之間的臺灣地區地方統治者。其中，跨越了國共內戰之前國民政府時期與遷臺後的中華民國政府。1993年後，臺灣省政府主官改為民選，臺灣省主席更名為臺灣省長。

1998年12月精省後，臺灣省長又回復到省主席官稱，不過已如同冗職。2006年1月，省主席則「暫不派任」，臺灣省政府僅由秘書長繼續領導。

宋楚瑜（1942年3月16日～），祖籍中國湖南湘潭，親民黨主席（原屬中國國民黨）。曾任臺灣自1885年建省以來唯一一屆民選省長；父親宋達，妻子陳萬水。

# UNIT **3-7**
# 第五、六次修憲

## （一）國大延任案

1999年9月15日第五次修憲時，第三屆國大任期即將結束（到2000年5月19日），但是第三屆國大對於國大本身的定位與存廢，仍有爭議。而國會制度的改革，必須搭配立法院的改革一起設計。可是該屆立法委員要到2002年1月31日才任期結束。他們希望能夠再延長自己的任期到2002年6月30日，同時也把立委的任期一起延任5個月，想利用2年的期間，思索討論國會制度將何去何從，等到2002年再和立委一起改選。這樣的用意是為了節省選舉成本，並將國會制度改革進行更長期的思索與配套設計。因此通過第五次修憲，決定延長國民大會和立委的任期。

## （二）大法官釋字第499號解釋

可是這樣的想法卻不為民眾接受，認為國民大會是延任自肥。由於過去臺灣人民已經受夠了萬年國大40年不改選且一直延長任期的現象，所以反彈非常激烈。在民氣可用的情勢下，大法官做出釋字第499號解釋，宣布第五次修憲無效。

## （三）大法官所立下的修憲界限

大法官在釋字第499號解釋中，寫下了一長串的修憲界限：「憲法條文中，諸如：第一條所樹立之民主共和國原則、第二條國民主權原則、第二章保障人民權利，以及有關權力分立與制衡之原則，具有本質之重要性，亦為憲法整體基本原則之所在。」

我們憲法中不像德國有明文規定修憲界限，故大法官這次自己透過解釋，列出來修憲界限，引發了很大的爭議。而且，這些修憲界限也非常模糊，例如什麼是「權力分立與制衡之原則」，什麼又是「第二章保障人民權利」，難道第二章所列出的人權條款，完全都不能修改？

## （四）第六次修憲與任務型國大

不管如何，既然大法官已經做出解釋宣告第五次修憲違憲了，雖然國民大會很生氣，但如果不採取行動，那麼憲法就會停留在第四次修憲的內容上。不得已，第三屆國大只好在任期結束前夕，草草修憲，於2000年4月25日公布第六次修憲條文。倉促修憲的結果，決定將國民大會改成「任務型國大」。所謂的任務型國大，就是平常不選舉國大，只有當有任務時，才選他們出來。當立法院發動「修憲案、彈劾總統案、領土變更案」時，才臨時選出300位任務型國大。

不過，在這次修憲中，國民大會對於大法官膽敢宣告他們違憲這一點，非常的不滿，決定報復大法官，他們在修憲時特別加了一個條文，針對那些學者出身的大法官，規定他們如果只是擔任大法官8年任期，不能取得終身待遇。

# 第五、六次修憲歷程

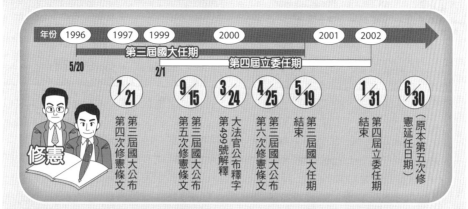

# 第五次修憲的爭議

# 修憲界限的模糊地帶

權力分立與制衡之原則

第二章保障人民權利

# 國民大會修憲紀錄

| 國民大會修憲紀錄 | |
|---|---|
| 第一屆國民大會（1948～1991） | 制定、四次修正臨時條款，第一次修憲 |
| 第二屆國民大會（1992～1995） | 第二、三次修憲 |
| 第三屆國民大會（1996～2000） | 第四、五、六次修憲 |
| 「任務型」國民大會（2005） | 第七次修憲 |

# UNIT 3-8
# 第七次修憲

圖解憲法

## （一）立法院改選

2004年底為了立委改選，國民黨和民進黨喊出「改革國會、立委減半」的口號，在選舉壓力下，沒有一個政黨敢背負阻礙改革的罪名，因此，2004年8月，憲政史上首次立法院修憲院會，以198位出席立委全數贊成，三讀通過「國會改革、公投入憲」憲法增修條文修正提案。

## （二）任務型國大

根據第六次修憲的規定，立法院通過修憲案後，要有半年的全國討論時間，然後才選出任務型國大複決修憲案。可是該次的修憲案並沒有獲得民眾的關注，討論非常稀少，甚至任務型國大的投票率，創下全國性選舉最低的29%。

2005年6月，300位任務型國大以249票贊成，48票反對，跨過修憲門檻的225票，複決通過了憲法增修條文修憲案共六個條文。

## （三）立委減半

該次修憲主要的訴求，就是國會改革。其中，最大的改革，則是立委減半。所謂的立委減半，是真的把立委的人數，從原本的225席，砍一半，成為113席。

另外，除了立委減半之外，還有選舉制度的改革，將從「複數選區一票制」，改革「單一選區兩票制」。單一選區制度容易形成兩黨制，這對小黨來說很不利，因為他們將沒有生存的空間。所以，小黨如親民黨和台聯在任務型國大選舉時強力反對，但仍然抵不過國民黨和民進黨兩大黨的聯手出擊。

## （四）廢國大、公投入憲

依此次立法院通過的修憲提案，將廢除任務型國民大會。原本任務型國大只有三項任務，就是修憲案、領土案和彈劾總統案。故這三項職權必須移轉給其他機關行使。未來立法院通過的憲法修正案、領土變更案，將交由公民投票複決。另外，國民大會彈劾總統的權力，則改由司法院組成憲法法庭審理。

未來修憲程序，將改由立法院提案，人民公投複決。一般口號說這叫做「公投入憲」。不過，這只是將修憲程序納入公投，其實對憲法中一般的公投權（創制、複決權），則沒有另作規定。

## （五）第七次修憲有獎徵答

第七次修憲雖然有6個月的全國討論時間，但是政府卻沒有宣傳，民眾也不關心。當時在任務型國大選前，還曾經辦過有獎徵答，希望提升一下民眾的注意。其題目如下：

國民大會代表選舉有獎徵答題目：（是非題，請以○或×表明對或錯）

❶本次選出的國大代表，如複決修憲案通過後，立委選舉將修改為單一（席次）選舉區，也就是選舉區變多，但每一個選舉區只選出一位立委。

❷配合單一（席次）選舉區，未來立委選舉亦將採行兩票制，所謂的兩票制，是指每位選民有兩張選票，一票選政黨，一票選候選人。

## 第七次修憲歷程

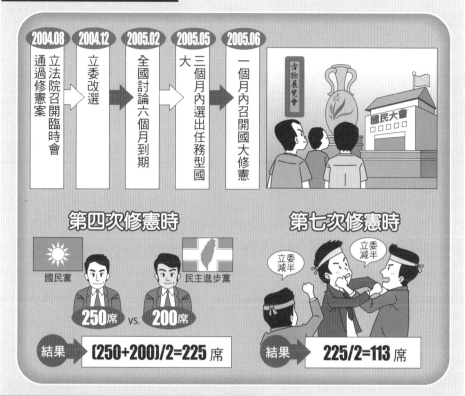

2004.08 立法院召開臨時會通過修憲案

2004.12 立委改選

2005.02 全國討論六個月到期

2005.05 三個月內選出任務型國大

2005.06 一個月內召開國大修憲

古物展覽會 國民大會

### 第四次修憲時

國民黨 民主進步黨

250席 vs. 200席

結果 (250+200)/2=225 席

### 第七次修憲時

立委減半 立委減半 立委減半

結果 225/2=113 席

## 第七次修憲歷程前後比較

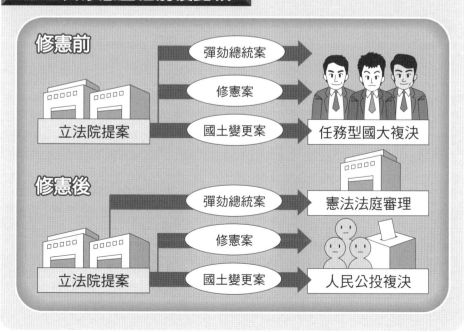

### 修憲前

立法院提案

彈劾總統案 →
修憲案 →
國土變更案 → 任務型國大複決

### 修憲後

立法院提案

彈劾總統案 → 憲法法庭審理
修憲案 →
國土變更案 → 人民公投複決

# 第 4 章
# 憲法前言、總綱與基本架構

# UNIT **4-1**
# 憲法前言

圖解憲法

在憲法本文之前，說明憲法制定的由來、目的及根本精神。最早有憲法前言的國家就是美國憲法。

## （一）中華民國憲法前言

「中華民國國民大會受全體國民之託付，依據 孫中山先生創立中華民國之遺教，為鞏固國權，保障民權，奠定社會安寧，增進人民福利，制定本憲法，頒行全國，永矢咸遵。」

## （二）「憲法增修條文」前言

憲法增修條文也有一段前言：「為因應國家統一前之需要，依照憲法第二十七條第一項第三款及第一百七十四條第一款之規定，增修本憲法條文如左：」

❶說明了憲法增修條文之目的與機關及程序。憲法增修條文之內容若與憲法本文相牴觸，適用時以憲法增修條文為優先。

❷增修條文之制定，係因應「國家統一前之需要」，換言之，已明文承認分裂國家的法律狀態。顯示憲法本身不再執迷於法理上的大一統，正視原有國土的分裂狀態，否則不會有「國家統一前」之字眼出現。

❸增修條文中反覆出現「自由地區」與「大陸地區」用語。自由地區只限於臺澎金馬。

## （三）憲法前言的效力

憲法前言提到國父遺教，憲法第1條則提到：「中華民國基於三民主義，為民有民治民享之民主共和國。」所以我們中華民國憲法，應該必須遵守國父遺教和三民主義的精神。不過實際上憲法學者幾乎都不重視三民主義。有人認為目前憲法經過張君勱往內閣制修正後，並未完全遵照孫中山的民權主義。甚至有認為三民主義五權憲法是一種幼稚、亂七八糟拼湊而成、問題百出的憲法。

而大法官在釋憲實務中也不重視三民主義，大法官在釋字第499號解釋中，曾經講過修憲界限。這個界限包括了憲法第2條國民主權原則，第二章基本人權和第三章權力分立。講了這麼多，獨獨少了憲法前言和第1條的三民主義。我們無從得知為什麼大法官心目中的修憲界限沒有三民主義，但從這一點就可以知道大法官是非常不看重三民主義。

## （四）反省

若參考美國，美國的大法官和學者非常重視獨立宣言、憲法前言和聯邦黨人文集的角色。例如美國學者Mark Tushnet，更認為獨立宣言和憲法前言才是真正憲法的精神所在，是所謂的「薄的憲法」，而憲法條文和大法官解釋都只是「厚的憲法」，他積極地提倡要採取尊重薄的憲法。相對於美國對憲法前言、獨立宣言乃至於憲法基本精神的聯邦黨人文集的重視，我們臺灣對於國父遺教和三民主義的漠視，會不會太過不正常呢？

## 憲法前言的立意與現況

憲法前言 → <div>立意</div> 基於三民主義之精神。是憲法制定由來、目的與根本精神。 → <div>現實情況</div>
①憲法學者並不重視三民主義
②經章君勱修正後，往內閣制靠攏，並未遵行民權主義
③由大法官釋憲中可見並不受重視。解釋第五次修憲違法的第499號解釋中引用了憲法第2條。第二章和第三章卻不見應為憲法根基的三民主義和憲法前言。

## 憲法前言

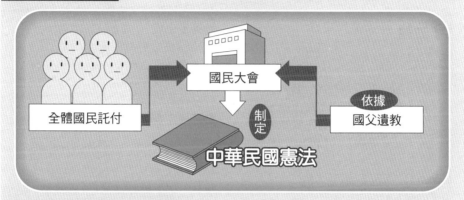

全體國民託付 → 國民大會 → 制定 → 中華民國憲法 ← 依據 國父遺教

## 憲法前言之內容

| 憲法前言之內容 ||
| --- | --- |
| 憲法之制定機關 | 國民大會 |
| 憲法之制憲權源 | 全體國民 |
| 憲法之依據原則 | 孫中山先生創立中華民國之遺教 |
| 憲法之制憲目的 | 鞏固國權、保障民權、奠定社會安寧、增進人民福利 |

 ★國父手繪三民主義手稿圖

《國父手繪三民主義手稿圖》係孫中山先生於民國13年1月21日，在中國國民黨第一次全國代表大會上講述民生主義時所親繪，其意旨在闡述三民主義的民生主義涵括的範圍大於共產主義與集產主義，亦大於社會主義，所以我們既服膺民生主義，就不必再去實行社會主義、共產主義或集權主義了。

# UNIT **4-2**
## 國體、政體、主權、國民

圖解憲法

### （一）國體

國體（form of state）指的是國家的形式，以「國家元首產生方式」來做區分。可分為❶君主國：以世襲君主為國家元首，如英國、日本；❷共和國：國民選舉總統擔任國家元首，如我國、美國。

### （二）政體

政體（form of government）指的是政治運作的方式，以「人民參與」的方式來做區分可分為下列幾種。❶獨裁政體：凡權力行使不受法律限制，由一人決定，不受民意約束；❷民主政體：凡權力行使須受法律拘束，而由全民最終決定者。

依前述的分類，我們可以進一步將民主國家的憲政體制做一區分，如下：

#### ❶民主君主國

元首為世襲的國家要稱為民主，必須其憲政體制為內閣制方有可能，亦即元首虛位（元首為女王、國王或天皇），如英國、日本等。

#### ❷民主共和國

此種類型國家表現出多樣的憲政體制，有總統制，如美國、中南美洲國家、菲律賓等；有內閣制（元首為總統但虛位），如印度、德國；有半總統制，如我國、法國等；另有特殊的委員制，如瑞士。

### （三）主權的種類

主權，乃一種對某地域、人民或個人所施展的至高無上、排他的政治權威。依最終的握權者之不同，大致可以分為下述四種：

#### ❶君主主權

以君主獨享國家絕對、永久、至高無上的權力。

#### ❷國家主權

以國家法人論為前提，視國家為法律上的權利主體而超越公民之上，因此，主權為國家所有，人民屬於國家之下被統治者，並無主權，需絕對效忠國家，為黑格爾（G. W. Friedrich Hegel, 1770-1831）所提出。

#### ❸議會主權

此說盛行於19世紀的英國，為英國學者奧斯丁（J. Austin, 1790-1859）所倡。指出議會有最高立法權，故主權屬於議會。

#### ❹國民主權

國民主權說源自於基本人權萌芽的17、18世紀，尤其是盧梭的主權在民思想，美國與法國大革命均受此理論啟發。主張主權分屬於人民所享有，每個公民所享有的主權是平等存在。

### （四）國民之意義

#### ❶人民

為國家統治之客體（對象），國家構成要素之一。包括國民與非國民，所以居住在一國領域內，如未取得該國國籍者，僅能為該國的人民而非該國的國民，從而不能享受該國的權利。

#### ❷國民

法律所規範之對象，即受國家統治權之支配者。人民而無國民之身分，則國家雖有法律而無人服從。

#### ❸公民

具一定資格之國民，需負法律之義務及享法律之權利。人民只有國民而無公民，則只是被統治者而毫無發言機會。

中華民國憲法第3條：「具有中華民國國籍者，為中華民國國民。」因此可知具有國籍者為國民，受國家統治權支配。

## 國體之類型

國體 國家的形成

國家元首產生方式 → 君主國 → 世襲君主 ex.英國、日本

國家元首產生方式 → 共和國 → 由國民選舉出元首 ex.中華民國、美國

## 政體之類型

政體 政治運作方式

人民參與方式 → 獨裁政權 → 由一人決定，不受法律和民意的約束

人民參與方式 → 民主政權 → 權力行使受法律約束，由全民做最終的決定

❶ 民主君主國
元首為世襲，採內閣制的民主國家

❷ 民主共和國
多樣性的憲政體制，有總統制、內閣制、半總統制、委員制

## 主權的種類

主權 掌握主權者

君主主權 → 君主獨享國家絕對、永久、至高無上的權力

國家主權 → 視國家為超越公民之上的法人，主權國家所有，而非人民

議會主權 → 認為議會有最高立法權，故議會擁有主權

國民主權 → 即主權在民思想，主權屬於人民享有

## 國籍取得

國籍取得

固有國籍（固有取得）→
❶ 屬人主義（血統主義）
❷ 屬地主義（出生地主義）
❸ 折衷主義

取得國籍（傳來取得）→
❶ 間接取得：包括婚姻、收養
❷ 直接取得：外國人歸化我國國民

# UNIT 4-3
# 領土、國旗

## （一）領土之意義

國家統治權所行使範圍之土地，即在一定範圍空間內，國家可以行使其統治權，以象徵主權的存在。領土在法律方面，表示兩種意義，一是消極意義，非得到該國同意，別國不得行使統治權；二是積極意義，凡居住於領土上之人民，不問是本國人或外國人，均須服從該國的統治。前者是消極的排除外國的干涉，後者是積極的在此範圍內實行國家的公權力。

## （二）領土的範圍

❶**領海**：指距離一國海岸線以外一定範圍內之水域，自1958年召開國際海洋會議起，世界各國多主張領海為十二浬。我國國家安全會議於1979年議決通過，並由總統宣布我國領海為十二浬。我國並於1998年1月21日公布《中華民國領海及鄰接區法》，第3條規定：「中華民國領海自基線起至其外側十二浬間之海域」，第14條規定：「鄰接區為二十四浬」。此外並同時公布《中華民國專屬經濟海域及大陸礁層法》，第2條第1項規定：「中華民國之專屬經濟海域為鄰接領海外側至距離領海基線二百浬間之海域」，二百浬即為我國的經濟海域，亦稱「資源領海」。

❷**領陸**：指由土地而成立之國家領土。

❸**領空**：指領陸與領海的上空。

❹**浮動領土**：指本國籍航空器、船舶航行在公海上，其管轄權規本國所有。憲法上的固有疆域有多大？

　①列舉式：將構成國家領土之每一個地區構成單位名稱，一一規定於憲法中，如瑞士、比利時、德國、我國五五憲草等。

　②概括式：僅概括規定領土的範圍，如韓國、巴西及我國現行憲法皆屬之。我國憲法第4條規定：「中華民國領土，依其固有之疆域……。」但是，外蒙古及西藏究竟是否屬於我國之領土，目前是我國面對的爭議性問題。大法官亦不願意解釋該問題，形成憲法解釋上有名的「政治問題」。

　③固有疆界到底多大？中華民國的固有疆域到底有多大？是否還包含中國大陸？還是只剩下臺澎金馬？外蒙古還包括在內嗎？這個問題，有人曾經聲請大法官解釋。大法官於釋字第328號解釋中說，這屬於國民大會認定的職權，大法官不便介入。

## （三）國旗

❶**意義**：國家的象徵、立國精神的標誌。

❷**我國國旗**：我國憲法第6條：「中華民國國旗定為紅地、左上角青天白日。」

### 😀 小博士解說

**自由地區與大陸地區**

由於目前中華民國政府的治權僅限於「臺澎金馬」，而不及於中國大陸。所以在增修條文中，常常會出現「自由地區」和「大陸地區」這樣的用語。自由地區指的就是臺澎金馬，大陸地區指的就是中國大陸。但是否包含已獨立的外蒙古，就不清楚了。

## 領土的法律定義

**領土**

- 領海 ──→ 沒有得到該國同意，別的國家不得行使統治權。
- 領陸 ──→
  - **消極意義** 排除外國干涉
  - **積極意義** 在領土範圍內實行國家的公權力
- 領空
- 浮動領土 ──→ 居住在領土的人民，不論本國人、外國人都要服從該國的統治。

## 憲法的固有疆域爭議

**憲法**

↓

領土

- 自由地區（臺、澎、金、馬）
- 大陸地區

概括式

↓

目前治權僅限於臺澎金馬，因此是否包含大陸地區就有爭議了。
即使包含在內，西藏和外蒙算不算呢？

外蒙古還屬於中華民國？

中國大陸在憲法中被稱為「大陸地區」

臺澎金馬在憲法中被稱為自由地區

## 國家定位認知的光譜

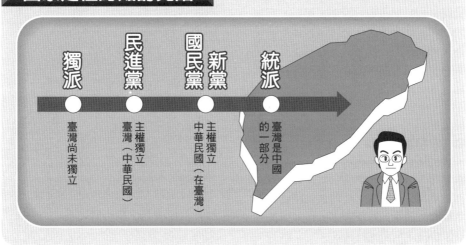

- 獨派 ── 臺灣尚未獨立
- 民進黨 ── 主權獨立 臺灣（中華民國）
- 國民黨 新黨 ── 主權獨立 中華民國（在臺灣）
- 統派 ── 臺灣是中國的一部分

# UNIT *4-4*
# 臺灣的雙首長制

圖解憲法

## （一）第四次修憲採雙首長制

根據國父孫中山的設計，我們是五權憲法，體制特殊。但經過歷次修憲後，目前的中央政府體制，主要是在1996年國家發展會議，經由兩大黨協商後取得共識，學習法國的雙首長制，並在1997年第四次修憲時，放到增修條文中。

在我國的雙首長制下，我們有民選的總統，也有民選的立法院，但還有一個行政院，而行政院長乃由總統任命，不需得到立法院的同意。

## （二）與法國雙首長制的不同

雖然我們想學習法國的雙首長制，但在具體制度設計上，卻與法國有所不同。主要的差別有三點：

### ❶憲政慣例提名國會多數黨領袖擔任總理

法國和我國都一樣，總統可以直接任命總理（行政院長），不需要得到國會（立法院）的同意。不過法國總統會依照他們的憲政慣例，任命國會多數黨領袖擔任總理。

我國在修憲時，並沒有把這個憲政慣例明文放到憲法中，產生了爭議。我國2000年後的實際運作，當總統與立法院多數黨屬於不同政黨時，總統在立法院屬於少數黨，卻會任命同黨的人擔任行政院長。此時就會出現所謂的「少數政府」，亦即行政院所屬政黨在立法院處於少數。

### ❷主動解散立法院

法國為了讓總統在選上後能夠取得行政實權，若總統當選後，其所屬政黨在國會裡卻是少數黨，此時法國總統有權主動解散國會，要求改選，由改選後的新國會決定是否支持總統。

而我國憲法總統卻沒有主動解散國會權，必須立法院倒閣後，總統才有解散國會改選的機會。法國的設計，是讓法國總統還有「最後一搏」的機會，就算國會多數與他不同邊，他可以訴諸民意，要求改選國會。但是我國的總統卻沒有這個「最後一搏」機會。

### ❸總統選舉採絕對多數制

法國的選舉，大部分都是採取「得票過半」的絕對多數制，總統選舉也一樣。因為候選人不會只有兩個人，所以往往第一輪投票結果，沒有任何候選人可以過半。此時，他們會舉行「第二輪投票」，由第一選投票中，得票數較高的前兩名來競選。第二輪投票中，應該就會產生「得票數過半」的當選人了。

但是臺灣的總統選舉，是採取一輪投票，且相對多數就當選，這樣很容易發生選出來的總統其實沒有過半民意的支持，而與國會多數發生不同的現象。

### 😊小博士解說

憲法本文原本總統提名行政院長，須經立法院同意任命，我國在第四次修憲時，採取雙首長制，總統可以直接任命行政院長。相關條文如下：

第3條第1項：「行政院院長由總統任命之。行政院院長辭職或出缺時，在總統未任命行政院院長前，由行政院副院長暫行代理。憲法第五十五條之規定，停止適用。」

第2條第2項：「總統發布行政院院長與依憲法經立法院同意任命人員之任免命令及解散立法院之命令，無須行政院院長之副署，不適用憲法第三十七條之規定。」

## 我國與法國雙首長制的不同之處

| 我國與法國雙首長制的不同之處 | |
| --- | --- |
| 法國 | 臺灣 |
| 換軌的憲政慣例 | 總統不肯換軌 |
| 總統有主動解散國會權 | 總統只有被動解散國會權 |
| 總統選舉採取兩輪投票絕對多數制 | 總統選舉採取相對多數制 |

## 法國的運作

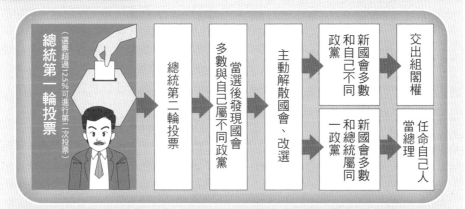

總統第一輪投票（選票超過12.5%可進行第二次投票） → 總統第二輪投票 → 當選後發現國會多數與自己屬不同政黨 → 主動解散國會、改選 → 新國會多數和自己不同政黨 → 交出組閣權

新國會多數和總統屬同一政黨 → 任命自己人當總理

## 法國總統與國會多數黨屬不同政黨時

國會多數黨（左派） ←衝突→ 總統（右派） —直接任命→ 總理

## 我國的憲政運作

覆議
以2/3維持原決議
不信任案
解散國會

提名

國會/泛藍過半　民進黨內閣　民進黨總統

人民選舉　　　人民選舉

# UNIT **4-5**
# 少數政府運作

圖解憲法

## （一）少數政府

所謂的少數政府，就是行政權所屬的執政黨，在國會裡面沒有得到多數的支持，在國會裡面只是少數。這樣的政府，就稱為少數政府。由於執政黨在國會裡面無法得到多數支持，在政府運作上，會出現很多問題。

## （二）2000年後的少數政府

2000年後政黨輪替，民進黨的陳水扁當選總統，但立法院裡民進黨卻無法過半，仍然由泛藍的國民黨和親民黨掌控過半優勢。2004年總統選舉，民進黨陳水扁連任，但立法院裡泛綠的民進黨和台聯仍然無法過半，仍然是泛藍的國民黨、親民黨掌控過半席次。

民進黨籍總統陳水扁並不願跟從法國憲政慣例，其執政以來，多任命民進黨人士擔任行政院長、各部會首長。因而出現了「少數政府」運作的困境。

## （三）少數政府運作上的問題

### ❶行政院想施政、立法院不配合通過法律

「少數政府」運作上的第一個問題是：行政院想施政，由於無法掌控立法院過半席次，倘若立法院不配合通過相關法律獲預算，根據「依法行政原則」，行政院無從施政。軍購案就是最明顯的例子。

### ❷立法院通過法律，行政院拒絕執行

「少數政府」運作的第二個問題是：立法院通過的法律，行政院卻基於施政理念不同，而拒絕執行。在憲法上，行政院雖然可以提請總統提出覆議案，可是因為覆議門檻為1/2，立法院多數仍會通過原決議，導致覆議無效。核四案

就是最明顯的例子。

### ❸總統提名人選，立法院拒絕同意

總統在憲法上最重要的職權，是一些五院的人事提名權。但是其提名後，還需要立法院的同意。但是當總統與立法院關係不好，當總統有權提名人選時，立法院就會杯葛，造成懸缺的官職選不出人來。例如，監察院院長、副院長、監察委員，就是因為總統和立法院之間的衝突，導致五院之一的監察院，將近空轉了三年半，造成嚴重的憲政危機。

## （四）憲法機制失靈

當行政權和立法權發生衝突時，我們本應可以用憲法所規定的機制解決。可是目前的憲法機制，卻無法突破行政、立法對立僵局。

### ❶覆議制度

就覆議制度來說，由於覆議門檻為1/2，行政院提覆議通常沒用，立法院重新投票仍然會維持原決議。

### ❷倒閣制度

就不信任案、解散國會來說，由於不信任案發動權在立法院，立法委員擔心行使不信任案（倒閣）後被解散重新改選，由於改選成本過大、容易落選，因而立法院多數根本不敢行使倒閣權。

## 2000年後少數政府運作困境

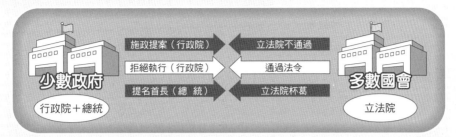

| 少數政府 | 施政提案（行政院）| 立法院不通過 | 多數國會 |
| | 拒絕執行（行政院）| 通過法令 | |
| 行政院＋總統 | 提名首長（總　統）| 立法院杯葛 | 立法院 |

## 九七憲改後之總統、行政院院長與立法院之政黨關係

| 總　統 | 行政院院長 | 憲政運作類型 | 立法院多數 | | |
|---|---|---|---|---|---|
| 李登輝<br>KMT<br>（第9任） | 蕭萬長 KMT<br>(1997.9.1～1999.1.22) | 超級總統制 | 第三屆<br>KMT | 1996.2.1～1999.1.31<br>85席　席次比 52.8% | |
| | 蕭萬長 KMT<br>(1999.1.22～2000.5.20) | 超級總統制 | | | |
| 陳水扁<br>DPP<br>（第10任） | 唐　飛 KMT<br>(2000.5.20～2000.10.6) | 全民政府 | 第四屆<br>KMT | 1999.2.1～2002.1.31<br>123席　席次比 54.7% | |
| | 張俊雄 DPP<br>(2000.10.6～2002.2.1) | 少數政府 | | | |
| | 游錫堃 DPP<br>(2002.2.1～2004.5.19) | 少數政府 | 第五屆<br>KMT<br>PFP<br>NP | 2002.2.1～2005.1.31<br>68席　席次比 30.2%<br>46席　席次比 20.4%<br>1席　席次比　0.4% | |
| 陳水扁<br>DPP<br>（第11任） | 游錫堃 DPP<br>(2004.5.20～2005.2.1) | 少數政府 | | | |
| | 謝長廷 DPP<br>(2005.2.1～2006.1.25) | 少數政府 | 第六屆<br>KMT<br>PFP<br>NP | 2005.2.1～2008.1.31<br>79席　席次比 35.1%<br>34席　席次比 15.1%<br>1席　席次比　0.4% | |
| | 蘇貞昌 DPP<br>(2006.1.25～2007.5.21) | 少數政府 | | | |
| | 張俊雄 DPP<br>(2007.5.21～2008.5.20) | 少數政府 | | | |
| 馬英九<br>KMT<br>（第12任） | 劉兆玄 KMT<br>(2008.5.20～2009.9.9) | 超級總統制 | 第七屆<br>KMT<br>PFP | 2008.2.1～2012.1.31<br>81席　席次比 71.6%<br>5席　席次比　4.4% | |
| | 吳敦義 KMT<br>(2009.9.10～2012.2.6) | 超級總統制 | | | |
| | 陳　冲 KMT<br>(2012.2.6～2012.5.20) | 超級總統制 | | | |
| 馬英九<br>KMT<br>（第13任） | 陳　冲 KMT<br>(2012.5.20～2013.2.18) | 超級總統制 | 第八屆<br>KMT<br>DPP | 2012.2.1～2016.1.31<br>64席　席次比 57.1%<br>40席　席次比 35.7% | |
| | 江宜樺 KMT<br>(2013.2.18～2014.12.8) | 超級總統制 | | | |
| | 毛治國 KMT<br>(2014.12.8～2016.2.1) | 超級總統制 | | | |
| | 張善政<br>(2016.2.1～2016.5.20) | 超級總統制 | | | |
| 蔡英文<br>DPP<br>（第14任） | 林　全<br>(2016.5.20～2017.9.8) | 超級總統制 | 第九屆<br>DPP<br>KMT<br>NPP | 2016.2.1～2020.1.31<br>68席　席次比 60.1%<br>35席　席次比 30.9%<br>5席　席次比　4.4% | |
| | 賴清德 DPP<br>(2017.9.8～2019.1.14) | 超級總統制 | | | |
| | 蘇貞昌 DPP<br>(2019.1.4～2020.5.20) | 超級總統制 | | | |

| 說明 | ❶ 原屬中國國民黨籍的唐飛，由陳水扁任命為行政院院長時，中國國民黨以「停權」的方式處理其黨籍問題。<br>❷ 中國國民黨：KMT，民主進步黨：DPP，親民黨：PFP，新黨：NP，時代力量：NPP。<br>❸ 全民政府的憲政運作模式，性質上本文仍認為屬於「少數政府」。 |
|---|---|

# 第 5 章

# 總統

●●●●●●●●●●●●●●●●●●●●●●●●●●●●●● 章節體系架構 ▼

# UNIT **5-1**
# 總統的選任與任期

圖解憲法

## （一）直選總統

總統是由自由地區（臺澎金馬）人選直接選舉產生。憲法增修條文第2條規定：「總統、副總統候選人應聯名登記，在選票上同列一組圈選，以得票最多之一組為當選。」除了規定一組候選人要聯名登記外，更重要的是，其規定我們的總統選舉採取「相對多數制」，而非採用「絕對多數制」。

## （二）相對多數制

只要候選人在各組裡面「得票最多」（相對多數），就可以當選，並沒有要求「得票過半」（絕對多數）。也就是因為這樣，陳水扁總統在2000年時，才能夠在三強競爭下脫穎而出。

## （三）公民連署
### ❶公民連署

為了避免太多人出來競選總統，在《總統副總統選舉罷免法》規定，要競選總統的人，必須得要有公民連署。候選人必須進行公民連署，連署人數應達最近一次立法委員選舉人數1.5％以上。

### ❷政黨提名

但如果是獲得政黨提名，且該政黨在前一次全國大選獲得5％以上的選票，那麼這組候選人就不必進行公民連署。

著名的女性作家施寄青曾經在1996年總統選舉時，想要出來競選，但因為沒有政黨推薦，又沒辦法連署到這麼多人，而聲請大法官解釋，認為這個規定限制了她的參政權。大法官在釋字第468號解釋中，認為這樣的規定是為了避免耗費社會資源，限制還算合理，並不違憲。

## （四）任期四年

總統的任期為4年，可以連任一次。如果在任職期間總統缺位（辭職、死亡等無法回復的情況）時，則由副總統繼任。如果連副總統都缺位，那麼就由行政院長代行總統職權。但是行政院長代行時間不能超過3個月，必須舉行補選，由人民選出新的總統，但補選出的總統任期只到原任期屆滿為止。

## （五）副總統的角色

憲法上並沒有賦予副總統任何職權。只有當總統缺位或不能視事時，讓副總統來繼任或代行總統職權。但是如果總統健健康康，那麼副總統就會沒有任何事做，閒得發慌。

1996年李登輝和連戰出馬競選總統、副總統當選後，李登輝總統擔心若提名新的行政院長，立法院可能會不通過，索性就讓原本的行政院長連戰繼續留任，導致連戰身兼副總統與行政院長兩職。後來大法官做出釋字第419號解釋，認為副總統是準備要繼任總統的位子，副總統兼任行政院長，與憲法設計備位制度精神違背。

## 臺灣總統直選流程圖

正副人選 ← 公民連署

相對得票多數

 當選

 正副總統

相對得票多數

正副人選 ← 政黨提名

## 2004年民選總統的選舉結果

第十一任總統、副總統選舉

政黨得票概況

**50.11%**
得票數6,471,970票

民進黨

**49.89%**
得票數6,442,452票

國民黨

2004年3月總統大選前夕，發生319槍擊案，使得陳水扁總統順利連任。事後不甘敗選的泛藍陣營，聚集在總統府前抗議，並提起選舉無效之訴。但是後來並沒有改變選舉結果。

## 總統大選與公民投票選舉路線

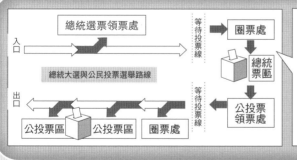

總統選票領票處

入口

等待投票線 → 圈票處

總統票匭

總統大選與公民投票選舉路線

出口

等待投票線

公投票區 公投票區 圈票處 ← 公投票領票處

2004年總統大選時，陳水扁總統決定行使《公投法》第17條「防禦性公投」的權力，並決定與當年的總統大選一起舉辦，而引發「公投綁大選」爭議。為了讓兩項選舉分開進行，後來中選會決定投票動線為：先領總統選票，投完後再領公投選票投票。這樣的動線設計，讓那些反對公投的人，可以拒領公投票，而降低公投的投票率。

## 總統之缺位與不能視事

正副總統

正當情況 → ❶ 忙碌　❷ 無固定職務範圍

正元首缺位（辭職、死亡）→ 由副總統繼任

正副元首皆缺位或不能視事 → 由行政院院長暫代（暫代不超過三個月）

## UNIT 5-2
# 罷免和彈劾總統

圖解憲法

### （一）兩種管道

要讓總統提前下台的方式，在憲法中主要有罷免和彈劾兩種管道。罷免必須立法委員2/3同意，然後交由人民投票。而彈劾則是必須立法委員2/3同意，然後交由大法官組成憲法法庭審理彈劾案。

### （二）罷免和彈劾的不同

為什麼要總統下台，要設計「彈劾」和「罷免」兩種不同的程序？而這兩種制度，又有哪裡不同？其實，在第四次修憲以前，彈劾總統是由監察院提出，但是監察院提出彈劾案之後，還要交給國民大會處理。國民大會處理的結果，就是行使罷免權。換句話說，以前彈劾和罷免最後其實是一樣的，都是讓國民大會投票決定總統的去留。

但是後來罷免總統改由人民決定，而彈劾總統改由憲法法庭審理，把這兩者的處理方式分開來了。因此，我們可以說，罷免是追究總統的政治責任，所以罷免不需要有具體的理由，只要不支持總統即可；但是彈劾則是追求法律責任，必須提出具體的彈劾理由，且要交給憲法法庭審理。

### （三）哪些事由可以彈劾總統？

至於哪些法律事由可以彈劾總統呢？在1997年修正的增修條文中，立法院提起彈劾案，須總統、副總統犯內亂或外患罪方得提出，但到2000年第六次修憲時則將「內亂或外患罪」之要件刪除。既然刪除了「內亂或外患罪」這個要件，是否立法院彈劾總統就沒有任何限制？一般認為，彈劾是追究法律責任，應該以一般官員的「違法或失職」為前提。立法院職權行使法第42條，在2010年修正，刪除了內亂、外患罪的彈劾要件。

### （四）罷免和彈劾的困難

不論是罷免和彈劾，第一關就是立法院全體立委2/3同意的門檻。以現行的立法院政黨勢力分配來看，就已經知道彈劾和罷免在立法院那關就過不了。在2006年6月，泛藍曾經因為陳水扁總統身陷Sogo禮券弊案和國務機要費弊案，而在立法院發動罷免陳總統。但最後的投票結果，以119票贊成、0票反對、14票棄權廢票，當時立委總數為225人，不達2/3門檻，而告失敗。可見得要讓總統下台，是很困難的。

這也就是為什麼在國務機要費延燒沸騰的時候，民眾不採用罷免或彈劾的方式，而選擇上街頭進行百萬人倒扁運動。

### 😀 小博士解說

**韓國彈劾總統的規定**

有人認為我們第七次修憲的彈劾總統制度，是學習南韓的制度。南韓的彈劾過程如下：❶國會需有過半數議員登記支持彈劾案；❷24小時後，彈劾案進入議事程序投票，必須2/3贊成才能成立；❸國會過關後，彈劾案必須送交憲法法院審理，由國會議員擔任起訴人，並獲得憲法法院9位法官中的6位贊成，這個程序的期限是180天；❹由國會通過彈劾案至憲法法院判決期間，總統停職，由總理代理國政；❺如果憲法法院判決彈劾成立，總統即予免職；❻總統免職後60天內需舉行總統選舉。

## 罷免、彈劾的程序比較

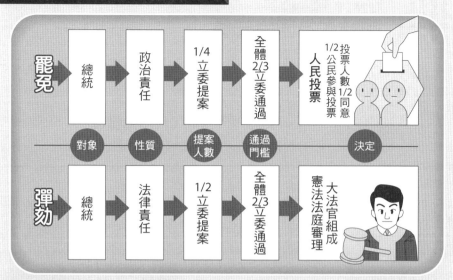

| | 對象 | 性質 | 提案人數 | 通過門檻 | 決定 |
|---|---|---|---|---|---|
| 罷免 | 總統 | 政治責任 | 1/4立委提案 | 全體2/3立委通過 | 人民投票 1/2投票人數 公民參與投票 1/2同意 |
| 彈劾 | 總統 | 法律責任 | 1/2立委提案 | 全體2/3立委通過 | 大法官組成憲法法庭審理 |

## 彈劾流程障礙圖

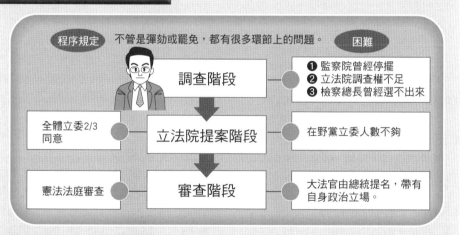

程序規定 不管是彈劾或罷免，都有很多環節上的問題。 困難

調查階段
❶ 監察院曾經停擺
❷ 立法院調查權不足
❸ 檢察總長曾經選不出來

全體立委2/3同意 → 立法院提案階段 → 在野黨立委人數不夠

憲法法庭審查 → 審查階段 → 大法官由總統提名，帶有自身政治立場。

## 彈劾事由比較

| 修憲 | 彈劾事由 | 備註 |
|---|---|---|
| 第四次修憲 | 內亂、外患罪 | |
| 第六次修憲 | 無限制 | 立法院職權行使法修正，刪除內亂、外患罪之彈劾要件 |

# UNIT **5-3**
## 總統作為國家元首

圖解憲法

### （一）副署制度

在我國憲法本文中，總統為國家元首，對外代表中華民國。由於其乃具「內閣制」總統之特色，總統所發布之法律、命令，都需要得到行政院長或相關部會首長的副署。例如締結條約、宣戰、媾和、大赦、戒嚴、緊急命令等，這些命令在名義上雖然是總統發布的，實質上卻是行政院各單位決定的，而總統只是出個名字。

但是，總統身為國家元首，還是有一些自己專屬的儀式權力，是不需要行政院相關部會副署的。例如，他可以代表國家授與榮典、行使特赦權，並協調五院紛爭。

### （二）授與榮典

總統依法授與榮典（憲法第42條）。這也是一種儀式性的權力。

### （三）赦免權

總統依法行使大赦、特赦、減刑及復權之權（憲法第40條）。

總統因為身為國家元首，可以對國民行使一些「仁愛」的權力。其中最重要的，就是大赦和特赦權。大赦是對一個範圍內的犯人或犯罪，都予以赦免。這種權力很大，古代的帝王登基時，最愛行使這種權力。但這麼大的權力，並不是總統自己可以行使，而必須經過行政院、立法院的決議（憲法第58條、第63條）。現代國家則很少行使。

至於特赦，則是總統可以自己行使，只是針對特定的犯人赦免其罪刑。很多刑事犯人被判處刑罰後，用盡了救濟管道，最後想到還有一條路，就是去懇求總統特赦，尤其是死刑犯。之前的白米

炸彈客楊儒門被判處7年徒刑，有立委就希望總統給予特赦。

### （四）院際調解權

總統對於院與院之間之爭執，除本憲法有規定者外，得召集各院長會商解決之（憲法第44條）。

憲法中之所以會有這個規定，是把總統當作一個虛位元首，站在比較超然的立場。在憲法本文中，總統只負責提名五院的一些人事，但不會直接涉入政策的決策或爭鬥中。既然五院的官員中，很多都是總統提名的，那麼當五院之間發生衝突，就很適合由立場中立的總統，出來協商。不過，原本憲法的規定，因為後來不斷修憲，使得總統已經不再是中立的角色，而是和行政院站在一起對抗立法院。此時，總統已經不再適合出面協調五院爭議，這個條文也已經徒具虛文。

### （五）發表咨文權

增修條文第4條第3項規定：「立法院於每年集會時，得聽取總統國情報告。」看起來這是立法院的權力，而相對地總統就有義務要去報告。不過，在陳水扁總統任內，因為和泛藍掌控的立法院關係不好，所以從來都沒有去立法院進行國情報告。直到2008年立法院才修正立法院職權行使法，將相關程序規定清楚。該法第15條之2：「立法院得經全體立法委員四分之一以上提議，院會決議後，由程序委員會排定議程，就國家安全大政方針，聽取總統國情報告。總統就其職權相關之國家大政方針，得咨請立法院同意後，至立法院進行國情報告。」

## 總統需要行政院長副署職權表

| 權限 | 條文依據 | 行政院副署 |
|---|---|---|
| 公布法律、發布命令 | 憲37<br>總統依法公布法律、發布命令…… | 憲37<br>總統依法公布法律、發布命令，須經行政院院長之副署，或行政院院長及有關部會首長之副署<br><br>憲58II<br>行政院院長、各部會首長，須將應行提出於立法院之法律案、預算案、戒嚴案、大赦案、宣戰案、媾和案、條約案及其他重要事項，或涉及各部會共同關係之事項，提出於行政院會議議決之 |
| 締結條約案、宣戰案與媾和案 | 憲38<br>總統依本憲法之規定，行使締結條約及宣戰、媾和之權 | |
| 戒嚴權 | 憲39<br>總統依法宣布戒嚴，但須經立法院之通過或追認。立法院認為必要時，得決議移請總統解嚴 | |
| 緊急命令權 | 憲增2III<br>總統為避免國家或人民遭遇緊急危難或應付財政經濟上重大變故，得經行政院會議之決議發布緊急命令，為必要之處置，不受憲法第四十三條之限制。但須於發布命令後十日內提交立法院追認，如立法院不同意時，該緊急命令立即失效 |

## 總統的職權

## 總統角色的演變

# UNIT **5-4**
# 總統的實權

在雙首長制之下，總統除了作為國家元首，還具備一些行政上的實權。當總統行使這些實權時，並不用行政院長的副署，也就是不會受到行政院長的牽制。主要包括人事提名權、任命權、覆議權、解散國會權等。

## （一）人事任命權和提名權

在憲法中，總統真正的實權之一，就是擁有許多「人事提名權」。首先總統提名行政院長，不需要立法院同意。除此之外，考試院正副院長、委員，司法院正副院長和大法官，監察院正副院長、委員、審計長等人，都是總統提名，然後交給立法院行使同意權。故五院裡面，除了立法院之外，總統控制了四個院裡面的重大人事提名權，這是總統非常重要的實權之一。

而且在增修條文第2條第2項還特別規定，總統發布上述的人事任命和提名命令，不需要得到行政院長的副署。也就是不會因為副署制度而受到行政院的牽制，表示這些人事提名都是總統的實權。

之前有一些修法，似乎想擴大總統的人事提名權。例如曾經修正法院組織法，就將檢察總長的人事提名權，改由總統提名，立法院同意。這樣的修法趨勢，好像有點混淆憲法的結構。

## （二）核可覆議法案權

在雙首長制下，行政院長若不滿立法院通過的法律案、預算案或條約案時，可以提請總統提出覆議。但是這必須總統同意覆議，也就是說，總統也有權不核可行政院長的覆議案。例如，謝長廷擔任行政院長時，對立法院通過的總預算不滿意，想提出覆議，但是陳水扁總統卻不幫他提出，逼得謝長廷最後辭職下台。

## （三）被動解散國會權

我國雙首長制之下，總統有被動解散國會權。但這必須是立法院先對行政院倒閣成功，行政院長請總統解散國會，總統才能解散國會。也就是說，總統沒有主動權，必須滿足兩個要件，總統才有解散權：❶立法院對行政院倒閣成功；❷行政院長請總統解散立法院。必須有這兩個前提，總統才有權解散國會。

## （四）總統和行政院長的權力劃分

看起來，行政權中，除了歸總統的權力，剩下的都應該是給行政院長的。不過我們的憲法會出現了很多模糊地帶。照理說，行政院下轄國防部、外交部、陸委會等，那麼國防、外交、兩岸事務，應該是歸行政院掌管。可是我們憲法一方面規定總統為三軍統帥，另一方面又規定總統可以決定國家安全大政方針。因此，到底國防、外交、兩岸的權力是歸總統還是歸行政院長管，一直都有爭議。

## 總統獨享權（無須行政院長副署）

| 權限 | 項目 | 條文內容 |
|------|------|----------|
| 閣揆任命權 | 任命行政院長 | 增3I：行政院院長由總統任命之 |
| 其他人事權 | 司法院、考試院和監察院之人事提名權 | 增5I：司法院設大法官十五人，並以其中一人為院長、一人為副院長，由總統提名，經立法院同意任命之<br>增6II：考試院設院長、副院長各一人，考試委員若干人，由總統提名，經立法院同意任命之<br>增7II：監察院設監察委員二十九人，並以其中一人為院長、一人為副院長，任期六年，由總統提名，經立法院同意任命之 |
| | 副總統缺位之補提名 | 增2VII：副總統缺位時，總統應於三個月內提名候選人，由立法院補選，繼任至原任期屆滿為止 |
| 發表咨文權 | 向立法院國情報告 | 增4III：立法院於每年集會時，得聽取總統國情報告 |
| 主持會議 | 主持國家安全會議 | 增2IV：總統為決定國家安全有關大政方針，得設國家安全會議及所屬國家安全局，其組織以法律定之 |
| 調節權 | 院際爭執解決權 | 憲44：總統對於院與院間之爭執，除本憲法有規定者外，得召集有關各院院長會商解決之 |
| | 核可覆議權 | 增3II②：行政院對於立法院決議之法律案、預算案、條約案，如認為有窒礙難行時，得經總統之核可，該於決議案送達行政院十日內，移請立法院覆議 |

## 總統的人事提名和任命權

| 總統的人事權 | 提名任命程序 |
|------|------|
| 行政院院長 | 總統直接任命 |
| 大法官、司法院長、副院長 | 總統提名 → 立法院同意 |
| 考試委員、考試院長、副院長 | 總統提名 → 立法院同意 |
| 監察委員、監察院院長、副院長、審計長 | 總統提名 → 立法院同意 |

## UNIT **5-5**
# 戒嚴與緊急命令權

　　總統在憲法上，可以宣布戒嚴，也可以發布緊急命令。這兩個權力，是給總統很大的權力，可以跳過立法院，直接行使很大的權力。不過，這兩個議案，仍然會被行政院牽制，必須得到行政院的副署，才可以提出。

## （一）戒嚴

　　憲法第39條規定：「總統依法宣布戒嚴，但須經立法院之通過或追認。立法院認為必要時，得決議移請總統解嚴。」戒嚴令就是在軍事作戰的情況下，由總統宣布國家進入軍事作戰狀態，而限制人民的自由權利。過去臺灣曾實施長達38年的戒嚴令，發生許多迫害人權的嚴重事件。現在解除戒嚴之後，我們才開始一一補償當時對人權的侵害。可見戒嚴的亂用會造成很嚴重的後果。

## （二）緊急命令

　　憲法本文第43條規定：「國家遇有天然災害、癘疫，或國家財政經濟上有重大變故，須為急速處分時，總統於立法院休會期間，得經行政院會議之決議，依緊急命令法，發布緊急命令，為必要之處置，但須於發布命令後一個月內提交立法院追認。如立法院不同意時，該緊急命令立即失效。」緊急命令是在國家發生緊急危難時，因為沒有法律可以運用，總統為了解決該緊急危難，只好跳過立法院，自己先頒發一個「緊急命令」來應急，而事後再讓立法院追認。目前增修條文規定，對發布緊急命令的條件，刪除了「立法院休會期間」的限制，也把可以發布緊急命令的事件修改為「為避免國家或人民遭遇緊急危難或

應付財政經濟上重要變故」。臺灣真正用動緊急命令的次數不多，最近一次就是九二一地震之後發布的緊急命令。

## （三）總統轉獨裁

　　戒嚴和緊急命令這種東西的壞處，就是總統可以用這個權力來擴權，甚至轉為獨裁，歷史上有太多的例子都是如此。例如德國的希特勒，就是行使類似緊急命令權的權力，解散國會，而轉為獨裁。試想，緊急命令權是要國會來追認，但希特勒居然用緊急命令權解散國會，也堪稱一絕。德國在二次世界大戰後，認為之所以一個好好的民主政體，會淪為獨裁，或許是因為欠缺違憲審查制度，由法官來遏止國會多數暴力。他們似乎認為，希特勒之所以會崛起，是因為納粹黨掌控國會多數，然後由國會多數侵害少數權力。實際上，要不是希特勒用緊急命令權解散國會，希特勒自己一個人也不一定能掌控所有國會中的納粹黨。由此可知，真正恐怖的不是國會，而是有戒嚴權和緊急命令權的那個「領袖」。

## （四）生效期間不得解散立法院

　　我們的總統有被動解散國會權，就是立法院倒閣之後10天內，總統可以解散立法院。但為了避免發生德國希特勒在緊急命令期間解散國會的情況，增修條文第2條第5項規定：「總統於立法院通過對行政院院長之不信任案後十日內，經諮詢立法院院長後，得宣告解散立法院。但總統於戒嚴或緊急命令生效期間，不得解散立法院。」

# 總統的戒嚴權和緊急命令權

 總統

 總統

| 行政院會議通過戒嚴案 | 為避免國家或人民遭遇緊急危難或應付財政經濟上重大變故 |

| 總統直接發布 | 送立法院審查、通過 | 經行政院會議決議 |

| 立法院追認 | 總統發布 | 總統發布緊急命令 |

| | | 十日內提交立法院追認 |

| 立法院認為必要時，得決議移請總統解嚴 | 立法院不同意時，該緊急命令立即失效 |

 **★阿道夫・希特勒**

阿道夫・希特勒（Adolf Hitler，1889年4月20日—1945年4月30日）自1933年起任德國總理；1934年起任德國國家社會主義工人黨（即納粹黨）領袖和納粹德國的元首直至去世。第二次世界大戰時期，他兼任德國武裝力量最高統帥。他被公認為是二戰的發動者與罪魁禍首。其就是利用緊急命令權，凍結國會，然後實施獨裁。

 **★921大地震**

921大地震（集集大地震）為20世紀末期臺灣傷亡損失最大的天災，發生時間為1999年9月21日凌晨1時47分12.6秒，震央在北緯23.87度、東經120.78度、位於臺灣南投縣集集鎮，震源深度8公里，芮氏規模達7.3。此次地震是因車籠埔斷層的錯動，並在地表造成了長約100公里的破裂帶。全島均感受到嚴重搖晃。共持續102秒，也稱呼為921臺灣大地震或921集集大地震。9月25日，李登輝總統發布緊急命令，立法院於9月28日追認通過，以減少行政上的程序，加速救災。

## UNIT **5-6** 兩岸、國防、外交

圖解憲法

一般會說，在我國雙首長制之下，總統還另外具有三項實權，就是兩岸、國防、外交方面的權力。而這方面的權力，是行政院長必須讓出來的。但是，總統是否真的具備這三方面的權力，其實仍有爭議。

### (一)三軍統帥

總統統率全國陸海空軍（憲法第36條）。但是，這是否意味，總統就真的能夠越過行政院長，直接指揮國防部和三軍呢？這是有爭議的。有認為總統統帥權之性質乃是象徵的，畢竟根據第37條，總統發布的命令，仍需要國防部長的副署。但是，後來增修條文讓總統設置了國家安全會議以及公布國安大政方針權，似乎總統真的擁有控制國防的權力。

### (二)國家安全會議

憲法增修條文第2條第4項規定：「總統為決定國家安全有關大政方針，得設國家安全會議及所屬國家安全局，其組織以法律定之。」憲法仍規定，行政院是國家最高行政機關，而且行政院要向立法院負責，所以，行政院長才是國家最高的行政首長。照理說，總統的權力除了憲法上所明文賦予的那些之外，並不得干涉行政院長的職權，例如經濟、內政、交通事務，總統都無權過問。

但是，由於我們增修條文第2條第4項制定了國家安全會議，由總統主持，並邀請行政院長和各重要部會首長參與，且可以發布國家安全大政方針。而所謂的國家安全事務，在《國家安全會議組織法》中又規定為「兩岸、國防、外交」事務。所以，總統似乎可以透過這個會議，去控制行政院裡面的兩岸、國防、外交等事務。

### (三)國安大政方針

不過，就算增修條文有設計國安會議，並沒有很明確說行政院必須聽從國安會議的指示。國安會通過的國安大政方針，是否對行政院有所拘束力，也曾經引發爭議。2006年8月間，國安會公布了首度的國安大政方針報告，秘書長邱義仁還說這份報告具有法定效力。不過，他的說法一出，就遭到很多批評。

不過實際上，由於2000年到2006年間，行政院長是由陳水扁總統直接任命，所以當總統干涉行政院的其他職權時，過去的行政院長都沒有意見地任由總統干政，也就不曾引發總統和行政院長之間權力分配的爭議。總統不只在兩岸、國防、外交，幾乎所有行政院的事務，總統都要插手干預。而且並不是按照憲法召開國家安全會議，而是直接打電話指示行政院官員辦事。

### (四)2006年陳水扁總統權力下放

但到了2006年6月，陳水扁總統因為弊案牽連，所以宣布「權力下放」「回歸憲政」。所謂權力下放，其實就是要把權力還給行政院長。但是當時的蘇貞昌院長卻很客氣，在媒體上仍公開地說，總統還是能夠保有兩岸、國防、外交這三方面的權力。

## 總統權力與行政職權結構

主持 ← 兩岸 國防 外交 → 參與

總統權

各部會首長 行政院職權

## 國家安全會議可決定的事項

| 國家安全會議可決定的事項 | | |
|---|---|---|
| 法律 | 動員戡亂時期國家安全會議組織綱要 | 國家安全會議組織法 |
| 可決定之事項內涵 | ①關於動員戡亂大政方針之決定事項<br>②關於國防重大政策之決定事項<br>③關於國家建設計畫綱要之決定事項<br>④關於總體作戰之策定及指導事項<br>⑤關於國家總動員之決策與督導事項<br>⑥關於戰地政務之處理事項<br>⑦其他有關動員戡亂之重要決策事項 | ①國家安全會議，為總統決定國家安全有關之大政方針之諮詢機關<br>②前項所稱國家安全係指國防、外交、兩岸關係及國家重大變故之相關事項 |
| 說明 | 在動員戡亂臨時條款時期，就已經給予總統「設置動員戡亂機構」和決定「動員戡亂有關大政方針」的權力。而1991年第一次修憲時，把這樣的權力，原封不動地放到增修條文中。 | |

## 陳水扁總統控制行政院的範圍

| | 2000年5月～2006年6月 | 2006年6月以後 |
|---|---|---|
| 陳總統控制行政院的範圍 | 透過體制外的府院黨高層會議，掌控行政院所有的事務 | 宣稱權力下放，回歸憲政，主張可開國安會議，保有兩岸、國防、外交權 |

## UNIT **5-7**
## 總統的刑事豁免權

圖解憲法

### （一）內亂、外患罪

總統擁有刑事豁免權，這是總統的一大特權。憲法第52條規定：「總統除犯內亂或外患罪外，非經罷免或解職，不受刑事上之追訴。」如果總統真的犯了內亂外患罪或其他重罪，還可以構成彈劾的事由，被立法院彈劾。

### （二）就職期間

不過，這個刑事豁免權，乃是指「總統解職前」，不受刑事訴追。在總統「解職後」，仍須面臨刑事訴追。大法官在過去曾經做過一號解釋（釋字第388號），現職總統競選連任，因為還擁有總統的身分，所以就算在競選期間違法，仍然享有「刑事豁免權」。

### （三）刑事案件

這個刑事豁免權，只限於「刑事案件」的豁免，至於總統在位期間民事上之私權爭訟，仍不受豁免。所以，連戰和宋楚瑜在2004年總統大選後，以陳水扁總統為被告，提出誹謗訴訟，這就是一件民事官司。而一審的法官最後也判決陳水扁構成誹謗，必須依判決賠償連戰、宋楚瑜的名譽損失。

### （四）他人的案件

而且，這個刑事豁免權，只是他本身，免於受刑事之「訴追」。意思就是他本人，不會被當作被告。但是，若被告不是總統本人，而是請他擔任證人，這就沒有禁止了。也正是因為如此，李子春才傳喚陳水扁總統擔任證人，出席檢察官的偵查庭。

### （五）國務機要費風暴

從2006年開始，立委邱毅開始爆料，發現陳水扁總統一家似乎用假發票冒領國務機要費。使得檢察官開始偵查這個貪污事件，並因此引發總統的刑事豁免權爭議。2006年11月3日，檢方正式調查終結，並認定：陳水扁與吳淑珍、馬永成、林德訓、陳鎮慧四人均涉貪瀆；涉及的6宗秘密外交案中，只有2宗是實案，其餘1宗為虛構，3宗無關秘密外交費用。但因為陳水扁是總統，有刑事豁免權保障，所以不起訴，但是其他人則予以起訴。

### （六）免於起訴還是調查？

後來吳淑珍的律師卻提起抗議，認為總統的刑事豁免權中所謂的不得「訴追」，包括不得調查，所以對陳總統進行的調查，都不能當作證據。後來大法官在釋字第627號解釋中認同這個看法，認為總統在任期中不能被當作被告接受調查。也就是說，所謂的「訴追」，包括了調查和起訴。檢調既不能夠先調查總統有無違法，也暫時不能起訴總統，要等總統卸任之後，才能加以調查、起訴。此外，釋字第627號還賦予總統所謂的「國家機密特權」，讓總統可運用這個權力，規避司法調查。

## 總統的刑事豁免權

| 總統涉及的案件 | 待遇 | 備註 |
|---|---|---|
| 自己的刑事案件 | 有刑事豁免權（內亂、外患罪除外），還有國家機密特權 | 釋字第627號解釋擴大了總統的刑事豁免權，除了任期中免於起訴，也免於調查。此外，釋字第627號解釋還給予總統國家機密特權，讓總統為了規避調查，可以指定某些資訊是國家機密 |
| 自己的民事案件 | 無民事豁免權 | 曾經被多人控告陳總統民事誹謗，法院也判決陳總統敗訴需賠償 |
| 他人的刑事案件 | 須擔任證人 | 陳總統就曾經為他人被告的案件出席擔任證人 |

## 國務機要費與首長特支費異同表

|  | 國務機要費 | 首長特支費 |
|---|---|---|
| 本質 | 國家元首行使職權相關費用 | 與國務機要費不同，為支應首長特殊用途支出 |
| 法源 | 行政院主計處並未訂定支用要點，但總統府於九十二年自訂國務機要費用支出作業規定 | 行政院主計處訂定首長、副首長特別費支出要點 |
| 結報核銷定 | 每筆支出都必須檢附合乎規定的單據才能報銷 | 特別情形可不須檢附單據，但最高以特別費半數為限 |
| 內容分類 | 國務機要費預算科目僅「機要費」一項，但總統府將其區分為機密費、訪視費、招待費、餽贈、犒賞與其他共六類 | 並無特別分類 |

### ★國務機要費小檔案

國務機要費在預算科目中，明定使用項目包括：政經建設訪視、軍事訪視、犒賞及獎助等。

實際上，歷任總統都用於發放獎金，或應付紅白帖。例如，陳總統大年初一回官田老家發紅包、年終犒賞幕僚、獎勵年度優異閣員或將領等。

國務機要費因沒有支用規定，依照審計法，總統府決算時必須檢附憑證，提供審計人員查帳。不像機關首長特支費，因行政院訂有「機關首長特別費支用規定」，可以一半有單據核銷，但另一半不用單據。

# 第 6 章
# 行政院和立法院

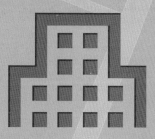

●●●●●●●●●●●●●●●●●●●●●●●●●●● 章節體系架構 ▼

# UNIT **6-1**
## 行政院長的選任

圖解憲法

### （一）總統直接任命

根據憲法規定，總統有權任命行政院長，不需要立法院同意（憲法增修條文第3條第1項）。

### （二）總統能否免職行政院長？

但是，那必須是行政院長寶座出缺的時候，總統才可以愛任命誰就任命誰。憲法規定總統可以「任命」行政院長，但卻沒有規定總統可以「免職」行政院長。如果現在行政院長還在位，那麼總統根本無從任命新的行政院長，也就根本不可能隨時重新組閣。

### （三）行政院長該何時辭職？

憲法中，並沒有規定行政院長的任期。除了立法院倒閣之外，行政院長該何時辭職呢？大法官歷年來做了兩號解釋，一號是釋字第387號，說如果立法院改選，由於行政院對立法院負責，行政院長必須辭職。另一號則是釋字第419號，說如果總統改選，行政院長的辭職只是禮貌性辭職，亦即行政院長其實並不需要主動辭職。

### （四）憲政慣例

不過這兩號解釋都是在1997年修憲前做出的解釋，1997年修憲改採雙首長制後，行政院長由總統獨立任命，不必經過立法院同意，上述兩號解釋是否發生改變，就有爭議了。以2000年後的慣例來看，行政院長都會在立法院改選和總統改選後辭職。行政院長若不是在這兩個時點辭職，那也是他想主動辭職，例如唐飛或張俊雄等。不管如何，反正就是沒有行政院長被總統免職的先例。

### （五）卸任前新慣例

第七次修憲後，立法院任期調整為4年，且立委改選和總統改選時間接近。2008年陳總統卸任前想建立新的憲政慣例，因為立委和總統改選時間很近，他說立委改選後行政院長張俊雄不用辭職，總統改選時卻要辭職。這是否能建立新的慣例，仍待後續觀察。

### （六）倒閣

最後，如果立法院對行政院提出不信任案，且投票通過後，行政院長應於10日內提出辭呈之規定。另外，如果不信任案投票未獲通過，1年內立法院不得對同一行政院長再提不信任案，以維持內閣的穩定（憲法增修條文第3條第2項第3款）。

### （七）回歸憲政運作

按照法國雙首長精神，當總統與立法院多數黨屬不同政黨時，應該交出組閣權。但陳水扁總統自2000年之後就不肯交出組閣權，還透過私下運作的方式逼退許多行政院長，以便改換行政院長。或許要回歸憲政運作，不能仰望總統，也必須靠立法院。儘管倒閣後立法院會有被解散的風險，但若真要回歸憲法精神，不是只有陳總統回歸憲法而已，在野黨也應該回歸憲法。應該請立委們用一次倒閣權，不要怕自己被解散改選，應該犧牲小我，完成大我，透過倒閣，建立憲政範例，將少數政府的問題解決，回歸憲政原則。

## 行政院長的任命與免職

| 行政院長 | 程序 | 摘要 |
|---|---|---|
| 任命 | 行政院長缺位時,總統直接任命行政院長 | 憲法增修條文第3條第1項:「行政院院長由總統任命之。」 |
| 辭職 | 禮貌性辭職 | 釋字第419號解釋,總統改選時,行政院長不需辭職,若自願辭職,乃禮貌性辭職。 |
| | 義務性辭職 | 釋字第387號解釋,立法院改選時,行政院必須總辭。 |

## 行政院長總辭的時間

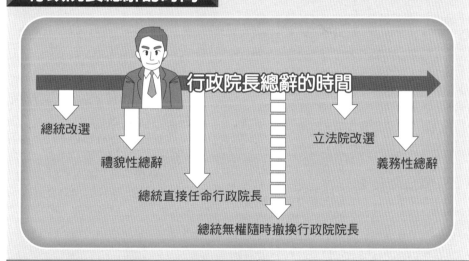

行政院長總辭的時間

總統改選

禮貌性總辭

總統直接任命行政院長

總統無權隨時撤換行政院院長

立法院改選

義務性總辭

## 罷免、彈劾、倒閣之比較

| | 對象 | 性質 | 提議人數 | 立法院通過 | 決定 |
|---|---|---|---|---|---|
| 罷免 | 總統 | 政治責任 | 1/4立委提案 | 全體2/3立委通過 | 人民投票1/2投票1/2同意 |
| 彈劾 | 總統 | 法律責任 | 1/2立委提案 | 全體2/3立委通過 | 大法官組成憲法法庭審理 |
| 倒閣 | 行政院 | 政治不信任 | 1/3立委連署 | 全體1/2立委通過 | |

## UNIT *6-2*
# 行政院官員的任用

圖解憲法

### （一）選任方式

行政院副院長、各部會首長及不管部會之政務委員，都是由行政院院長選任，然後提請總統任命之（憲法第56條）。

雖然憲法規定行政院所屬的政務官，都是由行政院長任命，可是當行政院長很聽總統的話時，行政院的官員，也可能依照總統的意思挑選。

### （二）任期

副院長和各部會首長的任期不固定，行政院長要撤換他們時，可以隨時撤換。不過若行政院長總辭，各部會首長必須全體跟隨辭職。釋字第387號解釋（84/10/13）：「行政院副院長、各部會首長及不管部會之政務委員係由行政院院長提請總統任命，且係出席行政院會議成員，參與行政決策，亦應隨同行政院院長一併提出辭職。」

### （三）獨立委員會

獨立委員會，也有人稱為獨立行政機關。其是在行政權下，設立一個獨立的行政機關，特色在於其成員不用受到行政院長和總統的控制，可以免於行政權的干涉。

要讓委員會獨立免除行政院長的干預，有兩種方式，一種是透過「任期保障」，避免行政院長隨時撤換委員，另一種則是「任命的限制」，對行政院長的任命權做一些限制。過去我們臺灣也有一些獨立委員會，例如公平交易委員會和金管會等，不過都是用「任期保障」的方式，來確保其不受行政院干預，並不會直接剝奪行政院長的「人事任命權」。

### （四）國家通訊傳播委員會（NCC）

立法院制定的《國家通訊傳播委員會

組織法》就規定，NCC的委員的選任，不是由行政院長自己挑選。其設計是由立法院先依政黨比例代表制，推薦15名委員人選，行政也可以推薦3位委員人選，然後依照政黨比例代表制組成的審查小組，再由這18位人選中，選出13位正式委員。

這種方式嚴重限制了行政院長的任命權。大法官在2006年7月，做出釋字第613號。解釋結果很簡單，說這樣的NCC委員組成，完全剝奪了行政院長的人事任命權，是違憲的。林子儀大法官的協同意見書寫得最簡單，也比較合乎憲法。他說，根據憲法第56條：「行政院副院長、各部會首長及不管部會之政務委員，由行政院院長提請總統任命之。」

因此在2011年12月立法院修改《國家通訊傳播委員會組織法》，將委員人數改為7人，任期4年，任滿得連任，由行政院院長提名經立法院同意後任命之，行政院院長為提名時，應指定1人為主任委員，1人為副主任委員。但本法第一次修正後，第一次任命之委員，其中3人之任期為2年。

### （五）公投審議委員會

釋字第645號解釋：「公民投票法第三十五條第一項規定：『行政院公民投票審議委員會，置委員二十一人，任期三年，由各政黨依立法院各黨團席次比例推荐，送交主管機關提請總統任命之。』關於委員之任命，實質上完全剝奪行政院依憲法應享有之人事任命決定權，顯已逾越憲法上權力相互制衡之界限，自屬牴觸權力分立原則，應自本解釋公布之日起，至遲於屆滿一年時，失其效力。」

## 經行政院院長提請總統任命之人員

| 人員 | 法源 | 法條內容 |
|------|------|----------|
| 行政院副院長 | 憲法第56條 | 行政院副院長、各部會首長及不管部會之政務委員，由行政院院長提請總統任命之 |
| 行政院部會首長及政務委員 | 憲法第56條 | |
| 省主席及省府委員 | 憲法增修條文第9條 | ①省設省政府，置委員九人，其中一人為主席，均由行政院院長提請總統任命之 |
| 省諮議會諮議員 | 憲法增修條文第9條 | ②省設省諮議會，置省諮議會議員若干人，由行政院院長提請總統任命之 |

## NCC委員提名選任過程，被釋字613號宣告違憲

NCC委員提名選任過程

立法院依政黨比例代表制提名15位人選

行政院提名3位人選

立法院依政黨比例代表制組成審查小組11人

由審查小組選出13位正式委員

## 獨立委員會避免行政院干預的方式

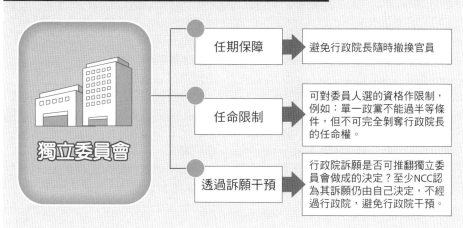

獨立委員會

任期保障 → 避免行政院長隨時撤換官員

任命限制 → 可對委員人選的資格作限制，例如：單一政黨不能過半等條件，但不可完全剝奪行政院長的任命權。

透過訴願干預 → 行政院訴願是否可推翻獨立委員會做成的決定？至少NCC認為其訴願仍由自己決定，不經過行政院，避免行政院干預。

# UNIT 6-3
# 行政院的職權

## （一）行政權

行政院為國家最高行政機關（憲法第53條、第57條第1款）。任何的行政工作，都是由行政院和所屬部會去執行。行政院擁有行政權，但必須依法行政，也就是受到立法院的限制。立法院通常是透過法律和預算，來控制行政院的行為。

## （二）核四預算案

一般行政院受到立法院預算的控制，不可能想做什麼就做什麼。可是如果立法院撥給行政院預算，但行政院卻不想執行呢？核四案就是這樣的問題。立法院已經撥給行政院預算，但行政院認為預算只是一種授權，行政院不一定要把預算花完，所以片面地決定停建核四。

結果大法官在釋字第520號解釋中認為，如果是涉及政府組織的預算，行政院就一定得執行；一般的預算，行政院不一定要花完；可是關於核四這種國家重大建設，行政院不能說停建就停建，必須尊重立法院的「重大決策參與權」。所謂的「重大決策參與權」，似乎就是認為，立法院在某些重大議案上，能夠參與行政決策，而非行政院自己做決定。

不過，這個重大決策參與權的法條依據卻很薄弱，大法官認為因為行政院要對立法院負責，且必須提出施政方針和施政報告（憲法增修條文第3條），所以認為行政院片面停建在程序上有瑕疵。但是，就算行政院不予尊重，大法官在釋字第520號解釋也只是說，要依照現有的解決憲政爭議的方式去處理。

## （三）提案權

憲法第58條第2項規定：「行政院院長、各部會首長，須將應行提出於立法院之法律案、預算案、戒嚴案、大赦案、宣戰案、媾和案、條約案及其他重要事項，或涉及各部會共同關係之事項，提出於行政院會議議決之。」

### 以上可看出兩點：

❶行政院可以對立法院提出許多提案。
❷行政院要提案之前，必須先經行政院院會通過。

至於行政院院會的組成，則是以院長為主席，副院長、各部會首長、政務委員等人為委員。

## （四）預算案

預算案的提出，有比較複雜的規定。

### ❶總預算案

中央政府總預算，包括立法院本身之預算，僅能由行政院向立法院提出，其他各院無權提出預算案，僅能向行政院提出概算，由行政院統一編列為「中央政府總預算案」，再向立法院提出。

### ❷司法預算特別保障

司法院所提出之年度司法概算，行政院不得刪減，但得加註意見，編入中央政府總預算案，送立法院審議（憲法增修條文第5條第6項）。

### ❸預算案之限制

行政院於會計年度開始3個月前，應將下年度預算案提出於立法院（憲法第59條）。

### ❹決算

行政院應於會計年度結束後4個月內提出決算於監察院（憲法第60條）。

## 行政院之職權

| 職權內容 | 憲法條文 | 條文內容 |
|---|---|---|
| 施政權 | 憲53 | 行政院為國家最高行政機關 |
| 移請覆議權 | 增3II② | 行政院對於立法院決議之法律案、預算案、條約案，如認為有窒礙難行時，得經總統之核可，於該決議案送達行政院十日內，移請立法院覆議 |
| 提案權 | 憲58 憲59 | 行政院院長、各部會首長，須將應行提出於立法院之法律案、預算案、戒嚴案、大赦案、宣戰案、媾和案、條約案及其他重要事項，或涉及各部會共同關係之事項，提出於行政院會議議決之 行政院於會計年度開始三個月前，應將下年度預算案提出於立法院 |
| 向立法院提出施政方針及施政報告並受質詢或陳述意見 | 憲57① | 行政院有向立法院提出施政方針及施政報告之責。立法委員在開會時，有向行政院院長及行政院各部會首長質詢之權 |
| 提出決算 | 憲60 | 行政院於會計年度結束後四個月內，應提出決算於監察院 |

## 行政院與立法院的預算執行爭議：釋字520

## 預算與決算過程示意圖

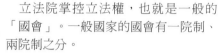

# UNIT 6-4
## 一院制立法院

## （一）一院制立法院

立法院掌控立法權，也就是一般的「國會」。一般國家的國會有一院制、兩院制之分。

### ❶一院制

指立法權只有一個議院行使，採取一院制的國家有：西班牙、中南美洲國家、泰國、印尼和臺灣。

### ❷兩院制

議會制度發源於英國，自十四世紀初期，演變成兩院，上議院代表貴族，下議院代表平民，之後盛行於各國。後來許多聯邦制國家也採取兩院制，例如眾議院由各地方按人口比例選出，而參議院則各邦、各州選出兩人。採取兩院制的國家有美國、德國、英國、法國、日本等皆是。

## （二）兩院制的優點（即一院制的缺點）

第二院可牽制第一院的權力，並預防多數決統治（majoritarian rule）。兩院制國會可更有效地牽制行政部門權力，因為有兩個國會可揭發政府的缺失。兩院制國會擴大了代表性基礎，使每一院可表達不同範圍的利益，並反應不同團體選民的需求。第二院的存在可確保法案受到更充分的審議，減輕第一院的負擔，並修正其錯誤與疏失。第二院可擔任憲法的護衛者，拖延爭議性法案的通過，以爭取時間進行討論與公共辯論。

## （三）兩院制的缺點（即一院制的優點）

一院制國會較有效率，因為第二院的存在可能造成立法過程中無必要的複雜性與困難性。第二院往往妨礙著民主

統治，特別當其成員非由民選產生，或由間接選舉產生時。兩院制國會可能造成立法機關間的衝突，也會造成政府的僵局。兩院制國會可能出現最終立法決定權落於聯席委員會手中，窄化政策制定的管道。第二院由於堅守現存憲政安排，有時候則維護社會菁英的利益，而造成保守的政治性偏袒。

## （四）我國國會的演變

我國曾經因為參加聯合國邀請我國國會議院出席，對於我國「國會」包括哪些機關？有過爭執。大法官做出釋字第76號解釋：認為國民大會、立法院、監察院都算是國會。

但後來由於監察院改由總統提名、立法院同意，已經不再是間接民選（監察院已轉型為「準司法機關」），故不能再算是國會。而國民大會在第七次修憲時也被徹底廢除。故我國現在只剩立法院一個國會，為一院制國會的型態。

## （五）立法院與監察院的割裂

一般民主國家的國會除了有立法權之外，也有對政府的監督權，亦即彈劾和調查權。但由於五權憲法中將監察權從立法院獨立出來，故立法院不具有彈劾權、也不具有調查權。不過，近年則因為立法院地位的提高，大法官透過幾號解釋，慢慢給予立法院一些調查權。

## 歷次修憲國會演變

| | 國會 | | | 準司法機關 | 司法機關 |
|---|---|---|---|---|---|

**憲法本文 釋字第76號**
- 立法院：法律案、預算案、條約案
- 監察院：人事案、彈劾案、修正案
- 國民大會：總統選舉、修憲
- 大法官會議

**第二次修憲**
- 立法院：法律案、預算案、條約案
- 國民大會：人事案、修憲
- 監察院（準司法機關）：彈劾案、糾正案
- 大法官 憲法法庭

**第六次修憲**
- 立法院：法律案、預算案、條約案、人事案、修憲、變更國土、彈劾總統 → 任務型國大：彈劾總統、修憲、變更國土
- 監察院：彈劾案、糾正案
- 大法官 憲法法庭

**第七次修憲**
- 立法院：法律案、預算案、條約案、人事案、修憲、變更國土、彈劾總統 → 人民複決
- 監察院：彈劾案、修正案
- 大法官 憲法法庭

### ★釋字第76號解釋（46.04.08）

我國憲法係依據孫中山先生之遺教而制定，於國民大會外，並建立五院與三權分立制度本難比擬。國民大會代表全國國民行使政權，立法院為國家最高立法機關，監察院為國家最高監察機關，均由人民直接間接選舉之代表，或委員所組成，其所分別行使之職權，亦為民主國家國會重要之職權。雖其職權行使之方式，如每年定期集會、多數開議、多數決議等，不盡與各民主國家國會相同，但就憲法上之地位及職權之性質而言，應認國民大會、立法院、監察院共同相當於民主國家之國會。

**❶原本監察院屬於國會**

憲法本文91條：「監察院設監察委員，由各省市議會、蒙古西藏地方議會及華僑團體選舉之。」

**❷修憲後監察院變成準司法機關**

憲法增修條文第7條第2項：「監察院設監察委員二十九人，並以其中一人為院長、一人為副院長，任期六年，由總統提名，經立法院同意任命之。憲法第九十一條至九十三條之規定停止適用。」

## UNIT 6-5
## 單一選區兩票制

圖解憲法

憲法增修條文第4條：「一、自由地區直轄市、縣市七十三人。每縣市至少一人。……前項第一款依各直轄市、縣市人口比例分配，並按應選名額劃分同額選舉區選出之。」

### （一）單一選區

❶**單一選區**：所謂「單一選區」（小選區），乃是說一個選區只選一個人。例如總統就是單一選區，全中華民國就是一個選區，只選出一個總統。縣市長也是採單一選區，每一個縣市只選出一個縣市長。

❷**複數選區**：所謂「複數選區」（大選區），則是指一個選區選出好多人。以前的立法委員選舉就是採複數選區，例如一個新竹市就是一個選區，選出三個立委，由得票率最高的前三名當選立委。

### （二）單一選區優缺點

❶**複數選區的缺點**：複數選區有一些缺點，長期為人所詬病。例如由於同時競選多名，可能會發生同黨立委互相殘殺。另外，由於在複數選區中，只要囊括少數選票，就可以當選，會使得候選人走偏鋒，立場偏激而當選。改採單一選區後，由於一選區只選一人，候選人必須贏得該選區中選民大多數人的支持，才會當選，因而較能迎合多數民意，而不會選出立場偏激的立委。

❷**單一選區的缺點**：但單一選區也有壞處，主要的缺點是，單一選區由於只選出一人，所以太多政黨競爭只會分散力量，導致小黨會傾向整合進大黨，小黨漸漸消失，而形成兩黨體系。兩黨制的壞處就是言論不再多元，但是好處是政黨力量控制變強，有利於政黨政治的發展。

### （三）兩票制

憲法增修條文第4條：「三、全國不分區及僑居國外國民共三十四人。……第三款依政黨名單投票選舉之，由獲得百分之五以上政黨選舉票之政黨依得票比率選出之，各政黨當選名單中，婦女不得低於二分之一。」

❶**兩票制**：我國除了「區域立委」外，還有「不分區立委」。所謂兩票制，就是分為兩票，一票投人（區域立委和原住民），一票投黨（不分區立委）。不分區立委的選出，乃是以「政黨比例代表制」選出。亦即，各政黨在選舉時會提出一份名單，依選舉結果各政黨的得票比例，來分配各政黨在不分區的席次，且依照各政黨名單順序來認定當選人。

❷**一票制**：以前我國不分區立委的「政黨比例代表制」，乃採「一票制」模式，人民不會對「不分區立委」另外投票，只會投「區域立委」的選票。其計算政黨得票比例的方式，乃是按照「區域立委」各政黨的得票比例來計算。
第七次修憲後，改採「兩票制」，亦即「區域立委」和「不分區立委」分開，人民另外對「不分區立委」可以直接投下支持政黨的一票，計算得票比例。

但須注意，其有兩項限制：

①必須得票比例超過5％的政黨才能分配席次。

②政黨當選名單中，婦女不得低於1/2。

## 兩票制與一票制之區別

|  | 兩票制（第七次修憲） | 一票制 |
|---|---|---|
| 區域立委 | 投人一票 | 投人一票 |
| 不分區立委 | 投黨一票<br>按照各政黨得票比例計算 | 按照「區域立委」<br>各政黨得票比例計算 |

## 臺灣各政黨光譜

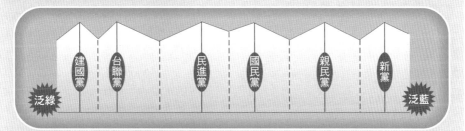

泛綠　建國黨　台聯黨　民進黨　國民黨　親民黨　新黨　泛藍

## 單一選區制得票情形

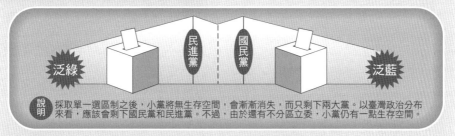

泛綠　民進黨　國民黨　泛藍

說明　採取單一選區制之後，小黨將無生存空間，會漸漸消失，而只剩下兩大黨。以臺灣政治分布來看，應該會剩下國民黨和民進黨。不過，由於還有不分區立委，小黨仍有一點生存空間。

## 單一選區與複數選區優劣比較表

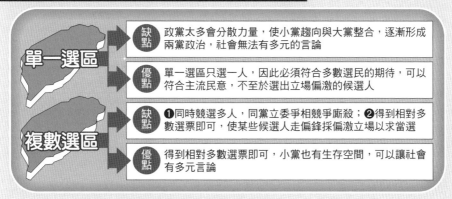

| 單一選區 | 缺點 | 政黨太多會分散力量，使小黨趨向與大黨整合，逐漸形成兩黨政治，社會無法有多元的言論 |
|---|---|---|
| | 優點 | 單一選區只選一人，因此必須符合多數選民的期待，可以符合主流民意，不至於選出立場偏激的候選人 |
| 複數選區 | 缺點 | ❶同時競選多人，同黨立委爭相競爭廝殺；❷得到相對多數選票即可，使某些候選人走偏鋒採偏激立場以求當選 |
| | 優點 | 得到相對多數選票即可，小黨也有生存空間，可以讓社會有多元言論 |

# UNIT **6-6**
# 立委減半

圖解憲法

## （一）凍省立委增為225人

原本立委人數在第四次修憲時，因應「凍省」，為了讓省議會議員不至於失業，故擴張立法委員人數到225人。但第七次修憲時，立委人數減半，變成113人。

## （二）第七次修憲立委減半

憲法增修條文第4條第1項：「立法院立法委員自第七屆起一百一十三人……，依左列規定選出之，不受憲法第六十四條及第六十五條之限制：

❶自由地區直轄市、縣市七十三人。每縣市至少一人。

❷自由地區平地原住民及山地原住民各三人。

❸全國不分區及僑居國外國民共三十四人。」

不過，立委減半是否象徵整個立法院權力萎縮？還是整個立法院權力增加？而立委減半，真的能解決臺灣的政治亂象嗎？

## （三）立委減半的影響

若立委人數減少，可以想見其對政府的施政監督之能力時間都將受限。但是由於人數減少，個別立委在委員會的權力提高，或許對中央政策的影響會提高。

但立委減半之後，由於人數變少，立委的專業性也可能不足。但是因為搭配選舉制度改為單一選區，立委連任率將會提高，這部分則也可能增加區域立委的專業能力。而且不分區立委雖然人數減少但比例提高，不分區立委也具有專業性。

## （四）立委任期改為四年

立法院立法委員自第七屆起，任期4年，連選得連任，於每屆任滿前3個月內選出之，不受憲法第64條及第65條之限制（憲法增修條文第4條第1項）。

原本立委任期為3年，但由於臺灣幾乎每年都有選舉，浪費不少資源，為了將國內各大小選舉任期通通調整為4年一致，故第七次修憲時也將立委任期改為4年。這樣的設計，是希望以後臺灣每2年進行一次大選。一次是地方性的選舉，例如2005年的三合一選舉（縣市長、縣市議員、鄉鎮市長），一次則是總統和立法院搭配選舉。不過，由於立委通常都是年底選舉（2007年12月），而總統則是隔年的3月才選（2008年3月），將來可能將兩個選舉合併舉行。總統和立委一起選舉，比較能夠產生一致的結果，總統和立法院多數黨屬同一政黨，而就不會出現少數政府了。

但須注意，當立法院通過不信任案，而行政院提請總統解散立法院時，立法院即得重新改選（增修條文第2條第5項），故任期上仍有可能變動。

## 立委人數與選舉方式

| | 立委人數與選舉方式 | |
|---|---|---|
| 投人一票<br>（選人） | 直轄市、縣市73人 | 單一選區 |
| | 平地原住民3人<br>山地原住民3人 | 複數選區 |
| 投黨一票<br>（選黨） | 不分區、僑居國外國民34人 | 政黨比例代表制 |

## 立委人數減少，監督力量？

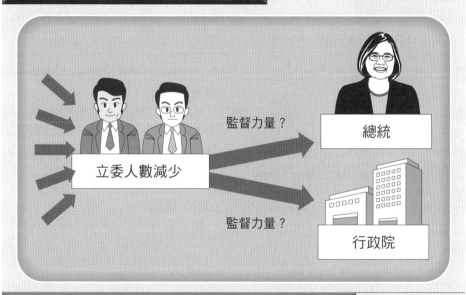

監督力量？

總統

立委人數減少

監督力量？

行政院

## 選舉時間表，每隔2年一次全國性大選

| 日期 | 立法院 | 總統 |
|---|---|---|
| 2005年12月 | 地方三合一選舉 | |
| 2007年12月 | 第七屆 | |
| 2008年03月 | | 第十任 |
| 2009年12月 | 地方三合一選舉 | |
| 2011年12月 | 第八屆 | |
| 2012年03月 | | 第十一任 |

# UNIT 6-7
## 立委的特權與罷免

圖解憲法

### (一)兼職之禁止

立法委員不得兼任官吏（憲法第75條）。我國憲法本文雖然接近內閣制，但一般內閣制國家，內閣都是由國會議員出任。但我國特別規定，立委不得兼任官吏，也就是立委不能出任行政院的官員。這個設計的目的，是為了讓行政部門更具專業性。

### (二)言論免責權

立法委員在院內所為之言論及表決，對外不負責任（憲法第73條）。立委具有言論免責權，是為了讓立委在監督政府時，可以暢所其言。但是所謂的言論，並不包括肢體動作，立委如果是在議會上打人，並不能受到言論免責權的保護。不過，其暫時可以受到免逮捕特權的保護。

至於所謂的院內所為的言論，哪些屬於院內呢？釋字第435號解釋說：「憲法第七十三條規定立法委員在院內所為之言論及表決，對院外不負責任，旨在保障立法委員受人民付託之職務地位，並避免國家最高立法機關之功能遭致其他國家機關之干擾而受影響。為確保立法委員行使職權無所瞻顧，此項言論免責權之保障範圍，應作最大程度之界定，舉凡在院會或委員會之發言、質詢、提案、表決以及與此直接相關之附隨行為，如院內黨團協商、公聽會之發言等均屬應予保障之事項。」

### (三)免逮捕特權

民意代表的免逮捕特權，發源自英國，當時民意代表為了對抗英國國王，避免英國國王利用司法迫害民意代表，所以給了民意代表這樣的保障。但是時至今日，我們的司法如此獨立，大概可以不用擔心掌權者會利用司法來迫害我們的民意代表。反之，這古老的法條，卻變成民意代表違法的保護傘。

原本憲法規定，立委在任何時刻，都不能被逮捕拘禁。但這樣的規定對立委太好，很多立委有案在身，根本不怕被逮捕。因此修憲時改為「在會期中」不得逮捕拘禁。「立法委員除現行犯外，在會期中，非經立法院許可，不得逮捕或拘禁。憲法第七十四條之規定，停止適用。」（憲法增修條文第4條第8項）反面意思即為，在非會期中即可逮捕拘禁。這使得立委在非會期中，無法受不逮捕特權保障。

不過立委們也知道變通，立法院一些委員有案在身，平時立法院開議有保護傘保障，到了會期結束前兩天就馬上出國。

### (四)罷免

罷免立委的方法，得由原選舉區選舉人向選委會提出罷免案，但就職未滿1年者不得罷免（選罷法第75條第1項）。

不過不分區立委該如何罷免呢？不分區立委因為無原選舉區可資歸屬，自無適用罷免規定之餘地。不過大法官卻在釋字第331號解釋中說明，想要罷免不分區立委，因為其當初是政黨提名放在不分區立委的名單中選上的，只要開除其原黨籍，就可以讓其去職。

## 立委的特權及其賦予事由

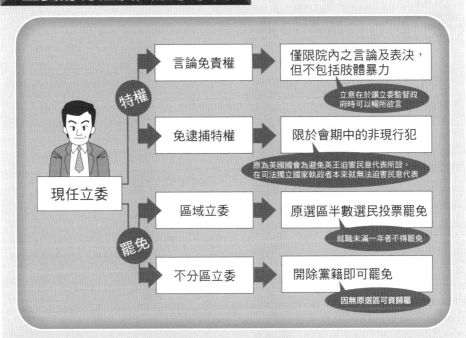

特權

現任立委

言論免責權 → 僅限院內之言論及表決，但不包括肢體暴力

立意在於讓立委監督政府時可以暢所欲言

免逮捕特權 → 限於會期中的非現行犯

原為英國國會為避免英王迫害民意代表所設。在司法獨立國家執政者本來就無法迫害民意代表

罷免

區域立委 → 原選區半數選民投票罷免

就職未滿一年者不得罷免

不分區立委 → 開除黨籍即可罷免

因無原選區可資歸屬

## 立委規避會期結束的現實情形

2月 立委出國避免被捕

5月 會期中有 免逮捕特權

9月 立委出國避免被捕

12月 會期中有 免逮捕特權

立委出國避免被捕

立委規避會期結束的現實情形

UNIT **6-8**
# 立法院的組織

## （一）立法院院長

　　立法院設院長、副院長各一人，由立法委員互選之（憲法第66條）。五院之中，只有立法院是人民自己選的，其他行政院、司法院、考試院、監察院，都是總統提名或任命，而且提名的時候，就已經知道誰是院長。只有立法委員在選舉時，還不知道誰是院長，必須立委選出來後第一次開會時互選。

## （二）院會和委員會

　　立法院的開會，分成「院會」和「委員會」。「院會」就是必須所有立委都參加的會議，三讀程序都是在院會完成。而「委員會」則是只有屬於那個委員會的立委要參加，其負責法案的實質審理工作。

## （三）院會

　　❶每星期二、五開會。
　　❷立法院會議之主席：院長。
　　❸立法院會議須有立法委員總額1/3出席，始得開會。
　　❹立法院會議決議案之法定人數：除憲法別有規定外，以出席委員過半數之同意行之，可否同數時，取決於主席。
　　❺所有的三讀程序，這三讀都必須是院會通過。

## （四）會期

　　立法院和我們學生一樣，也會放寒暑假，其每年只有兩次會期，自行集會。第一會期，自2月至5月底。第二會期，自9月至12月底。必要時得延長之（憲法第68條）。所以，立委1年之中，只有8個月在立法院工作，其餘時間，則要回到選區替選民服務。但是這樣的時間太短，往往很多法案和預算案都審不完，所以立委通常會召開臨時會。立法院遇有下列情事之一時，得開臨時會：❶總統之咨請；❷立法委員1/4以上之請求（憲法第69條）。

## （五）常設委員會

　　立法院得設各種委員會。而這通常會分為「常設委員會」和一些「特設委員會」。❶共8個常設委員會：內政委員會、外交及國防委員會、經濟委員會、財政委員會、教育及文化委員會、交通委員會、司法及法制委員會、社會福利及環境衛生委員會；❷各委員會委員人數：各委員會至少13位委員，最多不得超過15位；❸每一委員以參加一委員會為限；❹委員會置召集委員2人，由各委員會委員互選之。委員會會議於院會日期外，由召集委員召集，或經委員會1/3以上之委員，以書面記明討論之議案及理由，提請召開，召集委員應於收到書面後15日內定期召集會議。

## （六）非常設委員會

　　❶**全院各委員會聯席會議**：專門審查預算；❷**全院委員會**：專審查同意、覆議案、緊急命令追認案、彈劾正副總統案、不信任案（自不信任案提報院會72小時後，立即召開審查，審查及提報院會表決時間，應於48小時內完成，未於時限完成者，視為不通過）；❸**程序委員會**：編列議事日程；❹**修憲委員會**：依憲法第174條規定而設；❺**人民請願文書應否成文議案**，由程序委員會逕送有關委員會審查；❻**紀律委員會**：對立法委員違反自律事項之審議。

# 立法院組織圖

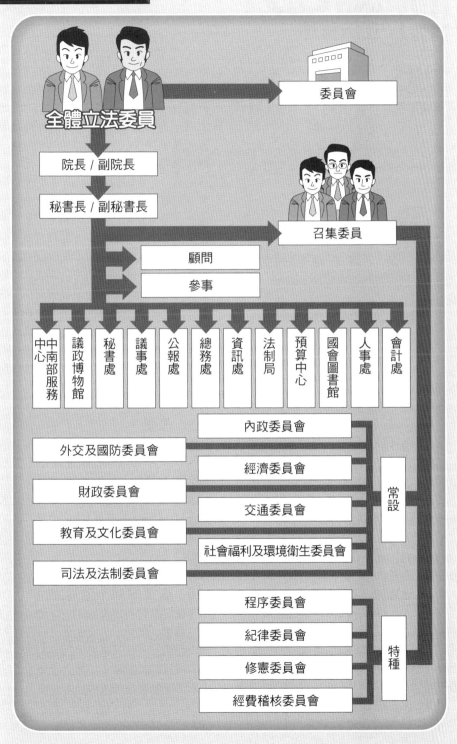

# UNIT **6-9**
## 立法程序

圖解憲法

### （一）提案

五院都有法案提案權。立法委員提出法律案，須有立委15人以上連署。另外，行政院（憲法第58條）、司法院（釋字第175號解釋）、考試院（憲法第87條）、監察院（釋字第3號解釋）都有向立法院提出法案的權力。

### （二）三讀會

立法院制定法律的程序，一般我們稱為三讀。所謂「三讀」，就是要由立法院全體立委出席的院會討論三次。

#### ❶一讀會

「一讀會」通常都是法案剛送進立法院，在院會上朗讀這個法案的名字，就算一讀結束，然後送到各委員會去詳細審查。

#### ❷委員會審查

立法院裡面有8個委員會，每個立委可以參加1個委員會，所以一個委員會通常有15個左右的立委。委員會的主席則是輪流擔任。各委員會通常會對法律草案內容進行詳細審查，如果對某一個法條有不同意見，也會提出另一個草案出來。最後，委員會將審查通過的草案，附上審查意見和對照的修正條文，一起送回給院會。

#### ❸二讀

就各委員會討論審查完畢之議案，或經院會議決不經審查逕付二讀之議案，作廣泛討論，並逐條表決。若有出席委員15人以上之提議，經出席委員表決通過後，得將原案予以重付審查或撤銷。

#### ❹三讀

二讀如果通過了就可以進到三讀，三讀的時候「除發現議案內容有互相牴觸，或與憲法、其他法律相牴觸者外，得為文字之修正」，一般情形，不可再對文字進行修正討論，僅可直接對法律草案進行全案的表決，如果有1/3立委出席，出席立委1/2通過，這個法律就算通過。

#### ❺政黨協商

另外，我們還有「政黨協商」的制度。政黨協商是為了怕法律草案爭議太大，各政黨立場分歧，如果進行正常的委員會審查、二讀程序，各黨立委一定會相持不下，法案也沒辦法好好討論。所以設計了政黨協商程序，讓政黨主要代表進行協商，跳過委員會審查和二讀程序。如果經政黨協商後，各政黨都各讓一步，同意簽字，那麼就可以直接送到三讀程序，讓全體立委進行表決。通常政黨協商通過的草案在三讀一定會過。

### （三）覆議

倘若行政院對立法院通過的議案不滿意，可以在10日內提請總統提出覆議案，覆議時，如果立法院想要維持原決議，必須將通過門檻，從出席立委1/2，拉高到全體立委1/2。如果立法院投票通過維持原決議，行政院長就必須接受該決議。

### （四）議案屆期不連續原則

立法院常常審不完法案，而根據《立法院職權行使法》，凡是當屆沒審完的議，除預（決）算案及人民請願案外，尚未完議決之議案，下屆不予繼續審議（立法院職權行使法第13條）。

# 立法院三讀流程圖

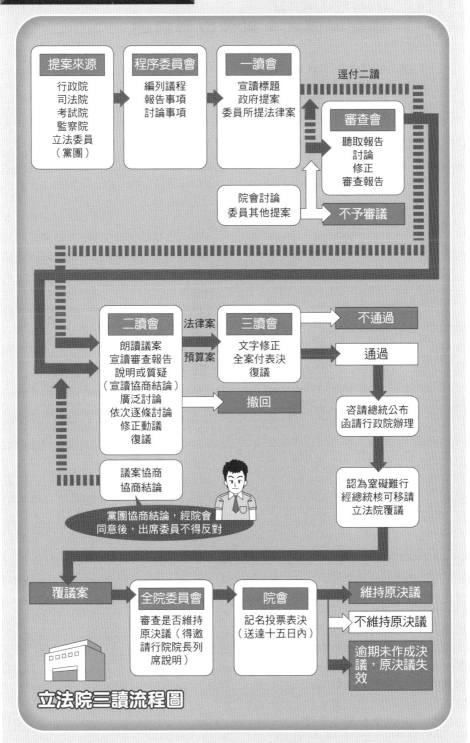

**立法院三讀流程圖**

## UNIT **6-10**
# 預算、條約、其他重要事項

圖解憲法

立法院議決法律案、預算案、戒嚴案、大赦案、宣戰案、媾和案、條約案及其他重要事項（憲法第63條）。

### （一）預算案的限制

政府總預算主要是由行政院彙集五院的「概算」之後，向立法院提出。不過為了確保司法獨立，司法院所提之年度司法概算，行政院不得刪減，但得加註意見，編入中央政府總預算，送立法院審議（憲法增修條文第5條第6項）。

至於立法委員自己的薪水，為了怕立委增加自己薪水自肥，所以憲法規定，立委之報酬或待遇，應以法律定之。除年度通案調整者外，單獨增加報酬或待遇之規定，應自次屆起實施（憲法增修條文第8條）。

而行政院提出總預算案給立法院審查時，為了怕立委透過審預算的時候，彼此增加立委各自選區的預算，所以我國憲法特別規定，立法院對於行政院所提預算案，不得為增加支出之提議（憲法第70條）。而且這條規定非常嚴格，立委也不能在預算的款項目節間，移動增減（釋字391）。

### （二）條約案

行政院或總統對外簽署的條約，都必須經過立法院的審議，所以總統不可以對外自行亂簽條約。而且所謂的條約規定地很廣泛，釋字第329號解釋，只要「內容直接涉及國家重要事項或人民之權利義務且具有法律上之效力者」，都算是條約。其中名稱為條約或公約或用協定等名稱而附有批准條約者，當然應送立法院審議，其餘國際書面協定，除經法律授權或事先經立法院同意簽訂或

其內國內法律相同者外，亦應送立法院審議。

### （三）戒嚴與緊急命令

總統依法宣布戒嚴，但須經立法院之通過或追認。立法院認為必要時，得決議移請總統解嚴（憲法第39條）。總統若發布緊急命令，10日內要提交立法院追認。如果是在立法院解散後發布緊急命令，立法院應於3日內自行集會，並於開議7日之內追認之，但於新任立法委員投票日後發布者應由新任立法委員就職後追認之。如立法院不同意時，該緊急命令立即失效（憲法增修條文第4條第6項）。

### （四）其他國家重要事項

以前立法院本來可以針對重要事項，對行政院表達不贊同，但是在第四次修憲時拿掉這個規定，換給立法院倒閣權。但憲法第63條仍然寫著，立法院可以議決「其他重要事項」。那麼到底行政院要不要將重要事項提交給立法院審查呢？針對核四停建的問題，釋字第520號解釋，行政院還是該尊重立法院的決策參與權，至少要先去立法院報告一下。因為：「行政院有向立法院提出施政方針及施政報告之責。」（憲法增修條文第3條第2項第1款）

# 立法院之職權

| 職權內容 | 憲法根據 |
|---|---|
| 立法權 | 憲62:「立法院為國家最高立法機關,由人民選舉之立法委員組織之,代表人民行使立法權。」 |
| 財政權 | 憲63:「立法院有議決法律案、預算案、戒嚴案、大赦案、宣戰案、媾和案、條約案及國家其他重要事項之權。」 |
| 同意權 | 憲104:「監察院設審計長,由總統提名,經立法院同意任命之。」憲增5I:「司法院設大法官十五人,並以其中一人為院長、一人為副院長,由總統提名,經立法院同意任命之。」憲增6II:「考試院設院長、副院長各一人,考試委員若干人,由總統提名,經立法院同意任命之。」憲增7II:「監察院設監察委員二十九人,並以其中一人為院長、一人為副院長,任期六年,由總統提名,經立法院同意任命之。」 |
| 質詢權 | 憲增3II①:「行政院有向立法院提出施政方針及施政報告之責。立法委員在開會時,有向行政院院長及行政院各部會首長質詢之權。」 |
| 議決法案及國家重要事項權 | 憲63:「立法院有議決法律案、預算案、戒嚴案、大赦案、宣戰案、媾和案、條約案及國家其他重要事項之權。」 |
| 覆議權 | 憲增3II②:「立法院對於行政院移請覆議案,應於送達十五日內作成決議。如為休會期間,立法院應於七日內自行集會,並於開議十五日內作成決議。覆議案逾期未議決者,原決議失效。覆議時,如經全體立法委員二分之一以上決議維持原案,行政院院長應即接受該決議。」 |
| 解決中央與地方權限爭議之權 | 憲111:「除第一百零七條、第一百零八條、第一百零九條及第一百十條列舉事項外,如有未列舉事項發生時,其事務有全國一致之性質者屬於中央,有全省一致之性質者屬於省,有一縣之性質者屬於縣。遇有爭議時,由立法院解決之。」 |
| 提出憲法修正案之權 | 憲增12:「憲法之修改,須經立法院立法委員四分之一之提議,四分之三之出席,及出席委員四分之三之決議,提出憲法修正案,並於公告半年後,經中華民國自由地區選舉人投票複決,有效同意票過選舉人總額之半數,即通過之,不適用憲法第一百七十四條之規定。」 |
| 調閱權 | 釋字第325號解釋 |
| 對行政院長提出不信任案 | 憲增3II③:「立法院得經全體立法委員三分之一以上連署,對行政院院長提出不信任案。不信任案提出七十二小時後,應於四十八小時內以記名投票表決之。如經全體立法委員二分之一以上贊成,行政院院長應於十日內提出辭職,並得同時呈請總統解散立法院;不信任案如未獲通過,一年內不得對同一行政院院長再提不信任案。」 |
| 對總統、副總統彈劾提案權 | 憲增4VII:「立法院對於總統、副總統之彈劾案,須經全體立法委員二分之一以上之提議,全體立法委員三分之二以上之決議,聲請司法院大法官審理,不適用憲法第九十條、第一百條及增修條文第七條第一項有關規定。」 |
| 對總統、副總統之罷免案 | 憲增2IX:「總統、副總統之罷免案,須經全體立法委員四分之一之提議,全體立法委員三分之二之同意後提出,並經中華民國自由地區選舉人總額過半數之投票,有效票過半數同意罷免時,即為通過。」 |
| 領土變更之提案權 | 憲增4V:「中華民國領土,依其固有之疆域,非經全體立法委員四分之一之提議,全體立法委員四分之三之出席,及出席委員四分之三之決議,提出領土變更案,並於公告半年後,經中華民國自由地區選舉人投票複決,有效同意票過選舉人總額之半數,不得變更之。」 |
| 聽取總統之國情報告 | 憲增4III:「立法院於每年集會時,得聽取總統國情報告。」 |
| 補選副總統 | 憲增2VII:「副總統缺位時,總統應於三個月內提名候選人,由立法院補選,繼任至原任期屆滿為止。」 |
| 調查權 | 釋字第585號解釋 |

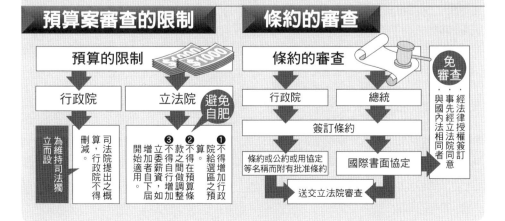

# UNIT **6-11**
## 人事案、不信任案、彈劾、罷免、修憲

圖解憲法

### （一）人事案

五院裡面，除了立法院是人民直選之外，另外司法院、考試院、監察院等，都是由總統提名、立法院同意任命。

### （二）對行政院長提出不信任案

立法院得經全體立法委員1/3以上連署，對行政院院長提出不信任案。不信任案提出72小時後，應於48小時內以記名投票表決之。如經全體立法委員1/2以上贊成，行政院院長應於10日內提出辭職，並得同時呈請總統解散立法院；不信任案如未獲通過，1年內不得對同一行政院院長再提不信任案（憲法增修條文第3條第2項第3款）。

### （三）彈劾總統案

立法院對於總統、副總統之彈劾案，須經全體立法委員1/2以上之提議，全體立法委員2/3以上之決議，聲請司法院大法官審理，不適用憲法第90條、第100條及增修條文第7條第1項有關規定（憲法增修條文第4條第7項）。立法院提出總統、副總統彈劾案，聲請司法院大法官審理，經憲法法庭判決成立時，被彈劾人應即解職（憲法增修條文第2條第10項）。

### （四）罷免總統案

對總統、副總統之罷免案，須經全體立法委員1/4提議，全體立法委員2/3之同意後提出，並經中華民國自由地區選舉人總額過半數之投票，有效票過半數同意罷免時，即為通過（憲法增修條文第2條第9項）。

### （五）修憲案、領土變更

原本修憲程序乃由國民大會主導，但第七次修憲後完全廢除國民大會，改由立法院提案，公民複決。

中華民國領土，依其固有疆域，非經全體立法委員1/4之提議，全體立法委員3/4之出席，及出席委員3/4之決議，提出領土變更案，並於公告半年後，經中華民國自由地區選舉人投票複決，有效同意票過選舉人總額之半數，不得變更之（憲法增修條文第4條第5項）。

### 小博士解說
#### 解決中央與地方權限爭議之權

除第107條、第108條、第109條及第110條列舉事項外，如有未列舉事項發生時，其事務有全國一致之性質者屬於中央，有全省一致之性質者屬於省，有一縣之性質者屬於縣，有爭議時，由立法院解決之（憲法第111條）。

## 立法院的特別決議事項

| 項目 | | 提案 | 議決 | 例 |
|------|------|------|------|------|
| 國家層次 | 修憲 | 立委1/4提議，3/4出席，出席委員3/4決議通過 | 公民複決，有效同意票過選舉人總額之1/2 | 選舉人總額1,300萬，有效同意票需超過650萬 |
| | 領土變更 | 立委1/4提議，3/4出席，出席委員3/4決議通過 | 公民複決，有效同意票過選舉人總額之1/2 | |
| 元首層次 | 彈劾案 | 全體立法委員1/2連署，2/3通過 | 司法院大法官憲法法庭審理 | |
| | 罷免案 | 全體立法委員1/4連署，2/3通過 | 自由地區選舉人總額1/2之投票，有效票1/2以上同意 | 選舉人總額1,300萬，至少650萬出席投票，其中過半同意 |
| 行政層次 | 覆議案 | 行政院院會決議經總統核可 | 全體立法委員1/2以上通過維持原決議 | 立委共113人，需57人以上 |
| | 不信任案 | 全體立法委員1/3以上提案 | 全體立法委員1/2以上通過 | |

## 立法院倒閣流程

10日內辭職

立法院全體委員1/3連署 → 72小時後 → 48小時內 → 立法院全體委員1/2通過倒閣 → 行政院長10日內辭職，並得請總統解散立法院改選新立委

請總統解散立法院改選

### 立法院倒閣流程圖

# UNIT *6-12*
# 立法院的質詢、調查權

圖解憲法

## （一）質詢和備詢

我們常在電視上看到，行政官員到立法院接受質詢或備詢。質詢和備詢不同，立法委員在開「院會」時，有向「行政院長及行政院各部會首長」質詢之權（憲法第57條）。

備詢則不一樣，憲法第67條第2項規定：「各種委員會得邀請政府人員及社會上有關係人員到會備詢。」只是在立法院的委員會中，可以邀請政府官員和社會上相關人員到場備詢。至於被邀請的人，他們有無義務出席，則有爭議。

## （二）參謀總長可否拒絕備詢？

以前的軍事系統，軍政和軍令是分開的，負責軍政的國防部長，要到立法院的院會接受質詢，也要到委員會備詢。但是負責軍令的參謀總長，因為不是部長級的人，不用到院會接受質詢，也不肯到委員會備詢。後來大法官做出釋字第461號解釋，認為參謀總長也是政府官員的一員，除非因執行關係國家安全之軍事業務而有正當理由外，不得拒絕應邀到會備詢，惟詢問內容涉及重要國防機密事項者，免予答覆。

## （三）不出席如何處罰？

不過，值得注意的是，大法官只說政府人員被邀請時有備詢的義務，至於一般的「社會上有關係人員」，卻沒有說有沒有備詢的義務。此外，雖然政府人員有備詢的義務，但是若政府人員不出席、堅持不說或故意隱匿或說謊時，又能拿他們怎麼辦呢？我國也沒有什麼「藐視國會罪」或「偽證罪」可以拿來來對付他們，此時立委頂多能砍相關部門的預算。

## （四）調查權

立法院到底有沒有調查權？由於憲法明文規定，監察院有調查權，但立法院卻沒有相對的條文，所以過去一直認為，立法院就沒有調查權。尤其在319槍擊案發生後，立法院成立319真調會，希望調查相關真相，而引發到底立法院的調查權到底有多大的爭議。經過大法官釋字第325號和釋字第585號中，終於承認立法院有部分的調查權。

## （五）文件調閱權

釋字第325號解釋：「立法院得經院會或委員會之決議，要求有關機關就議案涉及事項，提供參考資料，必要時並得經院會決議調閱文件原本，受要求之機關非依法律規定或其他正當理由不得拒絕。」

## （六）聽證權

釋字第585號解釋：「立法院調查權行使之方式，並不以要求有關機關就立法院行使職權所涉及事項提供參考資料或向有關機關調閱文件原本之文件調閱權為限，必要時並得經院會決議，要求與調查事項相關之人民或政府人員，陳述證言或表示意見，並得對違反協助調查義務者，於科處罰鍰之範圍內，施以合理之強制手段。」

## 質詢和備詢的差別

|  | 行使單位 | 對象 | 依據 |
|---|---|---|---|
| 質詢 | 院會 | 行政院長和各部會首長 | 憲增3II①:「行政院有向立法院提出施政方針及施政報告之責。立法委員在開會時,有向行政院院長及行政院各部會首長質詢之權。」 |
| 備詢 | 委員會 | 政府人員及社會上有關係人員 | 憲法67II:「各種委員會得邀請政府人員及社會上有關係人員到會備詢。」 |

## 有關備詢的解釋

備詢

官員應邀備詢

**釋字第461號解釋**
政府官員應邀備詢之義務

**釋字第498號解釋**
對地方公務員有事拒絕出席時不可刪除地方預算作為制裁手段

## 立法院調查權

立法院調查權
(文件調閱權、聽證權)

大法官解釋

文件調閱權

**釋字第325號解釋**
文件調閱權

聽證權

**釋字第585號解釋**
要求人民或官員陳述意見或表示意見,並輔以罰鍰作為強制手段

# 第 **7** 章

# 司法院

●●●●●●●●●●●●●●●●●●●●●●●●●●●● 章節體系架構 ▼

# UNIT **7-1**
## 法院體系

根據憲法第82條規定：「司法院及各級法院之組織，以法律定之。」所以，各級法院的系統，主要是靠法院組織法來規定，而且憲法也沒有強行規定一定要什麼樣子。不過，原則上我們是採多元的司法程序，且採三級三審。

### （一）訴訟類型

司法院掌理的訴訟包括很多種。司法院為國家最高司法機關，掌理民事、刑事、行政訴訟之審判，及公務員之懲戒（憲法第77條）。此外，其還掌理選舉訴訟。

這麼多種訴訟類型，如何區分呢？首先先介紹「司法一元」和「司法多元」的概念。

#### ❶司法一元

所謂司法一元，就是指類似美國的法院系統，美國的法院只有一種，掌管各類型的案件，包括民事案件、刑事案件、行政案件等，美國的聯邦最高法院也就是所有案件的最終審。

#### ❷司法多元

而司法多元化則是類似我國的制度，我們的法院大致上分為兩個系統，一個是普通法院系統，另一則是行政法院系統。而在普通法院系統下，又有民事庭、刑事庭的區分。行政法院主要掌管行政訴訟，凡行政案件都可以到行政法院進行訴訟。此外，在最終審部分，除了最高法院和最高行政法院外，在司法院下還有公務員懲戒委員會和大法官。

### （二）三級三審

一般常聽到的「三級三審」。三級，就是說我們的法院有三層，最高的是最高法院，再來是高等法院，然後是地方法院。而統管所有法院行政工作的，就是司法院。此外，我們另外有一個行政法院系統，不過行政法院只有兩層，一個是最高行政法院，一個是高等行政法院。

至於三審，就是說不管法院有幾層，一個案子，就可以在法院中判決三次。通常，如果對地方法院的第一次判決不服，可以上訴到高等法院，再判決一次，如果再不服，可以再上訴到最高法院。不過，最高法院不負責審理「個案事實」，只負責審理法律爭議。所以，如果只是因為個案事實沒調查清楚，那是不能上訴到最高法院的。

### （三）檢審分隸

一般人會以為，法官和檢察官都是歸司法院管的。其實以前法官和檢察官都是歸行政院下面的「司法行政部」管理，司法院下面只有最高法院、行政法院和公務員懲戒委員會。後來1960年大法官做出釋字第86號解釋，認為按照憲法第77條，所有的法院應該都歸司法院管。可是政府體制並沒有馬上遵照大法官的意思調整過來。一直到1980年，才把各級法院都還歸給司法院管理，而同時司法行政部也改名為法務部，檢察官留給法務部管理。

## 法務部組織圖

法務部所屬機構

| 調查局 | 最高檢察署 | 監獄 | 少年輔育院 | 司法官訓練所 |

| 調查處 | 高等檢察署及其檢察分署 |

| 調查站 | 地方檢察署及其檢察分署 |

少年觀護所　看守所

目前法務部所管轄的檢察官系統。雖然檢察官歸法務部管,但是還是會依照各級法院,設置各級法院的檢察署。

## 司法院組織

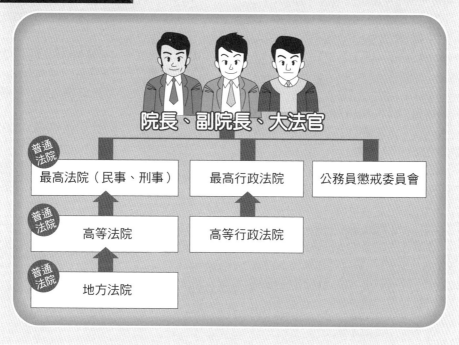

院長、副院長、大法官

| 普通法院 | 最高法院(民事、刑事) | 最高行政法院 | 公務員懲戒委員會 |

| 普通法院 | 高等法院 | 高等行政法院 |

| 普通法院 | 地方法院 |

## UNIT **7-2**
# 司法院是不是審判機關

圖解憲法

### （一）「掌理」審判工作

憲法第77條規定：「司法院為國家最高司法機關，掌理民事、刑事、行政訴訟及公務員之懲戒。」從字面上來看，司法院應該直接就要「掌理」審判工作，可是目前司法院大多只是掌管行政工作，而不負責審判工作，真正的審判工作是交給最高法院或最高行政法院等來負責。司法院裡面雖然有大法官，但大法官並沒有真正負責審判工作。大法官只負責解釋憲法和統一解釋法律命令的工作，這並非真正的處理個案的審判工作。如此的規定，似乎跟憲法有所牴觸。所以歷來都一直有爭議，到底司法院要不要掌管審判工作？1998年時全國司法改革會議達成共識，決定將司法院調整為真正的審判機關，且朝司法院一元化邁進，後來2001年時大法官解釋第530號又為司改會議的結論背書。

### （二）釋字第530號解釋

釋字第530號解釋中，大法官自己解釋說，按照憲法第77條，所謂的掌理，就是應該司法院自己要有審判權。而目前的體制，只有最高法院以下的法院才有審判權，是違憲的，要求立法院必須2年內修改相關法律。

### （三）司法院合併最高法院

所以將來則會慢慢朝向「司法院一元化」邁進，也就是說，在第一階段改革上，會將司法院變成真正的審判機關，將最高法院和最高行政法院廢除，都放到司法院裡面來，不過司法院裡面還是會分很多審判庭，例如民事庭還有六庭、刑事庭還有十庭、行政訴訟庭還有五庭等，分別掌管不同的訴訟案件。而到第二階段後，各個庭都減縮為一庭，共有四種不同的庭。最後到第三階段，再把所有的庭都整合，將所有的最終審的審判工作，都交給15個大法官來掌管。

### （四）需要立法院配合

以上的改革階段都是司法院提出的理想階段，但實際上，這樣的進程需要立法院的修法配合。但是立法院卻遲遲不配合進行修法。這或多或少是因為，這樣的改革到底是想改革什麼？並沒有成功說服立法委員。原本的法庭多元化，是因為專業分工，而司法院不掌管審判工作，只掌管「司法行政」工作。若從效率的考量上，這樣並沒有什麼不妥。可是大法官由於自己支持司法改革的方向，就從憲法第77條來看，司法院應該不單純是行政單位，而應該直接負責審判工作，且交由大法官來審判。所以大法官透過憲法解釋，想要併吞最高法院和最高行政法院，甚至想將所有最終審的權力都攬在自己身上。這樣的改革，會不會只是大法官想要擴張自己的權力？

# 階段性的司法組織改革

## 第一階段改革：一元多軌
（2003年10月1日-2007年12月31日）

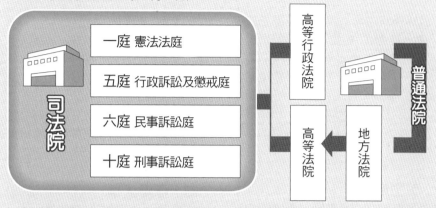

司法院
- 一庭 憲法法庭
- 五庭 行政訴訟及懲戒庭
- 六庭 民事訴訟庭
- 十庭 刑事訴訟庭

高等行政法院
高等法院
地方法院
普通法院

## 第二階段改革：一元多軌
（2008年1月1日-2010年12月31日）

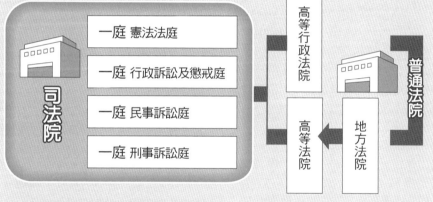

司法院
- 一庭 憲法法庭
- 一庭 行政訴訟及懲戒庭
- 一庭 民事訴訟庭
- 一庭 刑事訴訟庭

高等行政法院
高等法院
地方法院
普通法院

## 第三階段改革完成
（2011年1月1日）

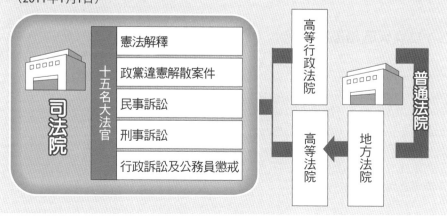

司法院
十五名大法官
- 憲法解釋
- 政黨違憲解散案件
- 民事訴訟
- 刑事訴訟
- 行政訴訟及公務員懲戒

高等行政法院
高等法院
地方法院
普通法院

## UNIT **7-3**
## 違憲審查

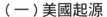

圖解憲法

司法院裡面的大法官，掌控宣告法律、命令違憲的權力，我們稱此種權力為「司法違憲審查」（judicial review）。國會裡面雖然是用多數決通過的法律，但是多數也可能有「多數暴力」，而且法律不能牴觸憲法，所以讓大法官行使違憲審查權，宣告違憲的法律無效。

### （一）美國起源

違憲審查制度來自美國。美國憲法並沒有明文規定最高法院有違憲審查權。這個制度是後來最高法院在1803年「馬伯里訴麥迪遜」（Marbury V. Madison, 1803）一案中，自己創造出來的。美國聯邦最高法院院長馬歇爾（J. Marshall）宣稱1789年的司法法規一部分違憲。馬歇爾之判決建立在一系列的推理上：

❶憲法是最高之法；
❷制定的法律違反憲法者即非法律；
❸於兩種相衝突的法律中加以抉擇為法院之義務；
❹法律若牴觸憲法，法院應拒絕適用；
❺法院若不拒絕適用，則成文憲法之基礎將無法維持。

### （二）二次大戰後風行各國

二次大戰以前，全世界只有美國採取違憲審查制度，但是二次大戰後，各戰敗國認為之所以國家會被專制統治，就是因為沒有違憲審查，故紛紛引進。而第三波民主化浪潮中，新興民主國家也認為必須要有違憲審查才能維護民主。我國也是在二次大戰後的制憲當時，引進違憲審查制度。

### （三）解決憲法爭議

大法官還解釋憲法或統一解釋法令，除了維持憲政秩序，讓整個法律體系都符合憲法外，更重要的是，由於我國中央政府體制的對立，行政、立法、總統間的糾紛很多，故各方往往會將相關對立的爭議，訴諸大法官解釋，希望大法官能夠依據憲法仲裁爭議。

### （四）保障人權

司法院大法官由於負責解釋憲法，維護憲法第二章的人權規定，若立法院制定法律侵犯人權，大法官即會出來宣告法律違憲，而保障人權。

### （五）違憲審查是否必要？

但違憲審查是否真的是憲法中所不可或缺的制度，仍然有爭議。很多先進民主國家，尤其是歐洲國家，也沒有違憲審查機制，可是一樣是高度民主人權國家。讓少數幾個大法官就可以推翻國會議員制定的法律，某程度來說也是有點「反民主」的。歐洲比較強調國會至上民主傳統的國家，對這樣的概念仍然很排斥。就算在制度上有設計類似違憲審查的制度，也很少使用。

## 違憲審查的起源

違憲審查
的起源

→

一八○三年美國最高法院
馬伯里訴麥迪遜案

→

二次大戰後其他國家採用

→

中華民國在二戰後的
制憲後採用

→

新興民主國家也跟著採用

## 違憲審查的功能

問題：由少數大法官論斷是否更違反民主精神

違憲審查

→ 確保法令不違憲 → 法律雖由國會多數通過，但也可能是多數暴力。由大法官專業評斷是否違憲。

→ 維護民主體制 → 避免國家被獨裁專制，維護憲法尊嚴。

→ 解決憲法爭議 → 因中央政府採彼此對立牽制，導致部會糾紛，大法官解釋依據憲法仲裁。

→ 保障人權 → 立法院制定的法律侵犯人權時，大法官可宣告違憲以捍衛人權。

問題：北歐為高度人權國家並不贊同違憲審查，
此作用效益有評估探討空間

 ★約翰‧馬歇爾

約翰‧馬歇爾（John Marshall，1755年9月24日日耳曼敦
－1835年9月24日費城）是美國政治家、法律家。1799年至
1800年為美國眾議員，1800年6月6日至1801年3月4日出任
美國國務卿，1801年至1835年擔任美國最高法院第4任首
席大法官，在任期內曾做出著名的馬伯里訴麥迪遜案的判
決，奠定了美國法院對國會法律的司法審查權的基礎。

113

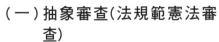

# UNIT **7-4**
# 違憲審查的類型

圖解憲法

違憲審查有很多設計方式。有的國家是只讓一個專門的憲法法庭來解釋憲法，如德國；有的國家則是讓每個法院都可以解釋憲法，如美國；有的國家採取事前的審查，如法國；其他國家則可能採取事後的審查，各不相同。

## （一）抽象審查（法規範憲法審查）

2022年以前，大法官所採取的違憲審查解釋方法，是一種抽象的解釋方法，亦即其只針對「法律是否牴觸憲法？」或「命令是否牴觸法律或憲法？」純粹就法律條文進行解釋，而不涉及個案。

## （二）具體審查（裁判憲法審查）

在某些國家的違憲審查是所謂的「具體審查」，就是其會涉及個案事實的審查，而非只是抽象法條的審查。原本臺灣只採「法條抽象審查」。在2019年通過憲法訴訟法，2022年以後，將大法官會議改為憲法法庭，除了對法條抽象審查外，新增加了「終局裁判」的違憲審查，亦即可以對具體個案適用法律是否違憲，進行憲法審查。

## （三）集中審查

另外，在臺灣只有「大法官」能夠解釋憲法，宣告法律違憲，其他法官則不行，這是所謂的「集中解釋」。大陸法系國家通常採取「集中解釋」。但是在美國，卻是所謂的「分散解釋」，亦即每個法院都可以解釋憲法，每個法院的法官都可以宣告法律違憲而拒絕適用法律。臺灣只有大法官能直接宣告法律違憲，一般的法官不能宣告法律違憲，但是可以宣告命令違法或違憲而拒絕適

用。另外，一般法官若相信法律真的違憲，也可以停止審判申請大法官解釋，但不能自己直接宣告法律違憲。

## （四）下級法官的命令審查權

原則上我國只有大法官可以行使法律的違憲審查權。但至於「命令」是否違憲或違法，各級法官可以自行審查。如果下級法官發現那個命令有違法或違憲的情形，法官只能夠「拒絕適用」那個命令，而不能直接宣告那個命令違憲。

但是如果法官認為審判中所適用的「法律」真的有違憲的情況，則可以先停止審判，自己聲請大法官解釋。

## （五）解散政黨和彈劾總統

過去我們的大法官只有抽象解釋法律的權力，並不會涉及個案的審判。所以大法官一般解釋憲法時，我們說他們是在開「大法官會議」，而不是說在開庭。但是在歷次修憲後，卻慢慢給大法官有兩項個案審判的權力，大法官在行使這兩項個案審判的權力時，就必須召開真的審判的法庭，叫做「憲法法庭」。第一項是違憲政黨的解散，審理一個政黨的主張，是否已經違反憲法。第二項則是彈劾總統的審判，當立法院提出彈劾總統案之後，大法官可以召開憲法法庭，審理彈劾是否具備足夠的理由。

## 違憲審查的類型

違憲審查

以內涵分
- 抽象審查 → 純粹就法律條文進行「法律是否牴觸憲法」、「命令是否牴觸法律或憲法」，不涉及個案。（臺灣採用）
- 具體審查 → 審查時會涉及個案事實的審查，並非只是抽象法條的審查。

以審理單位區分
- 集中解釋 → 只有「大法官」有權釋憲，宣告法律違憲。（臺灣及大陸法系國家採用）
- 分散解釋 → 每個法院的法官都可以宣告法律違憲而拒絕適用。（美國採用）

## 我國一般法院的法律與命令審查權

我國一般法院的法律與命令審查權
- 大法官 → 法律 → 可以行使法律的違憲審查權
- 各級法官 → 法律 → 如認為審理案件中適用的法條違憲，可先停止審判，申請大法官解釋。

可「拒絕適用」違法或違憲的命令
（不能宣告違憲）

## 違憲審查之機制

| | 抽象或具體 | 集中或分散 |
|---|---|---|
| 臺灣大法官 | 抽象 | 集中 |
| 德國憲法法院 | 抽象兼具體 | 集中 |
| 美國最高法院 | 具體 | 分散 |

## 我國大法官的職權

大法官

- 大法官會議抽象解釋
  - 解釋憲法
  - 統一解釋法律及命令
- 憲法法庭個案審判
  - 政黨違憲解散案
  - 彈劾總統案

## UNIT **7-5**
# 憲法解釋和法令統一解釋

圖解憲法

憲法第78條規定：「司法院解釋憲法，並有統一解釋法律及命令之權。」這可分為憲法解釋和法令統一解釋。

## （一）憲法解釋

大法官只有一組，不可能什麼憲法問題都處理。所以要聲請大法官解釋，必須符合相關的程序。在臺灣要聲請大法官解釋，有下述幾種管道。

### ❶人民聲請

在臺灣並非人人都可以聲請大法官解釋。一般人民只有在用盡司法救濟程序（三審）後仍然敗訴，且敗訴是因為適用某個法律或命令的結果，此時就可以針對這個法律或命令，聲請大法官解釋，主張這個法律或命令違反憲法無效，且須提出其憲法上所保障之權利受侵害。

### ❷機關聲請

除了人民之外，政府機關也可以聲請大法官解釋，包括一般的行政機關因為行使職權時，適用法律發生憲法上的疑義，或者是與其他機關就職權上產生爭執，就可以聲請大法官解釋。

### ❸立委聲請

還有，為了保護少數立法委員不被多數決壓抑，也規定總額1/3的立法委員連署，可以針對其行使職權上的法律問題，聲請大法官解釋。

### ❹法院聲請

各級法院法官在審理案件時，如對於該案適用的法律，本於確信認為有牴觸憲法，也可以暫時停止審判，聲請大法官解釋。原本大法官審理案件法規定，只有最高法院的法官在審理案件時，可以停止審判聲請大法官解釋，但後來大法官在釋字第371號解釋中認為，各級

法院的法官都有這個權限。

不過，自從開放這條管道之後，很多法官常常對憲法有自己的見解，在審判的時候，往往碰到一個法律問題，隨便就停止審判，聲請大法官解釋。後來大法官在做了釋字第572號解釋，說那個法律必須在判決中真的會用到，且法官真的相信那個法律違憲，才可以聲請解釋。

## （二）法令統一解釋

法令統一解釋和憲法解釋不同，憲法解釋必須涉及憲法問題，而法令統一解釋則未涉及憲法問題，只是各個機關對於同一個法律或命令有不同的看法，所以聲請大法官做統一解釋。根據大法官審理案件法，有兩種情況可以申請統一解釋法令：❶中央或地方機關適用法律或命令之見解有異時；❷人民、法人或政黨權利遭受侵害，經確定終局裁判而見解與其他審判機關見解有異者。

## 誰有權聲請大法官釋憲？

**聲請大法官釋憲**

- 各級法院判案時，對於個案所適用之法律，確信有違憲嫌疑，可停止審判，聲請解釋。
- 立法委員總額1/3適用憲法或行使職權時認為法律牴觸憲法
- 人民對於確定終局裁判適用法律發生牴觸憲法疑義
- 機關適用憲法或法律發生疑義

## 大法官會議之職權與聲請人

**大法官會議**

統一解釋法令

解釋憲法

聲請人
- ❶中央或地方機關
- ❷人民、法人或政黨

聲請人
- ❶中央或地方機關
- ❷人民、法人或政黨
- ❸立法委員
- ❹各級法院法官

解釋事項
- ❶適用憲法之疑義
- ❷法令牴觸憲法
- ❸法令牴觸憲法立即解釋（自動解釋）
- ❹省自治法實施後

# UNIT **7-6**
# 大法官會議（2022年以前）

圖解憲法

司法院大法官，以會議方式，合議審理司法院解釋憲法與統一解釋法律及命令之案件。大法官審議解釋案件，除參考制憲、修憲、立法資料，並得依請求或逕行通知聲請人、關係人及有關機關說明，或為調查。必要時，得行言詞辯論。解釋案件之言詞辯論，準用憲法法庭言詞辯論之規定。

## （一）大法官會議

目前大法官有15位。大法官解釋憲法案件，應有大法官現有總額2/3之出席，如果要宣告法律違憲，必須出席人2/3之同意，方得通過；但宣告命令牴觸憲法時，以出席人過半數之同意行之。統一解釋法律及命令案件，應有大法官現有總額過半數之出席，及出席人過半數之同意（司法院大法官審理案件法第14條）。

## （二）解釋文、理由書、不同意見、協同意見

當大法官發布憲法解釋時，通常會寫說這是「釋字第幾號」，例如宣告真調會條例違憲的就是「釋字第585號」。而解釋通常會有「解釋文」，和「解釋理由書」，以說明為何會如此解釋。解釋文是多數大法官的共同意見。若少數大法官有不同意見，可以具名撰寫「不同意見」，表達不同的看法。另外，還有所謂的「協同意見」，所謂的協同意見，乃是在結論上與多數意見相同，但中間的推論理由卻不同。所以，一個憲法解釋要通過，必須多數意見和協同意見加起來的大法官超過前面所講2/3出席、2/3同意的門檻，才可以宣告一個法律違憲。

## （三）暫時處分

大法官在做成解釋前是否可以為暫時處分，凍結某個法律的執行？大法官在釋字第599號解釋認為可以在解釋前為暫時處分，以避免解釋完之後，法律都執行完畢了，造成不可回復的損害。

## （四）解釋效力

大法官做了解釋之後，如果宣告法律無效，那麼那個法律就立即失效。不過，有的時候大法官在宣告法律無效時，為了避免對法安定性造成衝擊，通常採取「定期失效」的方式。所謂「定期失效」，就是定一段期間後才失效，讓立法院在這段期間內有時間制定修正後的法律，避免法律空窗期。

大法官雖然是抽象的解釋法律，就算解釋出來法律違憲，對已經過去的個案似乎沒有幫助。但是為了讓聲請人有聲請的誘因，所以聲請解釋的那個人，解釋如果對他有利，對他的案件是有效力的。至於其他已經確定終局裁判的案件，也可以用大法官解釋為理由，聲請再審或非常上訴。

## 大法官會議之表決

| 審查案件 | | 大法官出席人數 | 大法官表決人數 |
|---|---|---|---|
| 解釋憲法 | 包含法律牴觸憲法 | 總額2/3 | 出席2/3 |
| | 命令牴觸憲法 | 總額2/3 | 出席1/2以上 |
| 統一解釋法律及命令 | | 總額1/2以上 | 出席1/2以上 |

## 多數意見、少數意見與協同意見的差異

| | 多數意見 | 少數意見 | 協同意見 |
|---|---|---|---|
| 理由 | V | X | X |
| 結果 | V | X | V |

註：必須多數意見和協同意見加起來超過2/3出席、2/3同意，才可以進行憲法解釋，宣告法律違憲

## 大法官釋憲過程

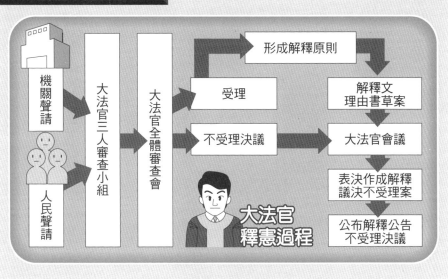

機關聲請 / 人民聲請 → 大法官三人審查小組 → 大法官全體審查會 → 受理 / 不受理決議

形成解釋原則 → 解釋文理由書草案 → 大法官會議 → 表決作成解釋 議決不受理案 → 公布解釋公告 不受理決議

大法官釋憲過程

## UNIT 7-7
# 憲法法庭與憲法訴訟（2022年以後）

圖解憲法

2019年，立法院通過憲法訴訟法，將大法官會議運作的方式，從2022年起，改為憲法法庭，以一般法院開庭審案、做出裁判的方式，進行各種憲法案件的審理與裁判。

### （一）憲法法庭

司法院大法官組成憲法法庭。憲法法庭審理案件，以並任司法院院長之大法官擔任審判長。並由三位大法官為一組組成審查庭，就每一個案件為初步審查。

### （二）專業意見及法庭之友

憲法法庭審理案件認有必要時，得依職權或依聲請，指定專家學者、機關或團體就相關問題提供專業意見或資料。另參考美國聯邦最高法院實務運作，增訂「法庭之友」制度，擴大專業意見或資料之徵集，當事人以外之人民、機關或團體，認其與憲法法庭審理之案件有關聯性，得聲請憲法法庭裁定許可，於所定期間內提出具參考價值之專業意見或資料，以供憲法法庭參考。

### （三）言詞辯論

憲法法庭審理案件認有必要時，得依職權或依聲請，通知當事人或關係人到庭說明、陳述意見。並可視案件重要與否，決定是否進行言詞辯論。但審理總統、副總統彈劾案件及政黨違憲解散案件，就一定要召開言詞辯論。憲法法庭行言詞辯論應有大法官現有總額2/3以上出席參與，未參與辯論之大法官不得

參與評議及裁判。憲法法庭行言詞辯論應於公開法庭行之，並應以適當方式實施公開播送。

### （四）裁判門檻

過去大法官會議需要2/3出席、2/3同意才能宣告法律違憲，門檻較高。憲法訴訟法改為，判決應經大法官現有總額2/3以上參與評議（10人以上），大法官現有總額過半數同意（8人以上）。

裁定，應經大法官現有總額過半數參與評議，參與大法官過半數同意。

### （五）判決書主筆大法官顯名制

過去大法官解釋雖然有多數意見，但沒有記載是哪位大法官所主筆。新法採取，主筆判決書的大法官，可以標示其姓名，讓人民清楚是哪一位大法官所寫的判決。

## 憲法訴訟法修正方向

### 修法方向

| 司法院大法官審理案件法 | 憲法訴訟法 |
| --- | --- |

會議形式
―――――
憲法法庭

解釋
―――
決議

全面司法化 ➡

法庭化 ➡ 憲法法庭

裁判化 ➡ 裁判

## 新、舊法比較

| 法律名稱 | 司法院大法官審理案件法 | 憲法訴訟法 |
| --- | --- | --- |
| 審理案件方式 | 大法官以會議方式合議審理 | 大法官組成憲法法庭審理 |
| 審理結果 | 公布解釋或不受理決議 | 以裁判方式對外宣告 |
| 憲法審查客體 | 法規範（法律或命令） | 法規範以及法院的確定終局裁判 |
| 憲法審查案件表決門檻 | 解釋憲法（合憲及違憲）應有大法官現有總額2/3出席、出席人2/3同意 | 調降為大法官現有總額2/3以上參與評議、大法官現有總額過半數同意 |
| 審查程序公開 | 公告解釋文、解釋理由書及聲請人之釋憲聲請書 | ❶公告裁判書，並主動公開受理案件之聲請書及答辯書<br>❷公布大法官於裁判所持立場，並標示主筆大法官<br>❸建立閱卷制度 |
| 立法委員聲請門檻 | 立法委員現有總額1/3以上 | 降低為立法委員現有總額1/4以上 |

# UNIT *7-8*
# 憲法案件審查（2022年以後）

## （一）案件類型

在憲法訴訟法中，規定憲法法庭處理的案件類型有六種：❶法規範憲法審查及裁判憲法審查案件；❷機關爭議案件；❸總統、副總統彈劾案件；❹政黨違憲解散案件；❺地方自治保障案件；❻統一解釋法律及命令案件。

## （二）裁判違憲審查

新法創設了新的「裁判違憲審查」。憲法法庭除了對於終局裁判所適用的法律或命令認為有違憲，也可以認為該裁判本身有違憲審查。

人民就其依法定程序用盡審級救濟之案件，對於受不利確定終局裁判所適用之法規範或該裁判，認有牴觸憲法者，得聲請憲法法庭為宣告違憲之判決。前項聲請，應於不利確定終局裁判送達後6個月之不變期間內為之。

## （三）憲法法庭之選案

由於憲法法庭每年能夠處理的案件量有限，所以本身有一定的選案權限，可以只挑選其認為有重要性的案件，或為貫徹聲請人基本權利所必要者才受理，而不重要的案件不受理。

審查庭就承辦大法官分受之聲請案件，得以一致決為不受理之裁定，並應附理由；不能達成一致決之不受理者，由憲法法庭評決受理與否。

## （四）憲法法庭裁判結果

憲法法庭認人民聲請法規範憲法審查及裁判憲法審查案件有理由者，應宣告該確定終局裁判違憲，並廢棄發回管轄法院；如認該確定終局裁判所適用之法規範違憲，並為法規範違憲之宣告。

## （五）機關聲請

國家最高機關，因本身或下級機關行使職權，就所適用之法規範，認有牴觸憲法者，得聲請憲法法庭為宣告違憲之判決。下級機關，因行使職權，就所適用之法規範，認有牴觸憲法者，得報請上級機關為前項之聲請。

## （六）立法委員1/4聲請

原本立法委員聲請釋憲，要達到立委總額1/3，人數要求稍微高。且大法官於2018年5月4日第1476次會議，針對1/3立委連署就前瞻基礎建設計畫預算聲請釋憲案，曾做出不受理決議，認為所謂的1/3立委，必須是曾經投反對票的立委。

新的憲法訴訟法，將提案門檻降低，立法委員現有總額1/4以上，就其行使職權，認法律位階法規範牴觸憲法者，得聲請憲法法庭為宣告違憲之判決。不確定的是，是否這1/4立委都必須曾經參與投票並投票反對，才能提出聲請？

## 審理案件類型

| | 案件類型 | 聲請者 |
|---|---|---|
| ❶ | 法規範憲法審查 | 國家最高機關<br>1/4立委<br>各級法院<br>人民（用盡審級救濟之案件，對於受不利確定終局裁判） |
| | 裁判憲法審查 | |
| ❷ | 機關爭議案件 | 國家最高機關 |
| ❸ | 總統副總統彈劾案件 | 立法院 |
| ❹ | 政黨違憲解散案件 | 內政部 |
| ❺ | 地方自治保障案件 | 地方自治團體或其立法或行政機關 |
| ❻ | 統一解釋法律及命令案件 | 人民（用盡審級救濟之案件，對於受不利確定終局裁判） |

## 選案與審理流程

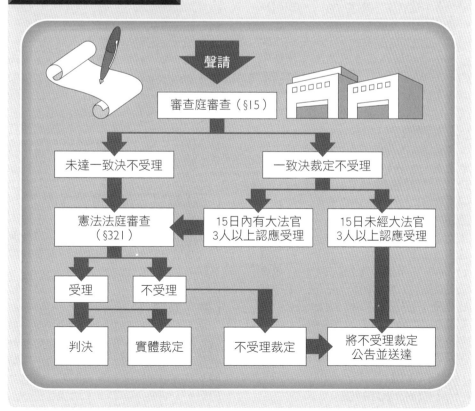

# UNIT 7-9
# 司法獨立

　　為了確保司法獨立，必須給各級法院的法官有身分保障。故憲法第80條規定：「法官須超出黨派以外，依據法律獨立審判，不受任何干涉。」第81條規定：「法官為終身職，非受刑事或懲戒處分，或禁治產之宣告，不得免職。非依法律不得停職、轉任或減俸。」

## （一）獨立審判

　　憲法雖然說法官獨立審判，但是必須「依法」獨立審判，也就是必須依照立法院通過的法律來審判。至於其他機關通過的行政命令，法官只需要參考，對法官沒有拘束力。不過，司法院自己倒是常常對下級法官發布很多解釋規則，這也是司法院發布的行政命令，對於這種命令，法官要不要遵守呢？曾經引發爭議。

　　釋字第530號解釋說，如果是司法院發的規則或解釋命令，涉及審判程序的，法官必須遵守，若涉及的是審判上的法律意見，則法官不受其拘束。

## （二）判例

　　我國既有的判例制度，是最高法院開會決議，挑選重要裁判，將最高法院裁判中之法律見解自個案抽離，而獨立於個案事實之外，成為抽象的判例要旨。最高法院決議通過的判例，下級法院法官是否要遵守呢？雖然說法官不會受到審判上法律意見的拘束，但是下級法院的法官，案子上訴到上級法院後，如果和上級法院的判例的意見不同，還是會被推翻。而法官的考績，往往就是看案子是否被推翻的比率。所以實際上，法官們還是會乖乖遵守上級所發布的判例或相關解釋。

## （三）廢除判例制度

　　過去的判例制度，一方面，變成最高法院有權「創造一個抽象的法律」；二方面，由於判例已經與個案事實分離，導致後續法院引用時，偶爾會與原來的案例相差很遠，判例用在新的個案上產生奇怪的結果。因此，2019年修改法院組織法，刪除判例制度，判例廢除後，代表每個判決都是先例，重要性一致，未來所有最高法院判決不再有高低位階之分。

　　不過，由於最高法院中法院很多，因而有多個審判庭，為了統一各個審判庭的法律見解，另外新創設了大法庭制度。

## （四）終身職

　　法官為終身職，這樣法官就不怕會被炒魷魚，可以獨立的審判。但是這樣的終身職保障，只是保障法官這個頭銜，法官如果當到院長、庭長，並不一定能夠保證一輩子都能繼續當院長。由於前面說到司法院組織改革，將來要合併最高法院，那麼最高法院許多法官是庭長，以後就不能再當庭長了。但大法官在釋字第539號解釋就說，所謂的法官終身職，只是法官這個頭銜，至於庭長不一定是終身職。

## （五）檢察官有無身分保障？

　　檢察官雖然也是「司法官」，但並不是法官，在憲法上所以並沒有終身保障。不過在法院組織法中，卻給予終身保障。

## （六）優遇

　　法官雖然有終身保障，但如果每一個法官都做到老死，那我們的法官可能都會老眼昏花。所以，我們設計了一個制度，讓法官可以先退休，但可以領終身的薪水，叫做「優遇」，這樣反正薪水是一樣的，法官們就會願意早點退休。

## 法律及命令對各級法院法官的效力

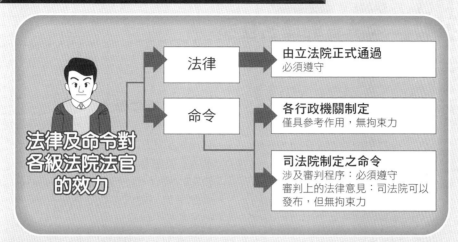

法律及命令對各級法院法官的效力

法律 → 由立法院正式通過
必須遵守

命令 → 各行政機關制定
僅具參考作用，無拘束力

→ 司法院制定之命令
涉及審判程序：必須遵守
審判上的法律意見：司法院可以
發布，但無拘束力

## 法官的保障

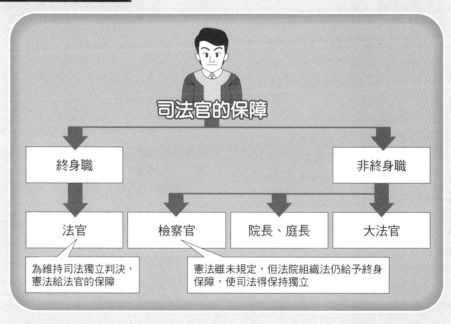

司法官的保障

終身職 ─── 非終身職

終身職 → 法官、檢察官

非終身職 → 院長、庭長、大法官

法官：為維持司法獨立判決，憲法給法官的保障

檢察官：憲法雖未規定，但法院組織法仍給予終身保障，使司法得保持獨立

 ★正義女神亞斯托雷斯

正義女神亞斯托雷斯在為人類做善惡裁判時所用的天秤，亞斯托雷亞一隻手持秤，一隻手握斬除邪惡的劍。為求公正，所以眼睛皆矇著。

# UNIT **7-10**
# 大法官的提名任命

圖解憲法

## （一）院長及副院長

司法院長的職務，主要為綜理院務及監督所屬機關。另外，大法官會議，以司法院院長為主席。

司法院的院長和副院長，是由總統提名，經立法院同意任命之。另外，由於院長、副院長身負司法政策的主導工作，其任命帶有政治性質，不像一般的法官，所以不受任期之保障（憲法增修條文第5條第2項）。

## （二）大法官

大法官的工作，主要是負責解釋憲法。目前司法院設大法官15人，並以其中一人為院長、一人為副院長，由總統提名，經立法院同意後任命之（憲法增修條文第5條第1項）。

## （三）任命資格

依司法院組織法第4條第1項、第2項規定，「大法官應具有下列資格之一：
❶曾任實任法官十五年以上而成績卓著者。
❷曾任實任檢察官十五年以上而成績卓著者。
❸曾實際執行律師業務二十五年以上而聲譽卓著者。
❹曾任教育部審定合格之大學或獨立學院專任教授十二年以上，講授法官法第五條第四項所定主要法律科目八年以上，有專門著作者。
❺曾任國際法庭法官或在學術機關從事公法學或比較法學之研究而有權威著作者。
❻研究法學，富有政治經驗，聲譽卓著者。
具有前項任何一款資格之大法官，其

人數不得超過總名額三分之一。」

## （四）任期錯亂

負責解釋憲法的大法官，必須讓他們有比較長的任期，以免他們會受到政治壓力。為避免一任總統掌控提名所有大法官的權力，故大法官採任期錯亂制，也就是每一個大法官的任期都是8年，但是都獨立計算。

過去由於大法官是一起一任9年，大家一起上任，一起卸任。但是從2003年開始，才打算進行新的任期錯亂制，故增修條文在設計上，花了點巧思。首先，其規定：「司法院大法官任期八年，不分屆次，個別計算，並不得連任。」（憲法增修條文第5條第2項）但為了先有個開始，所以：「中華民國九十二年總統提名之大法官，其中八位大法官，含正、副院長，任期四年，其餘大法官任期為八年，不適用前項之規定。」（憲法增修條文第5條第3項）

倘若有大法官在任期結束前提早辭職，總統是否該先提名新的大法官，好讓各個大法官的任期漸漸錯亂？還是要等時間到了才能提名新的人選，維持兩批大法官整齊的錯開？若是照條文用語「任期個別計算」，並沒有想要維持整齊的兩批人選的意思。

## （五）無終身待遇

大法官也是法官，照理講應該也可以有終身薪水的待遇。過去只要當過一任大法官，也可以領終身的薪水。但第三屆國大為了報復大法官釋字第499號解釋宣告第五次修憲違憲，在第六次修憲時，對非法官轉任的大法官，將他們的終身薪水取消，避免他們只當過一任大法官，就領終身的薪水。

## 大法官的任期錯亂制圖示（自民國92年起適用）

民國92年總統任命之其中八名大法官

（含院長、副院長）

民國92年 ——— 民國96年 ——— 民國100年 ——— 民國104年 →

另七名

## 大法官的任命資格

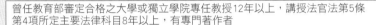

曾任實任法官15年以上而成績卓著者

曾任實任檢察官15年以上而成績卓著者

曾實際執行律師業務25年以上而聲譽卓著者

曾任教育部審定合格之大學或獨立學院專任教授12年以上，講授法官法第5條第4項所定主要法律科目8年以上，有專門著作者

曾任國際法庭法官或在學術機關從事公法學或比較法學之研究而有權威著作者

研究法學，富有政治經驗，聲譽卓著者

★具有前項任何一款資格之大法官，其人數不得超過總名額三分之一。

大法官任命資格

## 2007年時的13位大法官（任期錯亂制啟用已無所謂的第七屆）

| 歷屆大法官任期 | | | |
|---|---|---|---|
| 屆別 | 任期 | 屆別 | 任期 |
| 第一屆大法官 | 民國37-47年 | 第四屆大法官 | 民國65-74年 |
| 第二屆大法官 | 民國47-56年 | 第五屆大法官 | 民國74-83年 |
| 第三屆大法官 | 民國56-65年 | 第六屆大法官 | 民國83-92年 |

大法官過去是任期統一，一任九年，只到第六屆為止。第六屆以後，為了讓任期錯亂，所以不分屆次，個別計算，已經沒有所謂的第七屆大法官。

| 92～97年的13位大法官(任期錯亂制啟用已無所謂的第七屆) | | | |
|---|---|---|---|
| 翁大法官 岳生（院長） | | | |
| 林大法官 永謀 | 賴大法官 英照 | 廖大法官 義男 | 林大法官 子儀 |
| 王大法官 和雄 | 余大法官 雪明 | 徐大法官 璧湖 | 許大法官 宗力 |
| 謝大法官 在全 | 曾大法官 有田 | 彭大法官 鳳至 | 許大法官 玉秀 |

說明：原本有15位大法官，到民國96年時只剩下13位。副院長城仲謀因為緋聞風波而辭職下台，另一位大法官楊仁壽，因為轉任公務員懲戒委員會，也留下一個空缺。所以，15位大法官中，留下兩個空缺。照理講，陳水扁總統應該馬上補提名兩位新的大法官候選人，交給立法院審查。但陳水扁總統卻沒提名，使得大法官任期開始已經不再維持兩批人，而開始錯亂。

# 第8章

# 考試院和監察院

•••••••••••••••••••••••••••• 章節體系架構 ▼

# UNIT **8-1**
# 考試院的定位與影響

圖解憲法

## （一）考試權獨立於行政權

為了讓階層能夠流動，讓貧窮的人也能夠透過唸書，考取功名而做官，中國在很早就建立公平的考試制度，規定所有想要當政府官員的人，都必須經過考試。

我國考試制度之濫觴——舜典：「敷奏以言，明試以功」、「三載考績」，至西漢有鄉舉里選之辦法，魏設九品中正，隋以後確立科舉考試，至清代每省設提督學政，專司科試，考試權方具獨立精神。

在外國，也很重視公平的考試任官制度，不過通常考試機關都是擺在行政權下面，設立一個獨立委員會。英國自1855年於本國創文官考試，是西方最早有考試制度的國家。美國在1887年也制定了考試法（或稱潘頓法案Pendleton Act）。

但在我國，因為過去非常重視考試制度，孫中山的五權憲法就把考試權從行政權中拉出來，獨立成為一個院。孫中山五權憲法，強調考試權與行政權分離為我國特有制度，故我國在行政院之外，還有考試院。除了掌管一般考試、銓敘、任用等工作之外，還掌管「公務人員任免、考績、級俸、陞遷、褒獎之『法制事項』」。

## （二）最高考試機關

考試院為國家最高考試機關，掌理下列事項，不適用憲法第83條之規定：
❶考試。
❷公務人員之銓敘、保障、撫卹、退休。
❸公務人員任免、考績、級俸、陞遷、褒獎之法制事項（憲法增修條文第6條第1項）。

## （三）考試院與工作權的對立

考試院作為「院」的層級，是國父五權憲法中很重要的一環，此乃傳承中華民族長久以來對考試的重視。但或許太重視考試的功能，某些時候，反而會限制人民的工作權。過去對於考試，原本應該只有公務員才要考試，可是後來變成所有的專門職業技術人員都要考試。過多的考試，會讓那些想工作卻無法通過考試的人，沒辦法去市場中工作，所以說考試制度某程度也限制了人民的工作權。

大法官過去在相關解釋中，都一再地強調考試的重要。在釋字第453號解釋中，原本不需要考試的記帳職業，居然被大法官宣告違憲，而認為應該有考試才可以。另外，大法官對於涉及考試的相關規定，幾乎都沒有宣告其違憲過，包括釋字第404號解釋、釋字第352號解釋、釋字第547號解釋等，都宣告考試相關的限制合憲。可見就考試相關議題的部分，大法官並沒有受到外國憲法學理對於工作權保障的影響，反而基於五權憲法中對考試權的重視，而特別強調考試，由此可見一斑。

## 考試院執掌

考試院執掌

→ 考試 → 公務人員考試

→ 專門職業技術人員考試

→ 公務人員之銓敘、保障、撫卹、退休

→ 公務人員任免、考績、級俸、陞遷、褒獎之法制事項

## 明清科舉制度示意圖（科舉的遞變情況）

進士
冠軍：狀元 / 亞軍：榜眼 /
季軍：探花

貢士　殿試
會試後舉行由皇帝主持

舉人　會試（春闈、秋闈）
鄉試後次年京師舉行由禮部主考

生員
（秀才）　鄉試（秋闈）
每三年的秋天在各省省會舉行

童生　院試
在府縣舉行，清代由各省學政主持

明清科舉制度示意圖

# UNIT 8-2
## 考試院、考試委員

圖解憲法

考試院之組織以法律定之（憲法第89條）。

### （一）產生方式

考試院設院長、副院長各1人，由總統提名，經立法院同意後任命，不適用憲法第84條（經監察院同意）之規定（憲法增修條文第6條第2項）。

考試院院長、副院長及考試委員之任期為4年（考試院組織法第3條）。

### （二）院長與考試委員
❶綜理院務並監督所屬機關
❷考試院會議主席

考試院考試委員之名額定為7人至9人（考試院組織法第3條）。考試委員須超出黨派以外，依據法律獨立行使職權（憲法第88條）。

考試院會議由院長、副院長、考試委員、考選、銓敘兩部部長、保訓會及退撫基金會主任委員組織之，以院長為主席，院長不能出席時，以副院長為主席；副院長亦不能出席時，則由出席人員中公推1人為主席。考試院會議每星期舉行一次，必要時並得召開臨時會議，決定考銓政策及其有關重大事項。

### （三）考試流程

舉辦各種考試必須組成典試或主試委員會負責典試事宜，同時由監察院派員監試；試務由考選部或由考試院核定之受委託機關、團體辦理。典試、監試、試務三者，依其權責，相互配合，執行考試政策與事務。

典試委員會由典試委員長、分組召集人、分組典試委員、考選部長組成，依照典試法規及考試院會議之決定，行

使命題、評閱、錄取或及格標準之決定等職權；另成立試務處下設秘書組、題務組、卷務組、場務組、總務組、會計組，分別辦理各項試務工作。

### （四）考選部和銓敘部

考選部主管公務人員考試及專門職業及技術人員考試等各種國家考試；銓敘部負責公務人員之銓敘、撫卹、退休及其任免、考績、級俸、陞遷、褒獎等法制事項。

### （五）公務人員保障暨培訓委員會

保訓會負責有關公務人員權利保障與訓練進修政策、法制事項，並執行各項保障業務暨規劃辦理公務人員考試筆試錄取人員訓練、升任官等及行政中立等項訓練。置主任委員1人，並設保障處、培訓處等次級單位，統籌全國公務人員保障及培訓事宜。

### （六）其他
❶訴願審議委員會

處理訴願案件，由考試院秘書長兼任主任委員。
❷典試委員會

非常設機構，於考試前1個月，由考選部呈准考試院由典試委員長1人及典試委員若干人組成，於考試完畢後撤銷之。

## 典試、監試、試務組織圖

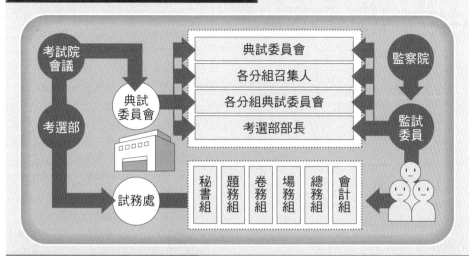

## 國家考試工作流程

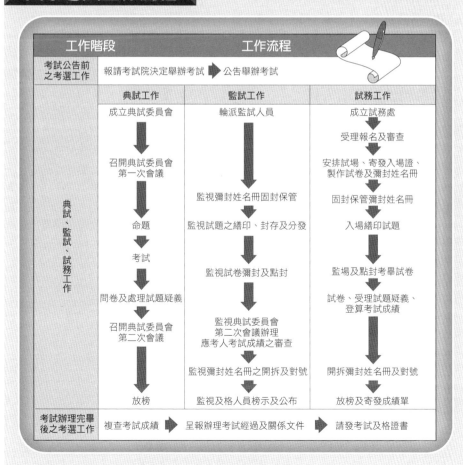

| 工作階段 | 工作流程 | | |
|---|---|---|---|
| 考試公告前之考選工作 | 報請考試院決定舉辦考試 ▶ 公告舉辦考試 | | |
| | 典試工作 | 監試工作 | 試務工作 |
| 典試、監試、試務工作 | 成立典試委員會 | 輪派監試人員 | 成立試務處 |
| | | | 受理報名及審查 |
| | 召開典試委員會第一次會議 | | 安排試場、寄發入場證、製作試卷及彌封姓名冊 |
| | | 監視彌封姓名冊固封保管 | 固封保管彌封姓名冊 |
| | 命題 | 監視試題之繕印、封存及分發 | 入場繕印試題 |
| | 考試 | | |
| | | 監視試卷彌封及點封 | 監場及點封考畢試卷 |
| | 閱卷及處理試題疑義 | | 試卷、受理試題疑義、登算考試成績 |
| | 召開典試委員會第二次會議 | 監視典試委員會第二次會議辦理應考人考試成績之審查 | |
| | | 監視彌封姓名冊之開拆及對號 | 開拆彌封姓名冊及對號 |
| | 放榜 | 監視及格人員榜示及公布 | 放榜及寄發成績單 |
| 考試辦理完畢後之考選工作 | 複查考試成績 ▶ 呈報辦理考試經過及關係文件 ▶ 請發考試及格證書 | | |

## UNIT **8-3** 考試院之職權

### （一）考試權

考試院最重要的職權就是舉辦考試。應經考試院依法考選詮定之資格有：

❶公務員任用資格。

❷專門職業及技術人員執業資格。

### （二）公務人員

公務人員就是領公家薪水的人。憲法第85條：「公務人員之選拔，應實行公開競爭之考試制度，並應按省區分別規定名額，分區舉行考試。非經考試及格者，不得任用。」憲法增修條文第6條第3項：「憲法第八十五條有關按省區分別規定名額，分區舉行考試之規定，停止適用。」

### （三）專門職業技術人員

所謂專門職業技術人員，並不是公務員，而只是一般民間行業中，掌有較高技術者。而根據憲法第86規定，這類人員也必須經過國家考試，才能在民間執業。不過，到底哪種人屬於專業？隨著時代演變，現在各行各業都是專業，而考試院也不斷擴張專門職業技術人員的執照，幾乎使得各行各業都需要考試。但是其實很多人未經過考試，也一樣擁有相關專業，為何我們一定要用考試限制其工作權呢？而大法官並沒有受到外國憲法學理對於工作權保障的影響，反而基於五權憲法中對考試權的重視，而特別強調考試的必要性。

### （四）銓敘、保障、撫卹、退休

所謂銓敘，係對於公務人員被任用前之官等、職等之基本身分事項加以銓定。

所謂保障，依公務人員保障法第2條規定，係指公務人員身分、官職等級、俸給、工作條件、管理措施等有關權益保障之問題。

所謂撫卹，依公務人員退休資遣撫卹法規定，對於經銓敘部審訂資格登記有案者，凡因公死亡，病故或意外死亡者，應給與其遺族之撫卹。撫卹金請求權，不得扣押、讓與或供擔保。

所謂退休，凡為國家服公務之人員，因一定服務年資，不願或不得繼續擔任公務人員而退休者，國家應給予退休金。

### （五）公務人員任免、考績、級俸、陞遷、褒獎之法制事項

經憲法增修條文修正後，將公務人員有關之人事行政業務分割為二，法制及政策事項由考試院負責主導，而實際執行層面則由行政院人事行政總處負責（憲法增修條文第6條第1項）。所謂「法制事項」，亦即這部分的法律和命令方面，法律草案乃由考試院提出，而行政命令修改則也是由考試院執掌。

## 國家考試

## 銓敘：公務人員職等

| 官 | 職等 |
|---|---|
| 簡任官 | 10-14職等 |
| 薦任官 | 6-9職等 |
| 委任官 | 1-5職等 |

## 公務員保訓會復審事件處理流程圖

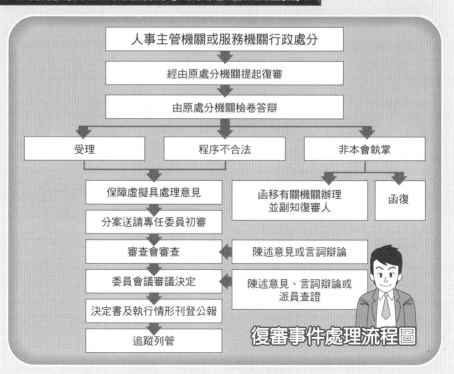

## UNIT **8-4** 監察院的定位與現況

圖解憲法

### （一）國會到「準司法機關」

憲法第90條規定：「監察院為國家最高監察機關，行使同意、彈劾、糾舉及審計權。」原本監察院所掌有的權力，很類似其他國家上議院或參議院的權力，也算是一個國會。而且我們的監察委員也是各縣市議會選出來的，算是間接民選，所以被當作是一個國會（釋字第76號解釋）。

但第二次修憲時，把監察委員改為總統提名，國民大會同意，不再是民選機關，所以很多人稱監察院為準司法機關，因為其負責彈劾權。同時，也把監察院的人事同意權移轉出去。

### （二）監察院與立法院調查權的衝突

監察院為了彈劾公務員，以及糾正行政院的工作，必須行使調查權。憲法第95條、第96條就明文規定監察院可以行使調查權。但相對於監察院，立法院也是國會，也必須監督行政機關，憲法卻沒有明文規定立法院有調查權。所以過去就認為只有監察院有調查權、立法院則無。

大法官在釋字第325號解釋中，就曾經用上述的理由，說立法院無完整調查權。但大法官仍賦予立法院就行使相關立法職權時，可以動用文件調閱權。在最近的釋字第585號解釋中，大法官雖然稍微增加了立法院的調查權，讓立法院在審查相關職權時有權要求政府官員陳述意見，並有課與處罰的權力。

### （三）監察院空轉

2005年2月1日，原本第四屆監察委員應該選出上任，但由於立法院對於陳水扁總統所提出的監察委員名單不滿意，拒絕審查，導致在2005年2月1日前都未選出監察委員。後來由於新任立法委員也於2005年2月1日上任，新任立委根據立法院議案屆期不連續原則，仍然拒絕審查舊名單，要求陳水扁總統提名新名單，但陳水扁總統拒絕提出新名單，導致陳水扁總統於2008年5月卸任前立法院仍未通過監察委員名單，使監察院空轉3年半，無法發揮監督政府功能。

### （四）無人監督公務員

監察院的功能就是負責監督公務員和公共行政，如果發現公務員有違法失職，可以行使彈劾權，如果發現行政措施有不適當之處，可以行使糾正權。但是自從監察院空轉之後，行政部門就比較不擔心被監察院彈劾和糾正，所以就比較容易出現違法情事。

而國人似乎也漸漸忽視了監察院的必要性，反而開始重視其他監督機制，包括立法院的調查權和檢察系統的獨立性。所以，從立法院組成真調會，到有人提議應該設置獨立檢察官，或者修正檢察總長的認命方式（改成總統提名、立法院同意等），會有這些提議，似乎都是因為不太了解監察院的功能。

## 監察院的職權

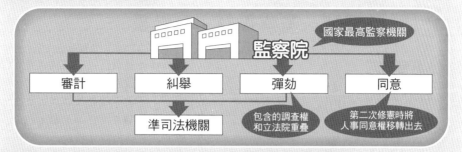

監察院　國家最高監察機關

審計　→　準司法機關

糾舉

彈劾　→　包含的調查權和立法院重疊

同意　→　第二次修憲時將人事同意權移轉出去

## 立法院不審查監察委員人事案的原因

| 時期 | 立法院不審查的原因 |
|---|---|
| 2005年2月之前 | 立法院覺得提名人選不妥，拒絕審查 |
| 2005年2月新任立委 | 根據「議案屆期不連續原則」，陳水扁總統應該提出新名單，卻不肯提出 |

知識補充站 ★泛藍立委拒審監察委員名單的原因

立法院國民黨與親民黨擱置總統提出監委名單的理由主要有三：第一是認為總統為提名適當人選組成的「審薦委員會」組成似欠公正。第二是認為正式提名名單包括「審薦委員會」委員張建邦、蕭新煌等，且居正副院長提名人。而其他提名名單似具有較強的黨派偏向，與國會朝野結構不盡呼應。第三是針對臺灣股市上市公司──大陸工程公司董事長，也是台灣高速鐵路（台灣高鐵）公司董事長殷琪（女）亦擔任審薦委員表示不滿，認為殷琪女士於2000年統大選涉入較深，擔任陳水扁總統候選人的「國政顧問團」成員，黨派色彩強烈。國親聯盟之意見是否足以正當化擱置該案，大法官會議做出釋字第632號解釋，認為立法院程序委員會屢次決議監察院人事同意權案暫緩編列議程報告，即相當於「立法院消極不行使同意權」的這個（怠惰行使職權）行為，違憲。

## 監察院與立法院搶調查權的衝突

釋字第585號：在審查相關職權時，有權要求政府官員陳述意見，也有文件調閱權，但仍無完整的調查權

就彈劾可行使調查權

立法院　→　調查權　←　監察院

## UNIT **8-5**
## 監察院、監察委員、審計長

圖解憲法

### （一）選任方式

依照現行憲法增修條文第7條第2項規定，監察院設監察委員29人，任期6年，並以其中1人為院長、1人為副院長，任期6年，由總統提名、立法院同意任命之。

至於監察委員能否連任，並沒有明確規定，原本憲法第93條，監察委員得連選連任。但自從改由總統提名之後，似乎總統也可以連續兩屆提名同一個監察委員。

### （二）院長

原本監察院也和立法院一樣，院長和副院長是等到委員們選出來之後，再互相選舉（憲法第92條）。但自從改為總統提名之後，總統在提名的時候，就會指定哪個人是當院長、副院長，不再由監察委員互選。

依監察院組織法規定，院長綜理院務，並監督所屬機關。副院長於院長因事故不能視事時，代理其職務（監察院組織法第6條）。但由於監察委員係獨立行使職權，而監察院所屬機關審計部之人員亦屬獨立行使職權，監督僅具有形式意義。

### （三）監察委員

監察委員須超出黨派以外，依據法律獨立行使職權（憲法增修條文第6條第5項）。所以監察委員也是獨立運作，按照憲法規定行使相關職權。

### （四）調查官、調查專員、調查員

1998年1月7日由總統公布修正監察院組織法，特於監察院監察調查處置調查官、調查專員及調查員，在秘書長指揮監督下，協助監察委員行使監察權，並依其學識、經驗、能力及專長，予以分類編組，分為❶人權保障；❷內政、少數民族、司法及獄政；❸財政、經濟及財產申報；❹交通及採購；❺外交、僑政、國防、情報、教育及文化等五組，依其專長及本職工作，核派協助監察委員調查案件。

### （五）委員會

監察院得按行政院及各部會之工作，分設若干委員會，調查一切設施，注意其是否違法或失職（憲法第96條）。

### （六）審計長

監察院設審計長，由總統提名，經立法院同意任命之（憲法第104條）。審計長任期6年（審計部組織法第3條）。

釋字第357號解釋：「依中華民國憲法第一百零四條設置於監察院之審計長，其職務之性質與應隨執政黨更迭或政策變更而進退之政務官不同。審計部組織法第三條關於審計長任期為六年之規定，旨在確保其職位之安定，俾能在一定任期中，超然獨立行使職權，與憲法並無牴觸。」

2005年至2008年監察委員選不出來，但還好審計長的任期還沒到。所以審計長仍然還在運作，還在監督政府的預算使用是否合法。

## 監察院歷任院長副院長任期

| 院長 | | 副院長 | |
|---|---|---|---|
| 姓名 | 任職日期 | 姓名 | 任職日期 |
| 蔡元培 | 民國17/10/08至18/08/29 | 陳果夫 | 民國17/10/08至20/06/14 |
| 趙戴文 | 民國18/08/29至19/11/18 | 陳果夫 | 民國17/10/08至20/06/14 |
| 于右任 | 民國19/11/18至20/06/14 | 陳果夫 | 民國17/10/08至20/06/14 |
| 于右任 | 民國20/06/14至20/12/28 | 陳果夫 | 民國20/06/14至20/12/28 |
| 于右任 | 民國20/12/28至24/12/07 | 丁惟汾 | 民國20/12/28至24/12/07 |
| 于右任 | 民國24/12/07至32/09/13 | 許崇智 | 民國24/12/07至30/12/27 |
| 于右任 | 民國24/12/07至32/09/13 | 劉尚青 | 民國30/12/27至32/09/13 |
| 于右任 | 民國32/09/13至36/04/17 | 劉尚青 | 民國32/09/13至36/02/20 |
| 于右任 | 民國36/04/17至37/06/04 | 黃紹竑 | 民國36/06/07至36/10/27 |
| 于右任 | 民國36/04/17至37/06/04 | 劉 哲 | 民國36/10/27至37/06/04 |
| 于右任 | 民國37/06/09至53/11/10 | 劉 哲 | 民國36/06/12至43/01/07 |
| 于右任 | 民國37/06/09至53/11/10 | 梁上棟 | 民國43/08/18至46/07/12 |
| 于右任 | 民國37/06/09至53/11/10 | 李嗣璁 | 民國47/04/12至54/08/17 |
| 李嗣璁<br>(代理院長) | 民國53/11/10至54/08/17 | 李嗣璁 | 民國47/04/12至54/08/17 |
| 李嗣璁 | 民國54/08/17至61/05/15 | 張維翰 | 民國54/11/02至62/03/19 |
| 張維翰<br>(代理院長) | 民國61/05/15至62/03/19 | 張維翰 | 民國54/11/02至62/03/19 |
| 余俊賢 | 民國62/03/19至70/03/24 | 周百鍊 | 民國62/03/19至70/03/24 |
| 余俊賢 | 民國70/03/24至76/03/12 | 黃尊秋 | 民國70/03/24至76/03/12 |
| 黃尊秋 | 民國76/03/12至82/02/01 | 馬空群 | 民國76/03/12至80/12/30 |
| 黃尊秋 | 民國76/03/12至82/02/01 | 林榮三 | 民國81/02/20至82/02/01 |
| 陳履安 | 民國82/02/01至84/09/23 | 鄭水枝 | 民國82/02/01至84/09/23 |
| 鄭水枝<br>(代理院長) | 民國84/09/23至85/09/01 | 鄭水枝 | 民國84/09/23至85/09/01 |
| 王作榮 | 民國85/09/01至88/02/01 | 鄭水枝 | 民國85/09/01至88/02/01 |
| 錢 復 | 民國88/02/01至94/02/01 | 陳孟鈴 | 民國88/02/01至94/02/01 |
| 王建煊 | 民國97/08/01至103/07/31 | 陳進利 | 民國97/12/01至103/07/31 |
| 張博雅 | 民國103/08/01至109/07/31 | 孫大川 | 民國103/08/01至109/07/31 |

2005年2月1日以後，監察院停擺，只剩審計長還繼續運作，至2014年8月恢復運作。

## 監察院職務體系簡表

院長 → 副院長 → 監察委員（29名含正副院長） → 秘書長

調查官
調查專員
調查員

人權保障
內政、少數民族、司法及獄政
財政、經濟及財產申報
交通及採購
外交、僑政、國防、情報、教育及文化

# UNIT **8-6**
# 監察委員的特權和限制

## （一）獨立行使職權

憲法增修條文第7條第5項規定：「監察委員需超出黨派，依據法律獨立行使職權。」原本監察委員是民選代表時，因為是民選的，一定有政黨立場，所以本來就不能夠超出黨派。但自從改為總統提名，成為準司法機關之後，就要求其必須超出黨派，依據法律獨立行使職權。憲法中有類似規定的，包括法官、考試委員等。

## （二）兼職之禁止

監察委員和立法委員一樣，原本都是國會議員。內閣制下，內閣官員本來都是由國會議員兼任，但是憲法本文是採修正式內閣制下，監察委員「不得兼任其他公職或執行業務」（憲法第103條），不得兼任的範圍，和立法委員一樣，都非常廣泛，所有公家機關、公營事業的職位，都不得兼任。而不得執行的業務，涵蓋某些民事事業的職位（董事、監察人、經理人）。

## （三）監察委員的特權

監察委員原本和立法委員一樣，也有言論免責權和免逮捕特權（憲法第101條、第102條）。但是從民選機關改成準司法機關之後，就停止了這兩項特權（憲法增修條文第7條第6項）。

## （四）調查權

依照憲法第95條：「監察院為行使監察權，得向行政院及其各部會調閱其所發布之命令及各種有關之文件。」憲法第96條：「監察院得按行政院及其各部會之工作，分設若干委員會，『調查一切設施』，注意其違法或失職。」監察院為了行使彈劾權及糾舉權，並提出糾正案，都必須經過調查的過程才能明白，並在查明事實真相後，再行提案。所以，調查是行使監察權的必要手段，監察院依法可以行使調查權。

監察院為行使監察權，得由監察委員或由監察院派員，就人民書狀或報章記載之有關公務人員公務人員或政府機關涉及違法失職事項，向中央各院部會，或地方機關，及其所屬機關，與公私團體，進行調查，或委託其他有關機關調查。監察委員除依席次輪派調查案件外，並可自動調查。

## （五）巡察

監察法第3條規定，監察委員得分區巡迴監察。此項巡察工作分為中央機關與地方機關兩部分，中央機關由各委員會辦理，巡察對象為與其業務有關之中央機關。地方機關按省（市）、縣（市）行政區劃分巡察責任區，分為十二組辦理。巡察之任務如下：

❶各機關施政計畫及預算之執行情形；
❷重要政令推行情形；
❸公務人員有無違法失職情形；
❹糾正案之執行情形；
❺民眾生活及社會狀況；
❻人民書狀之處理及其他有關事項。

## 需超出黨派人員擔任之職務

| 超出黨派 | 憲法內容 | 憲法規定 |
|---|---|---|
| 法官 | 法官須超出黨派以外 | 憲法第80條 |
| 考試委員 | 考試委員須超出黨派以外 | 憲法第88條 |
| 監察委員 | 監察委員須超出黨派以外 | 憲法增修條文第7條第5項 |
| 全國陸海空軍 | 全國陸海空軍須超出個人、地域及黨派以外 | 憲法第138條 |

## 監察院的角色轉變

| 監察院的角色轉變 | |
|---|---|
| 民意代表時期（第二次修憲以前）➡ | 準司法機關（第二次修憲以後） |
| 可以有黨派屬性 ➡ | 超出黨派，依據法律獨立行使職權 |
| 享有言論免責權 ➡ | 無 |
| 享有免逮捕特權 ➡ | 無 |
| 禁止兼職 ➡ | 禁止兼職 |

## 監察院之巡迴監察任務

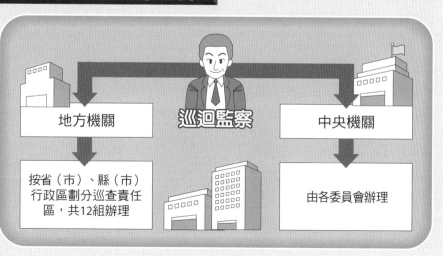

# UNIT **8-7**
## 監察院的彈劾權

圖解憲法

### （一）彈劾權（對人權）

監察院對於中央及地方公務人員，認為有違法失職情事，得提出彈劾案，依憲法增修條文及監察法規定，彈劾案應經監察委員2人以上提議，並須經提案委員以外之監察委員9人以上之審查及決定成立後（憲法增修條文第7條第3項），應移送公務員懲戒委員會負責懲戒（憲法第97條）。

### （二）審理流程

彈劾案件之審查委員，由全體監察委員按序輪流擔任，每案通知13人參加，其與該案有關係者應行迴避。審查結果如不成立，而提案委員有異議時，得提請再審查，另付其他監察委員9人以上再審查，為最後之決定。

### （三）彈劾處理

提出彈劾案時，如認為被彈劾人員違法失職之行為情節重大，有急速救濟之必要者，得通知該主管長官為急速救濟之處理（糾舉）；其違失行為涉及刑事或軍法者，並應逕送各該管司法或軍法機關依法處理。

### （四）其他限制

監察院院長對於彈劾案不得指使或干涉。監察院人員對於彈劾案在未經移付懲戒機關前，不得對外宣洩，惟經審查委員決定公布之案件，則於移付懲戒時，由監察院公布之。懲戒機關於收到被彈劾人員答辯時，應即通知監察院，轉知原提案委員，原提案委員如有意見，應於10日內提出，轉送懲戒機關，懲戒機關逾3個月尚未結辦者，監察院得質問之。

### （五）彈劾對象

#### ❶一般公務人員

憲法增修條文第7條第3項：「監察院對於中央、地方公務人員及司法院、考試院人員之彈劾案，須經監察委員二人以上提議，九人以上之審查及決定，始得提出，不受憲法第九十八條之限制。」

#### ❷監察院人員

憲法增修條文第7條第4項：「監察院對於監察人員失職或違法之彈劾，適用憲法第九十五條、第九十七條第二項及前項之規定。」因為監察委員已非為民意代表，所以監察委員可以彈劾監察委員，行憲後第一位因此而被彈劾的監委是第二屆的蔡慶祝。

#### ❸軍人

釋字第262號解釋：「監察院對軍人提出彈劾案時，亦應移送至公務員懲戒委員會審議，至軍人之過犯，除上述彈劾案外，則仍依陸海空軍懲罰法行之。」

## 監察權行使流程圖

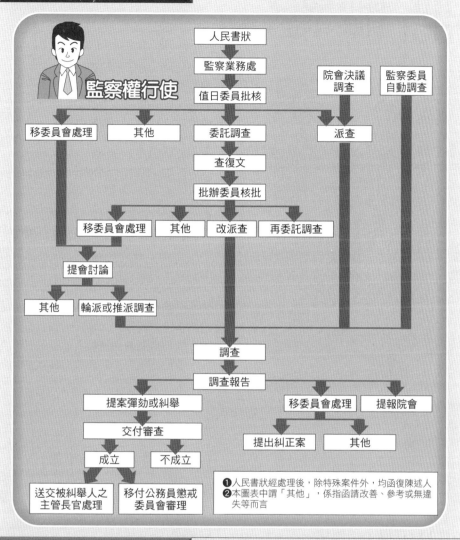

監察權行使

人民書狀

監察業務處

值日委員批核

院會決議調查　監察委員自動調查

移委員會處理　其他　委託調查　派查

查復文

批辦委員核批

移委員會處理　其他　改派查　再委託調查

提會討論

其他　輪派或推派調查

調查

調查報告

提案彈劾或糾舉　移委員會處理　提報院會

交付審查　提出糾正案　其他

成立　不成立

送交被糾舉人之主管長官處理　移付公務員懲戒委員會審理

❶人民書狀經處理後，除特殊案件外，均函復陳述人
❷本圖表中謂「其他」，係指函請改善、參考或無違失等而言

## 憲法所規定之彈劾

| 彈劾對象 | 彈劾程序 | 懲戒機關 | 懲戒程序 |
|---|---|---|---|
| 總統、副總統 | 立法院1/2提議，2/3決議 | 憲法法庭 | 憲法法庭 |
| 中央地方公務員 | 監察委員2人以上提議，9人以上審查及決議（憲法增修條文第7條第3項） | 司法院公務員懲戒委員會 | 依照法庭審判程序（釋字第396號解釋） |

# UNIT **8-8**
# 糾舉、糾正、審計

圖解憲法

## （一）糾舉權（對人權）

監察委員對於有違法或失職行為的公務人員，認為應該先停職或是做其他急速處分的，可以提案「糾舉」，在經過其他監察委員3人以上的審查及決定後，則由監察院送交各該主管機關長官或他的上級長官處理，而且違法行為如果涉及到刑事或軍法責任時，同時送請管轄的司法或軍法機關，依法辦理。

被糾舉人員的主管長官或上級長官，在接到糾舉書後，除了關於刑事或軍法部分，要另外等候管轄的機關依法辦理外，最遲應該在1個月內依照公務員懲戒法的規定來處理，並且可先將被糾舉人停職或做其他急速處分。如果認為不應該處分的話，也要立即向監察院說明理由。

被糾舉人的主管長官如不依照規定處理或已經處理，而監察委員有2人以上仍認為處理不妥當時，監察委員就可以將該糾舉案改提彈劾案。如果因改提彈劾案而使被糾舉人因而受到懲戒時，被糾舉人的主管長官或他的上級長官，就要連帶擔負失職的責任。

## （二）糾正權（對事權）

監察院對於調查行政院及其所屬各機關之工作與設施後，經各有關委員會之審查及決議，得由監察院提出糾正案，促其注意改善。行政院或有關部會接到糾正案後，應即為適當之改善與處置，並應以書面答覆監察院，如逾2個月仍未將改善與處置之事實答覆監察院時，監察院得質問之。

## （三）審計權

所謂的審計，乃指對於政府及其所屬機關財政收支予以稽核之權，包括：

❶監督預算之執行。

❷核定收支命令。

❸審核財政收支，審定決算。

❹稽查財物及財政上不法或不忠於職務之行為。

❺考核財物效能。

❻核定財務責任。

❼其他依法律應辦理之審計事項。

審計人員依法獨立行使其審計職權，不受干涉。審計機關，應經常或臨時派員赴各機關，就地辦理審計事務，其未就地辦理者，得通知其送審，並派員抽查。審計機關對於各機關一切收支及財物得隨時稽察之。審計人員為行使職權，向各機關查閱簿籍、憑證或其他文件，或檢查現金、財物時，各該主管人員，不得隱匿或拒絕，遇有疑問，或需要有關資料，並應為詳實之答覆或提供之。

## （四）公職人員財產申報

另外，現在監察院很重要的一項職權，就是受理公職人員財產申報。必須申報財產的公職人員，有下列對象：

❶總統、副總統。

❷五院院長、副院長。

❸政務官。

❹有給職之總統府資政、國策顧問及戰略顧問。

❺依法選舉產生之鄉（鎮、市）級以上政府機關首長。

❻縣（市）級以上各級民意機關民意代表。

其他⋯⋯等。

# 監察院的彈劾、糾舉與糾正

| | 彈劾 | 糾舉 | 糾正 |
|---|---|---|---|
| 行使原因 | 公務人員有違法或失職行為 | 公務人員有違法或失職行為，有先行停職或有其他急速處分之必要時 | 行政院及行政院所屬各機關的工作及設施有違法或失職情事 |
| 行使對象 | 中央或地方公務人員 | 中央及地方公務人員 | 行政院及行政院所屬各機關 |
| 審查及決定 | 對中央或地方公務人員的彈劾案，則要經監察委員二人以上的提議，九人以上的審查及決定 | 須經監察委員一人以上的提議及三人以上的審查及決定 | 須經監察院有關委員會的審查及決定 |
| 移送機關 | 對中央及地方公務人員的彈劾，向公務員懲戒委員會提出 | 向公務員的主管長官或上級長官提出 | 向行政院或有關部會提出 |
| 目的 | 懲戒或刑事處分 | 依照公務員懲戒法規規定處理，並可先行停職或為其他急速處分 | 督促行政機關注意改善 |
| 刑事部分 | 公務人員違法行為涉及刑事或軍法者，應同時送司法或軍法機關處理 | 公務人員違法行為涉及到刑事或軍法者，應同時送司法或軍法機關處理 | 無 |

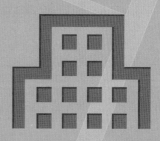

# 第 9 章

# 地方自治

章節體系架構 ▼

# UNIT **9-1**
## 地方自治的模式

圖解憲法

### （一）垂直分權

一般講權力分立，有分為水平分權及垂直分權。水平分權乃指中央政府之間的分權，而垂直分權則指中央與地方間的分權。

### （二）各國體制
#### ❶聯邦制國家

聯邦制國家乃是各個邦或州有自己的主權，只是將部分主權讓渡出來成立聯邦，如美國、加拿大、德國等就屬於聯邦制國家。聯邦制國家由於各邦擁有部分主權，故憲法中若沒有讓給中央政府的權力，都歸各邦保有。不過，在各邦之下，也會有地方自治，例如各邦之下會有縣、郡等地方自治機關，它們也會擁有部分的自治權。

#### ❷單一制國家

為中央集權制，將國家權力集中於中央政府，地方之權力，係基於中央之委託，單一制國家多採此制，如法國、英國。單一制國家只是在政府體制上有中央集權的政府，但不代表就沒有地方自治，只是其地方自治的空間，往往是中央政府用法律授權給地方政府。這不像是聯邦制國家，本來權力就是各邦的，各邦只是把部分的權力讓給聯邦政府。

至於我國，在憲法上應該算是屬於單一制國家。不過如果以政治現實來看，現在中共掌有大陸，澳門、香港回歸之後又允許一國兩制，而中共內部又有好幾個很大的自治區，而臺灣則不受中共統治。將來臺灣很有可能和中共聯合走向聯邦制或邦聯制。

### （三）我國採均權制

不管是聯邦制國家、單一制國家，其內部還是可以進行地方分權。其可分為下述三種：

#### ❶中央集權制

將國家權力集中於中央政府，決策及執行由中央政府負責。可避免地方割據，利於政策推行。但是由於事事皆由中央政府決定，無法配合地方需要，發展地方特色。

#### ❷地方分權制

國家事權分散在地方政府，中央只有少數的國家象徵權力，地方政府具有政務的決定權，使政策能因地制宜，配合地方發展，但也容易導致地方壁壘，阻礙整體國家發展。

#### ❸均權制

依照事權性質來決定權力的歸屬，有全國一致性的劃歸中央政府，需因地制宜的劃歸地方政府。矯正中央集權與地方分權的缺點。

我國憲法的制度採用均權制。將事權屬於中央者，列舉劃歸成中央專屬權。（憲法第107條、第108條）將事權屬於地方者，則列舉劃歸成地方專屬權，但僅限於行政與立法權，司法權、考試權、監察權仍屬於中央。未列舉的事權，有全國一致性的，即屬於中央，有全省一致性的，即屬於省，有一縣性質的，屬於縣。若遇有爭議時，由立法院解決之（憲法第111條）。

## 聯邦國與單一國的地方自治

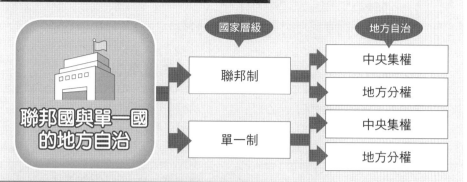

## 臺灣地方自治的層級演變

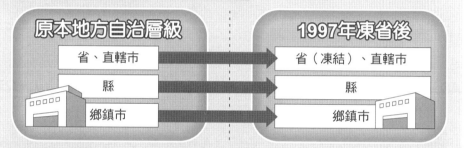

## 中華民國實際管轄區域圖

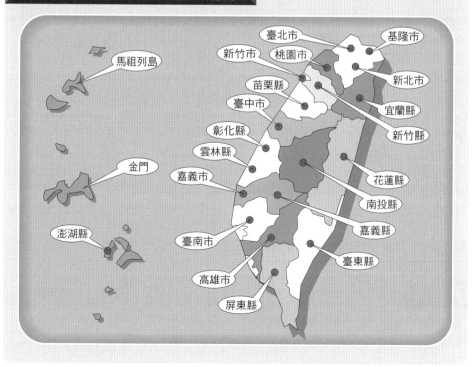

# UNIT **9-2**
# 地方政府的組織與分權

圖解憲法

## （一）地方制度法

省縣地方制度，所包含之事項，以法律定之（憲法增修條文第9條）。省縣地方制度將直接以立法院通過之「地方制度法」定之，不須再經過憲法本文的「省縣自治通則」、「省民代表大會」、「省自治法」、「縣民代表大會」、「縣自治法」之程序限制。

## （二）類似總統制

中央政府乃採五權政府，但地方政府僅為兩權政府，只有行政機關和立法機關。地方首長由人民直選，組成地方政府。地方議會也由人民直選。我國在中央政府部分採取「五權憲法」加「雙首長制」，但在地方部分則應該類似「總統制」，因為人民直選地方首長，由首長組織政府。且覆議門檻為2/3，與一般總統制覆議門檻相同。但不同點在於，總統制行政權不必至立法院備詢，除非接受調查，但我國的地方政府官員也必須至議會接受質詢。

## （三）權限劃分

### ❶中央專屬權

由中央立法並執行之事項，共計13項（憲法第107條）。

### ❷中央享有立法及執行權而地方享有受託執行權

由中央立法並執行之，或交由省縣執行之事項，又稱為委辦事項。共計20項（憲法第108條）。

### ❸省專屬權（凍結）

### ❹縣專屬權

由縣立法並執行之，共計11項（憲法第110條）。

## （四）均權原則

除第107條、第108條、第109條及第110條例舉事項外，如為有「未列舉」事項發生時，其事務有全國一致之性質者屬中央，有全省一致性質者屬於省，有全縣一致性質者屬於縣。

遇有爭議時，由立法院解決之（憲法第111條）。立法院自己解決爭議，會不會有偏向中央而不利地方的可能？實際上如果真的發生爭議，可能還是會尋求大法官做憲法解釋。

## （五）健保是中央事項還是地方事項？

臺灣實施健保，而且專款專用，與一般稅收分開。健保由於每年都虧損，哪些單位要負擔健保費，往往成為爭議。有些地方政府認為，全民健保法是立法院通過的法律，為什麼要縣市政府出錢，這是「中央立法、地方買單」，而不願意支付健保費。大法官在釋字第550號解釋中，認為：「依憲法規定各地方自治團體有辦理衛生、慈善公益事項等照顧其行政區域內居民生活之義務，亦得經由全民健康保險之實施，而獲得部分實現。」所以，這不但是中央的工作，也是地方的工作，必須一起出錢。但是，「保險費補助比例之規定，於制定過程中應予地方政府充分之參與。行政主管機關草擬此類法律，應與地方政府協商，以避免有片面決策可能造成之不合理情形，並就法案實施所需財源事前妥為規劃；立法機關於修訂相關法律時，應予地方政府人員列席此類立法程序表示意見之機會。」

## 憲法規定的中央與地方分權

| 項目 | 內容 |
|------|------|
| 中央專屬權 | ①外交。②國防與國防軍事。③國籍法及刑事、民事、商事之法律。④司法制度。⑤航空、國道、國有鐵路、航政、郵政及電政。⑥中央財政與國稅。⑦國稅與省稅、縣稅之劃分。⑧國營經濟事業。⑨幣制及國家銀行。⑩度量衡。⑪國際貿易政策。⑫涉外之財政經濟事項。⑬其他依本憲法所定關於中央之事項。 |
| 中央享有立法及執行權而地方享有受託執行權 | ①省縣自治通則。②行政區劃。③森林、工礦與商業。④教育制度。⑤銀行及交易所制度。⑥航業及海洋漁船。⑦公用事業。⑧合作事業。⑨二省以上之水路交通運輸。⑩二省以上之水利、河道及農牧事業。⑪中央及地方官吏之銓敘、任用、糾察與保障。⑫土地法。⑬勞動法及其他社會立法。⑭公用徵收。⑮全國戶口調查及統計。⑯移民及墾殖。⑰警察制度。⑱公共衛生。⑲賑濟、撫卹及失業救濟。⑳有關文化之古籍級古蹟之保存。 |
| 省專屬權 | （廢除） |
| 縣專屬權 | ①縣教育、衛生、實業、交通。②省縣財產經營及處分。③縣公營事業。④縣合作事業。⑤縣農林、水利、漁牧及工程。⑥縣財政及縣稅。⑦縣債。⑧縣銀行。⑨縣警衛之實施。⑩縣慈善及公益事項。⑪其他依國家法律及省自治法賦予之事項。 |

## 全民健保收入來源圖

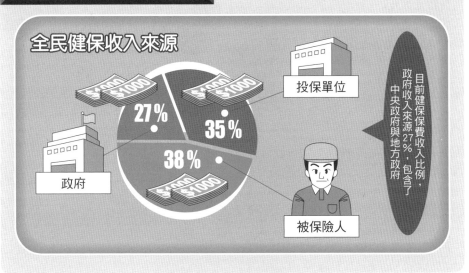

全民健保收入來源

27%

35%

38%

投保單位

政府

被保險人

目前健保保費收入比例，政府收入來源27%，包含了中央政府與地方政府

# UNIT **9-3**
# 省

## （一）臺灣省

臺灣省是中華民國的一個行政區，實際管轄範圍包括了臺灣島、澎湖列島及其附屬島嶼。臺灣省下設臺北縣、桃園縣、新竹縣、苗栗縣、臺中縣、彰化縣、南投縣、雲林縣、嘉義縣、臺南縣、高雄縣、屏東縣、宜蘭縣、花蓮縣、臺東縣、澎湖縣16縣和基隆市、新竹市、臺中市、嘉義市、臺南市五省轄市。雖然臺北市與高雄市也位於臺灣境內，但兩市均為直轄市，並不隸屬臺灣省。因此臺灣省臺北市或臺灣省高雄市的說法是完全錯誤的。

## （二）凍省

自從1994年省長選舉之後，政治上引發了「葉爾欽效應」的顧慮，終於在1997年第四次修憲之後，停止第二屆省長及第十一屆省議員選舉，立法院並於同年10月通過「臺灣省政府功能業務與組織調整暫行條例」，終於將「省」定位成「行政院之派出機關」，非地方自治團體。立法院又因應「省去自治化」之後的地方制度，將省縣自治法、直轄市自治法在1999年1月合併為「地方制度法」，將臺灣省政府定位為行政院派出機關，非自治團體。至此，憲法地方制度自治政府的層級，凍結了「省自治」的部分，其餘「直轄市」、「縣」、「鄉（鎮、市）」三級政府仍維持不變。首屆省長選舉也成為最後一屆選舉。

## （三）地位

省原本為最高級之地方自治團體。但在第四次修憲決定廢省後，省只為中央之派駐機關。不過就部分職權，仍然具有公法人地位。

## （四）組織

根據增修條文規定，省設省政府，置委員9人，其中1人為主席，均由行政院院長提請總統任命。省設省諮議會，置省諮議會議員若干人，由行政院長提請總統任命之（憲法增修條文第9條第1項第1條、第2款）。臺灣省政府之功能、業務與組織之調整，得以法律為特別之規定（憲法增修條文第9條第2項）。

## （五）精省後的省政組織架構
### ❶省政府
首長：主席、副主席、秘書長、副秘書長（2人）。

省府委員：共9人（含正、副主席）。
### ❷省諮議會
設諮議長1人、諮議會議員21人至29人（含諮議長）。
### ❸2006年1月24日，行政院院長蘇貞昌
宣布臺灣省主席任滿後將不再提名，省府最高長官變成了秘書長。這也表示中華民國政府正日漸朝完全廢省、政府組織精簡化的方向邁進。

## （六）監督縣自治

憲法增修條文第9條第1項第7款規定：「省承行政院之命，監督縣自治事項。」

## 歷任臺灣省長表

| 省長 | 時期（民選） |
| --- | --- |
| 宋楚瑜 | 1994年12月20日～1998年12月21日 |
| 省主席 | 時期（精省後） |
| 趙守博 | 1998年12月21日～2000年5月20日 |
| 張博雅 | 2000年5月20日～2002年2月1日 |
| 范光群 | 2002年2月1日～2004年10月13日 |
| 林光華 | 2004年10月13日～2006年1月24日 |
| 行政運作授權秘書長決行 | 2006年1月25日～2007年12月20日 |
| 林錫耀 | 2007年12月20日～2008年5月20日 |
| 蔡勳雄 | 2008年5月20日 |

## 省政府組織架構

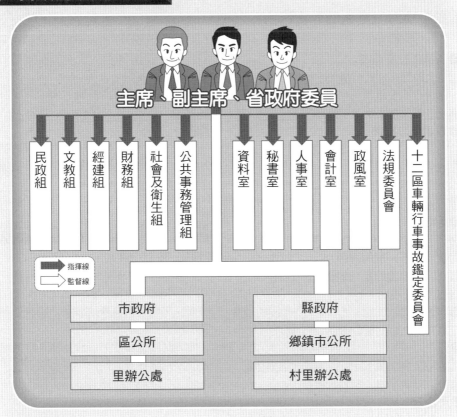

# UNIT **9-4**
## 直轄市、縣市

圖解憲法

　　「直轄市」與「縣」為現在主要的地方政府。地方政府與中央政府不同，其沒有五權分立，只有兩權對立，亦即行政權和立法權的對立。例如，縣只有縣政府和縣議會的對立。至於其他三權：司法、考試、監察，都屬於中央之事項，由中央政府直接設置在各地方，但不歸地方政府管轄。

## （一）直轄市

　　憲法將直轄市的地位放到和省一樣，故直轄市的條文乃置於省的條文之中。憲法第118條：「直轄市之自治，以法律定之。」

## （二）地方制度法關於直轄市相關規定
### ❶直轄市設置標準
　　①人口聚集達125萬以上。
　　②在政治、經濟、文化及都會區域發展上有特殊需要者。
### ❷直轄市之層級
　　①直轄市為地方自治團體，具公法人之地位。
　　②市以下設區，區以內編組為里，里以內編組為鄰。
### ❸組織
　　市長及市議員任期均為4年，市長連選得連任一次。置副市長2人，人口在250萬人以上之直轄市，得增置副市長1人，均為政務任用。
### ❹自治監督
　　直轄市之自治監督機關為行政院。
### ❺區
　　設區公所，區長1人，為市的派出機關，非自治單位，無民意機關。
### ❻市議會
　　直轄市區域議員上限62人，依該市原住民人口數外加原住民議員；議決市法規。定期會每6個月開會一次，每次不得超過70日。

## （三）縣（市）

　　縣為憲法地方自治最基層的單位。縣政府為第二級之地方行政機關。「縣民關於縣自治事項，依法律行使創制、複決之權，對於縣長及其他縣自治人員，依法律行使選舉、罷免之權。」（憲法第123條）

## （四）縣的組織

　　縣議會為縣之立法機關，縣議員由縣民選舉之（憲法第124條、憲法增修條文第9條第1項第3款）。縣政府為縣之行政機關，置縣長1人，縣長由縣民選舉之（憲法第126條、憲法增修條文第9條第1項第5款）。
　　省轄市準用縣之規定（憲法第128條）。
### 職權
　　縣執行中央與省委辦事項（憲法第108條、第109條），處理縣自治事項（憲法第110條）。

### 小博士解說

**自治法規的分類**
　　憲法增修條文第9條第1項第4款規定，「縣之立法權，由縣議會行使。」地方立法權到底有多大？此乃由地方制度法為更細緻的規定。
　　地方制度法將地方立法稱為「自治法規」，由議會通過的為「自治條例」，由地方行政機關通過的為「自治規則」。

## 直轄市的認定及特性

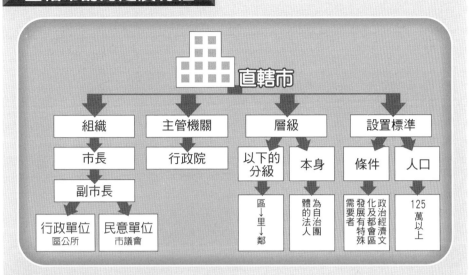

## 地方自治法規

| 地方自治法規 | | | |
|---|---|---|---|
| 自治法規 | 自治條例 | 地方議會通過 | 在直轄市稱直轄市法規、在縣（市）稱縣（市）規章、在鄉（鎮、市）稱鄉（鎮、市）規約 |
| | 自治規則 | 地方行政機關通過 | 分別冠以各該地方自治團體之名稱，並得依其性質，定名為規程、規則、細則、辦法、綱要、標準或準則 |
| 委辦規則 | | 地方行政機關通過 | 準用自治規則之規定 |

## 地方自治之監督

 ★地方自治的監督

一般學說上認為縣專屬事項為「自治事項」，而中央立法地方執行事項為「委辦事項」。上級政府對地方政府的自治事項，只能為「合法性監督」，而對委辦事項，除了「合法性監督」外，還可為「適當性監督」。

# 第 10 章

# 人權基本理論

●●●●●●●●●●●●●●●●●●●●●●●● ● 章節體系架構 ▼

## UNIT **10-1**
## 地位理論

### （一）人權的分類

人權的分類可以有很多種方式。例如一般英美法學界，喜歡用第一代人權、第二代人權、第三代人權這樣的分類，來將人權做區分。而德國法學界，則是喜歡用所謂的地位理論，將人權分為防禦權、受益權、參政權、義務等四類。不管是採用哪一種分法，都是對人權的性質，做了某種區分。我國的憲法學者，過去比較多受到德國憲法學的影響，所以習慣會用德國的這種分類。

### （二）地位理論

德國公法學者耶林內克（G. Jellinek）提出的「地位理論」（Statustheorie），或稱「身分理論」，其乃於1892年出版之《公法權利之體系》一書中提出。所謂的地位，就是用「人與國家之間的關係」，或者說人相對於國家所處的地位、身分，來作為分類的標準。根據其理論，人與國家之間的關係，大概可以分為四類。

### （三）防禦權（消極地位）

人民之所以需要人權，往往是因為國家會侵害人民權益，所以人民要防禦國家的侵害，所以我們說人民最主要的人權，就是「防禦權」，也就是一般講的「自由」。在耶林內克的理論裡，這稱為消極地位（Negativer Status），也就是說國家如果不要侵害人權，只需要消極地不做事就好，也可以稱為自由地位。

### （四）受益權（積極地位）

人民除了要防禦國家的侵害之外，有時候人民肚子餓或沒工作，養不活自己，這個時候，也需要國家積極地給予照顧，我們稱這種權利為「受益權」，或稱為「給付請求權」。在耶林內克的理論中，則稱為積極地位（Positiver Status），因為此時是需要國家積極主動地來提供給人民糧食或福利，也可以稱為國民地位。

### （五）參政權（主動地位）

人民有選舉、罷免、創制、複決之權，可以主動地參與民主政治，控制政府。我們一般稱此為參政權。參政權除了選舉、罷免、創制、複決之外，有人說應考試服公職也是一種參政權。而耶林內克的理論，稱此為主動地位（Aktiver Status），因為這是人民主動地參與國家的政治活動。

### （六）義務（被動地位）

憲法中也會規定人民對國家的基本義務，包括納稅、服兵役、受國民義務教育的義務。這在耶林內克的理論中，稱為被動地位（Passiver Status）或稱服從地位，因為人民要服從這些義務，是被動地根據國家的法律要求，來遵守相關的義務。

## 身分理論（地位理論）

| 地位理論 | | | |
|---|---|---|---|
| 消極地位 | 積極地位 | 主動地位 | 被動地位 |
| 防禦權 | 受益權<br>（請求給付權） | 參政權 | 義務 |

## 我國基本權之分類

| 我國基本權之分類 | | |
|---|---|---|
| 基本權類別 | 條號 | 說明 |
| 平等權 | 7條 | |
| 防禦權<br>（消極地位） | 8條 | 人身自由 |
| | 9條 | 不受軍事審判 |
| | 10條 | 居住、遷徙自由 |
| | 11條 | 表現自由 |
| | 12條 | 秘密通訊自由 |
| | 13條 | 宗教自由 |
| | 14條 | 集會結社自由 |
| | 15條 | 生存權、工作權、財產權 |
| | 18條 | 應考試服公職權 |
| | 22條 | 其他概括權利 |
| 受益權<br>（積極地位） | 15條 | 生存權、工作權、財產權 |
| | 16條 | 請願、訴願及訴訟權 |
| | 21條 | 受國民教育權 |
| | 第13章基本國策第3節至第5節 | |
| 參政權<br>（主動地位） | 17條 | 選舉、罷免、創制、複決權 |
| 義務<br>（被動地位） | 19條 | 納稅義務 |
| | 20條 | 服兵役義務 |
| | 21條 | 義務教育 |

# UNIT 10-2
# 三代人權

圖解憲法

## （一）第一代人權

所謂的第一代人權，乃是最早的人權，包括自由權、平等權（形式平等）、參政權、救濟權等。其中，自由權和平等權是最重要的，前者是消極地、防禦性地要求國家不要剝奪人權的角色；後者是追求社會上的形式平等（如男女應有相同的投票權）。我國憲法第二章的權利，大多都是第一代人權。至於救濟權則為受益權。

## （二）第二代人權

第二代人權，則是除了消極地要求國家不要剝奪人權外，開始要求國家積極地提供保護，也就是一般所謂的「受益權」，或者「社會權」。社會權表現在國家行政上，係屬於給付行政，此種給付行政遵守憲法上的平等原則，此時的平等原則即為一種實質的平等。

一般學者大多把我國憲法第15條的「生存權、工作權、財產權」當成「受益權」，不過若依照大法官的解釋，實際上我國憲法第15條，仍然比較多是防禦權的色彩。

真正在我國憲法中帶有「受益權」、「社會權」色彩的，除了一般講的訴訟權（憲法第16條）和國民義務教育的受教權（憲法第21條）之外，其實是我們憲法第十三章的「基本國策」的諸多規定。基本國策裡面，規定了其很多國家該如何促進勞工工作權益、如何維護國民健康等等國家應主動提供的服務。尤其是第十三章的第三節國民經濟、第四節社會安全、第五節教育文化，這三節都規定了很多國家應該提供的制度、政策目標，其分別就是保障我們的工作、生存和教育權。

## （三）第三代人權

近來第三代人權的討論很熱烈。簡單地說，第一代人權是個人的防禦權，第二代人權則是受益權（社會給付權），第三代人權則是一種集體性的人權，其包括「族群權」、「語言權」、「環境權」等等。第三代人權這種用法乃是國際法上的習慣用語。

之所以要強調第三代人權（集體性權利），某程度是為了對抗平等權或自由權的過度強調。例如，由於太強調平等權，反而不能對少數族群進行優惠保障（affirmative action）。而現在提倡第三代人權中的語言權、族群權、文化權，可以說是用來封阻平等權的挑戰。

# 三代人權的性質、内涵比較

| | 第一代人權 | 第二代人權 | 第三代人權 |
|---|---|---|---|
| 性質 | 公民與政治權利 | 經濟、社會與文化權利 | 集體權利 |
| | 防禦權 | 受益權 | 連帶權（集體權） |
| 背景 | 17、18世紀自由主義 | 19、20世紀社會主義 | 20世紀末反帝國主義與環境保護 |
| 主要内容 | 追求個人自由免於國家之侵害：包括參政權、表現自由、集會結社自由、言論自由、人身自由、宗教自由、居住遷徙自由、秘密通訊自由以及形式平等 | 社會經濟文化福利之提供：包括工作權、休閒權、醫療權、健康權、兒童權、婦女老年權、社會保險權以及實質平等 | 對抗國際強權以及人類共同合作：發展權、民族自決權、環境權、人類共同遺產權、和平權以及文化、種族上的實質平等 |

第10章　人權基本理論

# 基本國策之社會權

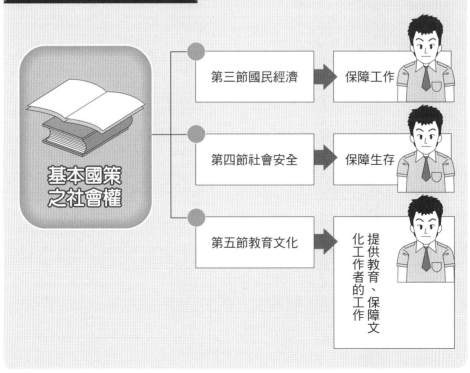

基本國策之社會權

第三節國民經濟 ➤ 保障工作

第四節社會安全 ➤ 保障生存

第五節教育文化 ➤ 提供教育、保障文化工作者的工作

# UNIT **10-3**
# 德國基本權理論

圖解憲法

## （一）德國背景

我國憲法學界受到德國、美國憲法學界的影響，因而，在憲法解釋上，多會採用德國的分類。德國人的憲法人權理論，並不是像一般英美法國家採用三代人權的分法，而是提出了自己獨特的理論。

但是，德國人也不只是用「地位理論」而已，因為「德國基本法」中沒有第二代人權，也就是沒有明文的受益權，而只有一個「社會國原則」。由於沒有第二代人權可以用，也就是沒有受益權可以用，在憲法中只有防禦權的條文，但是德國的學者不甘心，認為人權的保護應該是很夠的，就算只有防禦權的條文，也可以從防禦權的條文，推出其他類似受益權的功能。

故德國憲法學說發展出所謂的「給付作用」，甚至發展出「客觀法制度」的體系，透過客觀法的要求：保護義務、第三人效力、制度性保障、程序與組織保障、客觀價值秩序等，來間接地實現社會權。故在德國的體系中比較不使用「幾代人權」的說法。

在臺灣也有學者不認同這樣的體系，畢竟臺灣的憲法架構和德國的架構不同。前面提及，我們的基本國策中，有許多已經規定了社會權（受益權），為何還需要用德國的體系。

## （二）主觀作用與客觀作用

傳統上憲法著重於人民個人所行使的基本權利之「主觀權利」性質；直至20世紀初，德國憲法學界發展出基本權利在法秩序之客觀作用，認為憲法所保障之基本權利規範應從整體加以觀察，將權利視為「價值體系」或「價值標準」，成為國家公權力以至於全體人類應共同追求之目標。

### ❶主觀作用

主觀作用乃是指人民可以主張的，包括「防禦作用」和「給付作用」。所謂的「主觀」，乃是指「人」，也就是人直接可以請求的權利。防禦作用就是可以主張國家不要侵害人權，受益作用則是可以要求國家提供給付物質。

要注意的是，這裡講的「給付作用」和「受益權」不同。這裡乃是指「防禦權的給付作用」，我們已經說過，這是因為德國基本法連第二代的受益權都沒有，所以只好從防禦權中推出受益作用。

### ❷客觀作用

所謂的客觀作用，就是指國家應該設置某些法律制度，來保障人權。其之所以稱為「客觀」，乃是相對於「主觀」。主觀乃是對「人」，客觀乃是對「法律制度」，國家應該提供某些法律制度。根據留德學者的說法，基本權客觀功能包括基本權的第三人效力、基本權保護義務、基本權的程序與組織功能、客觀價值秩序和制度性保障等。不過這些概念對初學者來說都太難了，有時也不容易區分，而且我國的大法官也未必全部都是留德的，所以可以不用太在意。

## 基本權之功能（作用）

基本權之功能
（作用）

主觀功能 → 防禦作用

主觀功能 → 受益作用

客觀功能 → 保護義務

客觀功能 → 第三人效力理論

客觀功能 → 制度性保障

客觀功能 → 程序與組織保障

客觀功能 → 客觀價值秩序

## 各種人權的關係位置

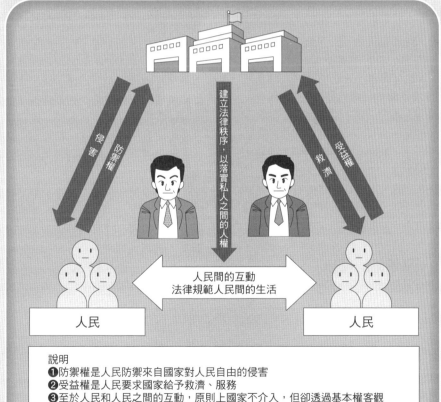

侵害　防禦權

建立法律秩序，以落實私人之間的人權

救濟　受益權

人民間的互動
法律規範人民間的生活

人民

人民

說明
❶防禦權是人民防禦來自國家對人民自由的侵害
❷受益權是人民要求國家給予救濟、服務
❸至於人民和人民之間的互動，原則上國家不介入，但卻透過基本權客觀
　功能的概念，要求國家建立某些法律秩序，來維持私人生活間的人權

# UNIT 10-4
# 平等權

圖解憲法

## （一）平等權

在1776年美國「獨立宣言」中明白指出「所有人生而平等」（all men are created equal），其後1789年法國大革命的「人權宣言」中指出「在權利方面，人生本是而且始終是平等的」、「法律之前，人人平等」，二次戰後的「世界人權宣言」（1948年12月10日）更指出「所有人的權利與尊嚴生而平等」（all are equal in their rights and dignity）。

在保障人權的浪潮之下，民主國家的憲法均將人民的平等權入憲，其中規定最早且最為完整者為1919年的德國威瑪憲法，威瑪憲法除了對平等原則的宣示外，尚進一步對弱勢團體給予特別保護。其後各國憲法紛紛仿效，我國憲法第7條有平等的一般性規定，第5條有民族平等之規定，第159條的教育機會平等之規定。

在今日，平等權可謂是人民各種基本權利的前提，沒有平等權其他的人權就顯得無意義，因此，平等權規定在我國憲法第二章「人民的權利與義務」的第1條中。

## （二）平等權的種類

我國憲法第7條規定：「中華民國人民，無分男女、宗教、種族、階級、黨派，在法律上一律平等。」共計五種平等權。

憲法第7條是列舉或例示？應該是例示規定，因為與平等有關的判斷要件不可能僅止於此五者。故除了這五類之外，其他議題也都必須符合平等原則。

## （三）平等權的內涵

所謂的平等，並非齊頭式的「形式平等」，而強調的是「實質平等」。其也不強調「結果平等」而要求「機會平等」。釋字第211號解釋：「憲法第七條所定之平等權，係為保障人民在法律上地位之實質平等，並不限制法律權主管機關，斟酌具體案件事實上之差異及立法之目的，而為合理之不同處置。」

## （四）平等權的審查

在平等權的審查上，與一般的自由權不同。平等原則運作之基本規則是相同事件，相同處理，不同事件依其特性之不同，而作不同處理。即等則等之，不等則不等之。國家不得對於本質相同的事件，任意地不相同處理，或者本質不相同的事件，任意地作相同處理。平等權的審查不是採用比例原則，而是要審查政府所為的差別待遇，是否有合理依據。如果有合理依據，就可以為差別待遇。

若從平等角度來看，國家不僅不得欺壓某一族群，也不可以特別優惠某一族群。在美國，優惠某一族群的施政，稱為「優惠性差別待遇」（affirmative action）。在平等權的審查下，即使是要彌補以前對弱勢的欺壓，也可能受到平等權的挑戰。

## 憲法第7條的結構

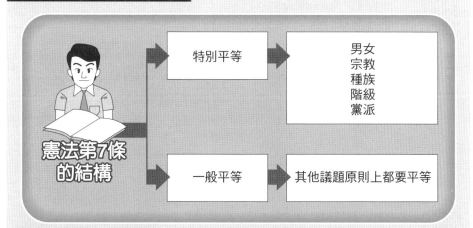

憲法第7條
的結構

特別平等 → 男女
宗教
種族
階級
黨派

一般平等 → 其他議題原則上都要平等

## 平等的類型

● 實質平等

● 機會平等

形式平等 ✖

結果平等 ✖

## 政府對少數種族的平等原則

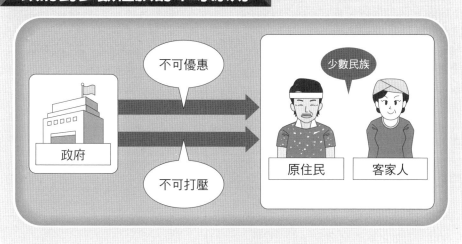

不可優惠

政府

不可打壓

少數民族

原住民　客家人

## UNIT **10-5**
## 各種平等

圖解憲法

### （一）男女平等

憲法雖然規定男女平等，但在憲法本文中，也有一些促進婦女地位的條文。我國憲法第134條：「各種選舉，應規定婦女當選名額，其辦法以法律定之。」而立法委員選舉中，不分區立委也保護婦女1/2當選席次。另外，憲法增修條文第10條第6項：「國家應維護婦女之人格尊嚴，保障婦女之人身安全，消除性別歧視，促進兩性地位之實質平等。」

大法官在幾號關於男女平等的解釋理由書中，說男女因為「生理上的不同，因而造成之社會功能角色的不同」，故可以給予差別待遇。可見大法官對於男女平等的審查，比較會重視社會整體男女平等的發展，而跟隨時代進步。大法官透過幾號解釋，逐步修改民法親屬編中男女不平等的規定，包括父母親權的行使（釋字365）、夫妻共同住所地的設定（釋字452）等。

### （二）宗教平等

宗教平等，乃指不問何種宗教在法律上一均受同等保障。同時，對有信仰宗教和無信仰宗教的人，在憲法上也受平等待遇。並不會因為有信仰宗教，就受到較好的對待。可是有些宗教是小宗教，卻可能不被當作宗教看待，而不能獲得宗教的某些保障。例如，一般民間信仰的神壇，就不能用土地稅法關於宗教使用土地免稅的規定（釋字460）。

### （三）種族平等

憲法規定種族平等，且在第5條也規定「中華民國各民族一律平等」。但為了保護少數族群與肯定多元文化，在憲法本文又有例外規定。憲法增修條文第10條第11項：「國家應肯定多元文化，並積極維護發展原住民族語言文化。」憲法增修條文第10條第12項：「國家應依民族意願，保障原住民族之地位及政治參與，並對其教育文化、交通水利、衛生醫療、經濟土地及社會福利事業予以保障扶助並促其發展，其辦法另以法律定之。對於澎湖、金門及馬祖地區人民亦同。」這是因為少數族群天生資源有限，在多數人的文化入侵下難以生存，故憲法中特別規定可以給予優惠性差別待遇。

### （四）階級平等

人民無論貴賤、貧富、勞資等階級之差異，在法律上一律平等。

### （五）黨派平等

憲法規定黨派平等。另外，憲法關於黨派之規定甚多，尤其是「超出黨派」之規定，憲法中不少條文都提到要保持行政中立，超出黨派。但是，有些選舉法律卻會規定，有政黨提名的候選人，可以免繳保證金。這樣的規定就被大法官宣告違憲過（釋字340）。但關於總統選舉部分，大法官又認為優勢政黨提名人可以免連署，這樣的規定是為了避免選舉爆炸，而屬於合憲的規定（釋字468）。

## 各種平等

平等

男女平等

宗教平等

種族平等

階級平等

黨派平等

原則：種族平等（7）

特殊例外：促進原住民發展（憲增10 XI）、促進澎湖、金馬地區發展（憲增10 XI）

大陸同胞：大陸地區人民受較差的待遇（憲增11）

## 男女平等

男女平等

女性主義爭取的性別平等以及女性的權利：
生育權、墮胎權、教育權、家庭暴力、孕婦留職（maternity leave）、薪資平等、投票權、性騷擾、性別歧視與性暴力等等的議題。

# UNIT 10-6
## 釋字第666號與性交易合法

### （一）罰娼不罰嫖

過去臺灣的《社會秩序維護法》對於性交易一直採取「罰娼不罰嫖」的政策，亦即只處罰娼妓，不處罰嫖客。不過，對於娼妓之處罰並不重，賣淫者抓到一次則被處罰3萬元新台幣（下同）或3日以下拘留，若1年被抓到三次以上，則送教養機構收容習藝，為期半年至1年。

### （二）法官停止審判聲請解釋

但是在2009年11月，大法官在釋字第666號解釋中卻宣告社會秩序維護法「罰娼不罰嫖」的政策違反了平等權。這個解釋的由來，是宜蘭地方法院法官審理三個老娼妓時，認為社會秩序維護法的條文侵害人權，而停止審判申請解釋。

聲請釋憲的三件案例中，賣淫者的年齡分別為41歲、51歲及59歲，屬於中高齡婦女，其每次性交易的獲利均為數百元。法官認為，她們如非謀生能力有限，家計需要維持，焉能背負社會之負面觀感而繼續從事此等行為？從事性交易的中高齡人，多數均有經濟上之壓力，且在一般就業市場上亦屬於弱勢地位。

### （三）違反平等權

大法官受理這個聲請案後，於2009年11月6日公布釋字第666號解釋，認為同樣是性交易，為何只處罰娼妓，而不處罰嫖客，如果性交易本身是違反社會善良風俗，或者違反其他重大公共利益而需要禁止，應該連嫖客也一起處罰。所以大法官以該法違反了平等權保障為由，宣告該法在2年後失效。

### （四）質疑聲音

對於以違反平等權保障來宣告「罰娼不罰嫖」政策違憲，許多人都提出批評。其實在法律上，常常會有對違法交易雙方的處罰不一致的。例如，賄賂行為中，受賄的一方，多半為公權力擁有者，相對的行賄者乃處於弱勢、且多半非自願。因此，法律上對兩者的處罰刑度就不同。又例如，在著作權法中，我們處罰販賣盜版光碟者，但從來不處罰買盜版光碟者。因此，法律上本來就可以對違法交易之雙方，處以不同的處罰。

### （五）娼嫖兩者皆罰

臺灣之所以罰娼不罰嫖，也許表面上是想要禁止性交易，但實質上是想讓性交易繼續存在。當然，隨著時代的進步，很多人都鼓吹應該讓性交易全面合法，納入登記管理，不要成為地下黑道控制的產業。也許正因為此，聲請釋憲的宜蘭地院法官本來是希望大法官能夠透過釋憲，讓性交易全面合法化。但大法官的解釋文卻只是說，「罰娼不罰嫖」違反了平等權，可以「娼嫖兩者都罰」。

大法官做出解釋後的2年很快過去了，2011年的11月6日，原來的《社會秩序維護法》要失效。立法院為此在11月4日通過了修法，全面禁止性交易，包括娼妓與嫖客都一律處罰，但可允許各縣市自己以「自治條例」規劃性交易專區，並對專區內的性交易業者進行登記管理。

# 性交易處罰與釋字第666號

社會秩序維護法第80條第1項（80.6.29訂定）
「有左列各款行為之一者，處三日以下拘留
或新臺幣三萬元以下罰鍰：
一、意圖得利與人姦、宿者。……」

娼
**處罰**

嫖
**不罰**

**98.11.6**

### 釋字第666號解釋（解釋理由書）

按性交易行為如何管制及應否處罰，固屬立法裁量之範圍，社會秩序維護法係以處行政罰之方式為管制手段，而系爭規定明文禁止性交易行為，則其對於從事性交易之行為人，僅處罰意圖得利之一方，而不處罰支付對價之相對人，並以主觀上有無意圖得利作為是否處罰之標準，法律上已形成差別待遇，系爭規定之立法目的既在維護國民健康與善良風俗，且性交易乃由意圖得利之一方與支付對價之相對人共同完成，雖意圖得利而為性交易之一方可能連續為之，致其性行為對象與範圍廣泛且不確定，固與支付對價之相對人有別，然此等事實及經驗上之差異並不影響其共同完成性交易行為之本質，自不足以作為是否處罰之差別待遇之正當理由，其雙方在法律上之評價應屬一致。再者，系爭規定既不認性交易中支付對價之一方有可非難，卻處罰性交易圖利之一方，鑑諸性交易圖利之一方多為女性之現況，此無異幾僅針對參與性交易之女性而為管制處罰，尤以部分迫於社會經濟弱勢而從事性交易之女性，往往因系爭規定受處罰，致其業已窘困之處境更為不利。系爭規定以主觀上有無意圖得利，作為是否處罰之差別待遇標準，與上述立法目的間顯然欠缺實質關聯，自與憲法第七條之平等原則有違。

2年後

**100.11.4**

### 立法院修改社會秩序維護法

第80條：「有下列各款行為之一者，處新臺幣三萬元以下罰鍰：一、從事性交易。但符合第九十一條之一第一項至第三項之自治條例規定者，不適用之。」
第90-1條：「直轄市、縣（市）政府得因地制宜，制定自治條例，規劃得從事性交易之區域及其管理。」

娼

嫖

❶兩者都處三萬元以下罰鍰
❷若各縣市政府以自治條例規定性交易特區，在特區內性交易不罰

## UNIT *10-7*
## 釋字第748號與同性婚姻

圖解憲法

### （一）一夫一妻制制度性保障

　　過去大法官曾經在許多號解釋中，提到「一夫一妻制制度性保障」這個概念。在釋字第242號（老兵來臺重婚問題）、釋字第362號（因法院判決出錯而導致重婚）、釋字第552號（被騙而重婚），大法官都強調一夫一妻制的制度性保障，所以禁止重婚。所謂一夫一妻制，就是一男一女，表示婚姻必須由一男一女締結，且受制度保障，亦即不能改變這個制度。

### （二）釋字第748號解釋

　　2015年底，臺北市政府與祁家威聲請大法官解釋，主張現行民法只准許一男一女結婚，限制同性戀者的婚姻自由，且違反平等權。大法官於2017年3月舉行言詞辯論並網路直播，於5月24日做出釋字第748號解釋，宣告禁止同性戀結婚違憲，是亞洲第一個宣告禁止同性婚姻違憲的解釋。

　　該號解釋先突破過去大法官慣用的「一夫一妻制制度性保障」這個緊箍咒，這次大法官只說，過去凡是提到「一夫一妻制制度性保障」的解釋，都不是在處理同性婚姻，如此蜻蜓點水帶過，某程度算是廢棄了這個概念。

### （三）憲法第22條婚姻自由的內涵

　　大法官認為婚姻自由受憲法第22條的保障，包括是否結婚，與何人結婚之自由，並提到這種自主決定，攸關人格健全發展與人性尊嚴之維護。但其進一步指出，所謂的婚姻自由內涵，是指「二人為經營共同生活之目的，成立具有親密性及排他性之永久結合關係」，而不是過去所認為的「一男一女共組家庭生育小孩」的婚姻概念。由於現行民法不允許此種「二人為經營共同生活之目的，成立具有親密性及排他性之永久結合關係」的「婚姻自由」，「顯屬立法上之重大瑕疵，與憲法第22條保障人民婚姻自由之意旨有違」。

### （四）以性傾向做區分採中度審查

　　就違反平等部分，大法官認為，以性傾向作為分類標準所為之差別待遇，應適用「中度審查標準」，以判斷其合憲性，「除其目的須為追求重要公共利益外，其手段與目的之達成間並須具有實質關聯，始符合憲法第7條保障平等權之意旨。」

　　不論是出於「保障繁衍後代」或「維護基本倫理秩序」等目的，雖然都是重要公共利益，但將同性排除於婚姻之外的差別對待，與上述這些目的是否真能達成並無實質關聯，所以並非「合理差別待遇」。

### （五）二年內強制立法或自動生效

　　立法院必須在解釋公布之日起2年內，修改法律。至於以何種形式（例如修正婚姻章、於民法親屬編另立專章、制定特別法或其他形式）落實「同性別二人為經營共同生活之目的成立具有親密性及排他性之永久結合關係」，屬立法形成之範圍。但若逾期未完成修法者，同性戀者可直接向戶政機關辦理結婚登記。

　　立法院於2019年5月通過《司法院釋字第七四八號解釋施行法》，讓同性戀者可以辦理結婚登記。

## 改變婚姻內涵

**釋字第554號**

婚姻係**一夫一妻**為經營永久共同生活，並使雙方人格得以實現與發展之生活共同體，因婚姻而生之此種永久結合關係，不僅使夫妻在精神上、物質上互相扶持依存，並延伸為家庭與社會基礎

→ 轉變

**釋字第748號**

相同**性別**二人為經營共同生活之目的，成立具有親密性及排他性之永久結合關係

## 以性傾向作為差別待遇之中度審查

| 中度審查 | 差別待遇手段 | 目的：重要公共利益 | 兩者間是否具有重要實質關聯 |
|---|---|---|---|
| 釋字第748號 | 民法只准一男一女結婚 | 保障繁衍後代之功能為考量 | 婚姻章並未規定異性二人結婚須以具有生育能力為要件；亦未規定結婚後不能生育或未生育為婚姻無效、得撤銷或裁判離婚之事由，是繁衍後代顯非婚姻不可或缺之要素。相同性別二人間不能自然生育子女之事實，與不同性別二人間客觀上不能生育或主觀上不為生育之結果相同。故以不能繁衍後代為由，未使相同性別二人得以結婚，顯非合理之差別待遇。 |
| | | 為維護基本倫理秩序，如結婚年齡、單一配偶、近親禁婚、忠貞義務及扶養義務等為考量 | 若容許相同性別二人得依婚姻章實質與形式要件規定，成立法律上婚姻關係，且要求其亦應遵守婚姻關係存續中及終止後之雙方權利義務規定，並不影響現行異性婚姻制度所建構之基本倫理秩序。是以維護基本倫理秩序為由，未使相同性別二人得以結婚，顯亦非合理之差別待遇。 |

### 知識補充站 ★同性伴侶制度

參考世界上其他國家，部分國家開放同性結婚；部分國家認為「婚姻」這個詞只屬於男女之間，另外創造了所謂的「同性伴侶制度」（partnership）。採取伴侶制度的國家，伴侶之間的權益，大約等同於婚姻，只是因為不會生子，所以不會產生姻親關係。但伴侶可以共同收養小孩，或收養另一方的小孩。

# 第11章
# 防禦權

章節體系架構 ▼

## UNIT **11-1**
## 防禦權

圖解憲法

### （一）防禦權的種類

防禦權也就是一般講的自由，意指人民於一定範圍之內，不受國家統治權干涉的權利。憲法中的防禦權，包括第8條至第15條，還有第18條，此外，憲法第22條則為概括規定，前面那些條文沒有規定到的自由，也可以用第22條作為依據。

### （二）憲法第15條是防禦權還是受益權？

一般會說憲法第15條是受益權，但其實大法官在解釋憲法第15條的生存權、工作權、財產權時，比較當作是防禦權在處理。也就是說，大法官通常是說國家不可以過度侵害剝奪人權的生命、財產、工作機會，而不是說國家要主動地提供人民社會福利。所以，憲法第15條似乎不是受益權，而是防禦權。其實在憲法後面的基本國策章中，有許多條文，很明白地規定國家要保障人民的財產、工作權益或生存福利等，才比較接近受益權的性質。

### （三）什麼時候才能限制人權？

雖然憲法保障人民的自由，但並不是說國家就完全不能夠限制這些人民的自由，只是說要限制這些人民自由時，必須受到拘束。其主要有下面兩個條件：❶必須具有憲法第23條的正當理由，才能限制人權；❷必須由立法院制定法律，或以法律授權給行政機關制定命令，才能限制人權。

### （四）限制人權的正當理由

要限制人權，必須具備憲法第23條所講的四種理由之一：❶防止妨礙他人自由；❷避免緊急危難；❸維持社會秩序；❹增進公共利益，此被稱為四大公益條款。在檢討一個法律是不是有侵害憲法所保障的人權時，首先就是要看是不是具有上述的這四個理由。例如，國家要強制我們騎機車戴安全帽，是不是具備這上面的四種理由之一呢？

### （五）比例原則

通過前面第一關的檢驗之後，再來必須通過第二關的比例原則的檢驗。憲法第23條條文中所述之「必要時」，就是比例原則的依據。所謂的比例原則，有三個小原則，❶其手段與目的間必須符合比例原則，亦即手段必須能達成目的（適宜性）；❷選擇損害最小之手段（必要性）以及❸手段與目的必須相稱（狹義比例性）。

例如說如果要保障人民的交通安全，可以有很多種手段，第一種是規定超速就要判10年徒刑，第二種則是超速要判5,000元罰款。首先我們要檢驗，兩種手段是否都能達到目的？〔兩種都能〕再來檢查哪一種手段比較輕微？〔第二種〕，最後檢查這個手段限制的人權，與其所想保障的利益，會不會犧牲太大？〔應該還好〕

# 防禦權（自由權）

憲8 人身自由
憲9 不受軍事審判
憲10 居住、遷徙自由
憲11 表現自由
憲12 秘密通訊自由
憲13 宗教自由
憲14 集會結社自由
憲15 生存權、工作權、財產權

生存權和工作權是防禦權還是受益權？

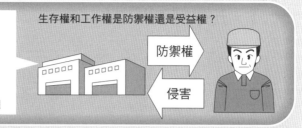

防禦權

侵害

# 防禦權的限制

| | | 防禦權的限制 |
|---|---|---|
| 防禦權 | 施行程序 | ❶符合正當理由（第23條）<br>❷由立法院制定法律，或以法律授權給行政機關制定命令 |
| | 正當理由（憲法第23條四大公益條款） | ❶防止妨礙他人自由　　❷避免緊急危難<br>❸維持社會秩序　　　　❹增進公共利益 |
| | 必要時（比例原則） | ❶適宜性：手段與目的間必須符合比例原則，亦即手段必須能達成目的<br>❷必要性：選擇損害最小之手段<br>❸狹義比例性：手段與目的必須相稱 |

# 憲法第23條所建構之違憲審查基準

## 審查過程

實例：集會遊行之限制（釋字445）

❶基本權利侵害之確定

憲法第14條保障之集會遊行侵害

❷形式審查：
法律保留原則
法律明確性原則
法律授權明確性原則

集會遊行法雖設有規範，但第11條第3款「有危害生命、身體、自由或對財物造成重大損壞之虞者」，有欠具體明確而違憲。

❸實質審查：
實質正當之審查
比例原則之審查

實質正當與比例原則：有關時間、地點及方式等未涉及集會、遊行之目的或內容之事項，為維持社會秩序及增進公共利益所必要……

# UNIT **11-2**
## 法律保留原則

圖解憲法

根據憲法第23條，要限制人民的自由，除了必須具有四種目的之外，還必須符合比例原則，最後，必須以「法律」限制之，這就是我們一般講的法律保留原則。

### （一）法律保留原則

所謂的法律保留原則，就是國家若想限制人民之自由權利，必須以立法院制定法律的方式，或者當立法院沒有空在法律中寫太多的細節，則必須在法律條文中明確授權給相關的行政主管機關制定行政命令。

因而，法律保留原則在限制防禦權的審查上，具體有兩個原則，一個是法律明確性原則，一個則是授權明確性原則。

### （二）法律明確性原則

法律明確性原則應具備之要素有：

**❶可了解性**

法律之構成要件及法律效果，授權命令之目的、內容、範圍及行政行為之方式內容，必須使人民或行政機關能了解其意義，如此人民才能知悉國家行為之內涵，行政機關才能理解其得為與不得為之措施。

**❷可預見性**

法律之構成要件及法律效果，授權命令之目的、內容、範圍及行政行為之方式，內容如果具體明確，則行政機關會採取何種措施，人民即得以預見，且得以預見其行為之後果，而對自己之行為負責。

**❸可審查性**

具體明確之要求，必須有從事司法審查之可能，如此才能對人民權益加以保障。

### （三）授權明確性原則

所謂明確授權，就是該立法委員在制定法律授權給行政機關時，其授權的目的、內容、範圍都要規定的很具體明確，這樣行政機關在制定相關的行政命令時，才會有所依循，不至於自己隨便制定，以免發生過度侵害人權的事情。過去臺灣的行政機關不太重視授權明確性原則，行政機關往往說有法律的概括授權，就隨意制定法律侵害人權。自從開始強調授權明確性原則之後，行政機關就比較會控制在法律授權的範圍內來制定相關的命令。

### （四）層級化保留體系

大法官在釋字第443號解釋理由書中所建構出來的層級化的保留體系，可以分為四種：

**❶憲法保留**

憲法第8條有關限制人身自由之事項。亦即憲法本身明文規定的事。

**❷絕對法律保留**

諸如剝奪人民生命身體自由之可罰條件、各種時效制度等，必須以法律規定，不得委由行政命令補充，故又稱國會保留。例如罪刑法定主義就是最明顯的一例。

**❸相對法律保留**

有關其他人民自由權利限制之重要事項，得以法律或具體明確之法律授權之法律授權條款，委由命令規定，此命令即為行政程序法第150條的法規命令。

**❹非屬法律保留事項**

執行法律之技術性、細節性及對人民影響輕微之事項，此時行政機關所制定的命令為行政程序法第159條的行政規則。

## 依法行政原則的內涵

依法行政原則

可了解性　可預見性　可審查性

法律優位原則

法律保留原則

法律明確性原則

授權明確性原則

## 層級化法律保留

**憲法保留**
例如憲法第8條

**絕對的法律保留**
在限制人民生命、身體、自由的可罰要件、時效制度，例如規定怎樣會構成強制性交罪，就必須由刑法直接規定

**相對的法律保留**
限制自由的其他規定，可以授權給行政機關制定「法規命令」，例如對於關在監獄的人犯要如何生活管理，就可以授權給法務部制定相關行政命令

**非屬法律保留範圍的次要事項**
執行法律之技術性、細節性及對人民影響輕微之事項，就是「行政規則」

層級化法律保留

# UNIT **11-3**
# 比例原則

## （一）比例原則

留學德國的憲法學者，都會提到德國在判斷一個法律是不是有侵害人權時，會採用比例原則。但是在我國的憲法裡面卻沒有提到這個原則。許多學者則認為，根據憲法第23條，政府只有在為保護公共利益所「必要」的範圍內可以限制人權。他們從這個「必要」兩個字，說這應該就是德國講的比例原則。因此很多憲法教科書，都很自然地會提到比例原則。

比例原則有三個小原則，以下先簡單介紹這三個小原則。

### ❶適宜性（目的妥當性）

根據憲法第23條，要限制人權，必須符合其所列出的四種目的之一。所以，今天政府採用某種限制人權的手段，我們必須先檢查它是不是真的能夠達到其所宣稱的那四種目的之中的一種。如果這種限制人權的手段，可以達到其所宣稱的目的，就通過第一關的檢驗。

### ❷必要性（手段最小侵害原則）

第二關則是說，能夠達到那個目的的手段，可能會有很多種。每一種手段，都可以達到那個目的，此時，我們應採取對於人民權利侵害最小的手段。

### ❸比例性（利益損害成比例）

最後第三關，當篩選出對人權侵害最小的手段之後，我們還是必須做最後的一個利益衡量，就是去看看我們想要達到的目的，和我們所犧牲的人權，到底值不值得？也就是說，雖然這已經是達到該目的的手段中侵害人權最小的手段了，但是我們真的值得犧牲那些人權來達到這樣的目的嗎？這樣做值得嗎？

## （二）比例原則實際上的作用

比例原則的作用，在於判決一個法律是否過度侵害人權時，若認為其不符合比例原則，則可以宣告其違憲。一般皆認為在判斷法律是否侵害人權時，乃是直接操作「比例原則」。

不過就大法官釋憲實務來看，有的時候並不會用到比例原則，而是參考外國相關制度，認為某一外國的判準不錯，大法官就直接下達指示採取該標準。例如，言論自由中的「明顯而立即的危險」「判斷猥褻的標準」等等，這些並非比例原則的操作。因為，如果操作比例原則，我們只能說哪個法律制度侵害人權，而宣告其違憲，但不應該得出什麼具體的規則。

## （三）交通違規處罰

例如我們現在想要維持交通秩序，可以有兩種處罰方式，❶是違規處死刑；❷是違規處無期徒刑。首先第一關，兩個手段都應該可以達到維持交通秩序的目的。第二關，第二個手段對人權侵害比較輕微。第三關，可是為了維持交通秩序就要違規的人關無期徒刑，還是不值得，所以最後無法通過比例原則的檢驗。

## 判斷法律是否違憲的原則

| | 判斷法律是否違憲的原則 |
|---|---|
| 比例原則 | ① 適宜性：查驗是否該措施能夠達到目的<br>② 必要性：對人民造成最小的損害<br>③ 比例性：權衡是否值得犧牲部分權利達成該目的<br>（判斷是否違憲） |
| 參考國外<br>相關制度 | 大法官釋憲，實務中以國外相關制度為參考，如某一判準不錯即採該標準<br>（得出違憲審查較具體的規則） |

## 以交通處罰為例說明比例原則的判斷步驟

| 以交通處罰為例說明比例原則的判斷步驟 | |
|---|---|
| 步驟1：手段是否能達到目的？ | 手段1：可以<br>手段2：可以 |
| 步驟2：挑選一個比較輕微的手段 | 手段1比手段2輕微 |
| 步驟3：手段和目的是否過當？ | 似乎沒有必要為了減少交通違規而處罰違規者無期徒刑 |

## UNIT **11-4**
## 三種審查基準（密度）

圖解憲法

德國、美國法院在處理人權問題時，區分不同人權議題，採取不同的審查基準（密度）。我國大法官受其影響，也慢慢發展並採用三種審查基準。以下以美國為主要參考對象，介紹這三種審查基準。

### （一）目的合憲性審查

首先要說明，傳統比例原則，其下的三個小原則，都是針對手段進行審查。但是，並沒有審查這些公益目的的重要性。而實際上，目的越重要，就可以採取限制越多的手段。所以判斷目的是否重要，也應該是需要進行審查。

### （二）嚴格審查

所謂嚴格審查，必須政府所追求的目的，屬於重大利益（compelling interest）。而為了追求重大利益之目的，政府所設計的法律要量身訂作（narrowly tailored），並採取最小侵害手段（least restrictive means）。

例如，對於政治言論的管制，就要求採取嚴格審查基準。

### （三）中度審查（較嚴格審查）

所謂中度審查，必須政府所追求的目的，是重要利益（important interest）或實質利益（substantial interest），而為了追求此重要利益，政府採取的手段，與其目的之間，需具有實質關聯（substantial related）。有時僅要求採取較小侵害手段（less restrictive means）。例如對於言論自由的時間、地點、方式的限制，就會採取中度審查。

### （四）合理審查（寬鬆審查）

所謂合理審查或寬鬆審查，指政府所追求之目的是有正當利益（legitimate interest），而政府所採取的手段，與目的之間具有合理關聯性（rational related）。美國對於經濟事務的管制，大多只採取合理關聯性審查。

上述三種審查基準（密度），在某些類型議題，例如言論自由，或者職業自由，針對特殊的類型（例如職業自由的三階段理論），發展出清楚且不同的審查標準。

### （五）平等原則的審查有類似結構

除了對防禦權的侵害，採取上述不同的審查基準，在對平等原則的操作上，大法官也套用類似的三種審查基準。

平等原則的審查，要先找出政府採取的差別待遇（手段），然後看政府所追求的目的，並審查其所採取的差別待遇，與所追求的目的之間，是否能夠滿足不同審查標準下的要求。例如美國就性別歧視問題上，通常採取中度審查基準。例如，釋字第748號解釋所涉及的同性戀婚姻問題，大法官就提到：「以性傾向作為分類標準所為之差別待遇，應適用較為嚴格之審查標準，以判斷其合憲性，除其目的須為追求重要公共利益外，其手段與目的之達成間並須具有實質關聯，始符合憲法第7條保障平等權之意旨。」

## 三種審查基準之內涵與適用領域

| | 目的 | 手段與目的之間 | 防禦權（自由權）之侵害 | 平等之審查 |
|---|---|---|---|---|
| 嚴格審查 | 重大利益（compelling interest） | 量身訂作（narrowly tailored）最小侵害手段（least restrictive means） | 政治性言論之限制 | 種族之歧視 |
| 中度審查（較嚴格審查） | 重要利益（important interest）或實質利益（substantial interest） | 實質關聯（substantial related） | 言論的時間、地點、方式之管制 | 性別之歧視例：釋字第748號 |
| 合理審查（寬鬆審查） | 正當利益（legitimate interest） | 合理關聯性（rational related） | 經濟事務 | 經濟事務 |

## 職業自由的限制類型與審查基準

### 職業自由之限制類型（釋字第649號解釋）

**嚴格審查**

人民選擇職業應具備之客觀條件，係指對從事特定職業之條件限制，非個人努力所可達成，例如行業獨占制度，則應以保護特別重要之公共利益始得為之。

**中度審查（較嚴格審查）**

人民選擇職業之自由，如屬應具備之主觀條件，乃指從事特定職業之個人本身所應具備之專業能力或資格，且該等能力或資格可經由訓練培養而獲得者，例如知識、學位、體能等，立法者欲對此加以限制，須有重要公共利益存在。

**合理審查（寬鬆審查）**

關於從事工作之方法、時間、地點等執行職業自由，立法者為追求一般公共利益，非不得予以適當之限制。

# UNIT **11-5**
# 人身自由

人民的身體自由，不受國家非法侵犯之權利。包含下列四項制度：

## （一）依法逮捕、拘禁、審判、處罰

我國憲法第8條第1項規定：「人民身體之自由應予保障，除現行犯之逮捕由法律另定外，非經司法或警察機關依法定程序，不得逮捕拘禁。非由法院依法定程序，不得審問處罰。非依法定程序之逮捕、拘禁、審問、處罰，得拒絕之。」警察機關、司法機關兩者皆可依法逮捕。但例外則是，現行犯（犯罪正在實施中或實施後即時被發覺者）或準現行犯（刑事訴訟法第88條），任何人均可逮捕。

## （二）提審（羈押）制度

憲法第8條第2項、第3項規定：「人民因犯罪嫌疑被逮捕拘禁時，其逮捕拘禁機關應將逮捕拘禁原因，以書面告知本人及本人指定之親友，並遲至二十四小時內移送該管法院審問。本人或他人亦得聲請該管法院，於二十四小時之內向逮捕機關提審。」「法院對於前項聲請，不得拒絕，並不得先令逮捕拘禁之機關查覆。逮捕拘禁之機關，對於法院之提審，不得拒絕或遲延。」

所謂的提審，就是怕警察抓了犯人，自己就把犯人關在警察局一直訊問，而不送給法院審理。過去檢察官就可以自己決定羈押嫌疑犯，但是根據憲法第8條，24小時內要送給法院審理，所以有權羈押人犯的機關，應該只限於「法院」的法官，而不包括檢察官。所以釋字第392號解釋認為過去讓檢察官可以羈押人犯的規定違憲。自此之後，羈押人犯，都必須經過法院的裁定。

## （三）冤獄賠償制度

憲法第8條第4項：「人民遭受任何機關非法逮捕拘禁時，其本人或他人得向法院聲請追究，法院不得拒絕，並應於二十四小時之內向逮捕拘禁之機關追究，依法處理。」憲法第24條：「凡公務員違法侵害人民自由或權利者，除依法律受懲戒外，應負刑事及民事責任。被害人就其所受損害，並得依法律向國家請求賠償。」

## （四）正當法律程序

美國憲法中有所謂的「正當法律程序」（due process of law）這個概念，但臺灣憲法並沒有明文提到正當法律程序。一般學者多用憲法第8條來導引出正當法律程序。另外，也有學者從第16條的訴訟權中導引出訴訟制度上的正當法律程序。

例如，過去檢肅流氓條例的規定，不太保障流氓的人權，後來釋字第384號解釋認為，檢肅流氓條例的一些規定，程序保障不足，其程序欠缺實質正當。

# 人身自由

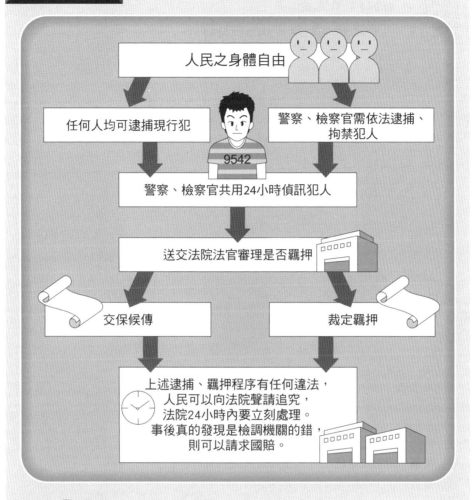

★刑事訴訟法

**第88條（現行犯與準現行犯）**

現行犯，不問何人得逕行逮捕之。

犯罪在實施中或實施後即時發覺者，為現行犯。

有下列情形之一者，以現行犯論：

❶被追呼為犯罪人者。

❷因持有兇器、贓物或其他物件、或於身體、衣服等處露有犯罪痕跡，顯可疑為犯罪人者。

**第93條（即時訊問）**

被告或犯罪嫌疑人因拘提或逮捕到場者，應即時訊問。

偵查中經檢察官訊問後，認有羈押之必要者，應自拘提或逮捕之時起二十四小時內，以聲請書敘明犯罪事實並所犯法條及證據與羈押之理由，備具繕本並檢附卷宗及證物，聲請該管法院羈押之。（下略）

## UNIT **11-6**
# 不受軍事審判的自由

憲法第9條：「人民除現役軍人外，不受軍事審判。」

### （一）軍事法

軍事法是什麼呢？由於臺灣全部的男性都有當兵的義務，在軍隊中有許許多多的規定，如果不小心牴觸軍中的規定，除了會受到長官的處罰外，如果犯行更加嚴重的話，還可能會受到軍事審判、處罰。

### （二）陸海空軍刑法

目前臺灣有制定陸海空軍刑法。其規定的比一般的刑法還要嚴格，因為我們認為軍人的紀律應該比正常人還要嚴格，而且軍人由於受過軍事訓練，攻擊性比較強，如果沒有用更嚴格的法律來約束他們的話，那麼可能更加危險。另外，軍隊強調上下服從，尤其在戰爭期間，更重視絕對遵守長官命令。而士兵在軍中服役受苦受難，很容易因為壓力而作出傻事，或者違逆長官命令，為了怕這種事情發生，我們更需要更嚴厲的特別刑法。

### （三）軍事審判法

軍人若觸犯陸海空軍刑法，不是到一般的法院接受審判，而是在軍中的軍事法院接受審判。軍事法院的審判，比起一般法院審判，比較不保障被告的權益。以前軍事審判被定罪後，只能再上訴一次，而且只能在軍事法院上訴，有人就認為這樣子犧牲了被告的權益，他們認為在軍事法院中被告無法充分地保障自己。所以他們就聲請大法官解釋，而大法官則做出釋字第436號解釋，認為如果是在「非戰爭期間」的承平時代，若被告被判決有期徒刑，應該允許其到普通法院去上訴，這樣才能獲得多一點保障。另外，大法官在釋字第436號解釋也要求軍事法必須修正，必須符合一般的公平、合理的訴訟程序。

### （四）國家賠償

過去臺灣有長達38年的戒嚴，所謂的戒嚴，當時一般人往往沒有受到公平審判程序的保障，造成很多冤獄的情形。後來我們實施冤獄賠償法，對於過去戒嚴時期所引起的冤獄，都一一賠償。但是冤獄賠償法第1條則規定：「依刑事訴訟法令受理之案件，具有下列情形之一者，受害人得依本法請求國家賠償：
❶不起訴處分或無罪之判決確定前，曾受羈押者。
❷依再審或非常上訴程序判決無罪確定前，曾受羈押或刑之執行者。（第1項）」

「不依前項法令之羈押，受害人亦得依本法請求國家賠償（第2項）」，這一條規定，只限於依照「刑事訴訟法」審判的人，排除了「軍事審判法」審判的軍人。不過這樣似乎不太公平，畢竟軍事審判也一樣是審判，如果有冤獄發生，也應該按照憲法第8條和第24條規定給予賠償。因此，大法官做出釋字第624號解釋，就認為軍人如果受到軍事審判，而事後被平反，則也可以請求國家賠償。

冤獄賠償法於2011年7月全文修正為41條，並更名為刑事補償法，於2011年9月施行。

## 非戰爭時期的軍事上訴

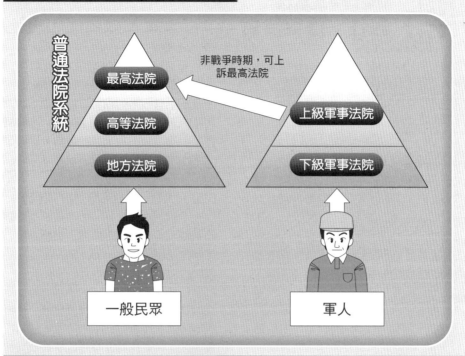

普通法院系統

最高法院

高等法院

地方法院

一般民眾

非戰爭時期,可上訴最高法院

上級軍事法院

下級軍事法院

軍人

## 戒嚴時期的冤獄賠償

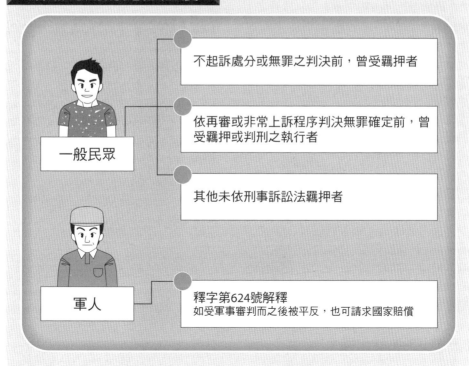

一般民眾

不起訴處分或無罪之判決前,曾受羈押者

依再審或非常上訴程序判決無罪確定前,曾受羈押或判刑之執行者

其他未依刑事訴訟法羈押者

軍人

釋字第624號解釋
如受軍事審判而之後被平反,也可請求國家賠償

# UNIT **11-7**
## 居住、遷徙自由

圖解憲法

憲法第10條規定：「人民有居住及遷徙的自由。」其包括在國內、國外自由旅行、自由行動及自由選擇居住的權利，甚至包括出國、回國的權利。

### （一）臨檢

過去的警察很囂張，可以隨便把人攔下來臨檢，限制了人民的行動自由。但後來大法官做出釋字第535號解釋，認為這樣是不對的。「警察人員執行場所之臨檢勤務，應限於已發生危害或依客觀、合理判斷易生危害之處所、交通工具或公共場所為之，其中處所為私人居住之空間者，並應受住宅相同之保障；對人實施之臨檢則須以有相當理由足認其行為已構成或即將發生危害者為限，且均應遵守比例原則，不得逾越必要程度。臨檢進行前應對在場者告以實施之事由，並出示證件表明其為執行人員之身分。臨檢應於現場實施，非經受臨檢人同意或無從確定其身分或現場為之對該受臨檢人將有不利影響或妨礙交通、安寧者，不得要求其同行至警察局、所進行盤查。其因發現違法事實，應依法定程序處理者外，身分一經查明，即應任其離去，不得稽延。」

### （二）欠稅限制出境

雖然人民有居住遷徙自由，但若人民犯了法，國家為了要執行法律，就會限制人民的遷徙自由。例如限制人民出境，或者交保候傳等等。大法官在釋字第345號解釋時，就認為欠稅的人被限制出境，是合憲的。

### （三）役男不能出國？

男生有服兵役的義務。很多男生都不想當兵，所以會有逃兵的情形發生。為了避免役男逃兵，過去內政部規定，所有還沒有服役的役男，都不准出國旅遊。但後來大法官做出釋字第433號解釋，認為這樣的規定過於嚴格，剝奪了役男出國旅遊的人權。

### （四）大陸人民來臺灣的限制

除了限制出境之外，法律偶爾也會限制某些人入境臺灣。例如，根據兩岸人民關係條例的授權，內政部訂定了一些關於大陸地區人民來臺灣的資格要件、許可程序及停留期限，大法官認為這是在確保臺灣地區安全與民眾福祉，符合該條例之立法意旨，尚未逾越母法之授權範圍，為維持社會秩序或增進公共利益所必要（釋字497）。

### （五）黑名單中的人是否不能回國？

過去臺灣在動員戡亂時期，對某些政治異端分子，會限制他們回國，怕他們帶給國內不好的思想。可是大法官卻認為，臺灣人民只要在臺灣設有住所也有戶籍，就不可以限制這些人回臺灣（釋字558）。

## 釋字第535號解釋：臨檢的原則

| 釋字第535號解釋：臨檢的原則 | |
|---|---|
| 場所臨檢 | ① 限於已發生危害<br>② 依客觀、合理判斷易生危害 |
| 人員臨檢 | ① 有相當理由足認其行為已構成或即將發生危害者為限<br>② 且均應遵守比例原則，不得逾越必要程度 |
| 程序 | ① 臨檢進行前應對在場者告以實施之事由<br>② 出示證件表明其為執行人員之身分 |
| 可否帶回警局？ | ① 經受臨檢人同意<br>② 無從確定其身分<br>③ 現場為之對該受臨檢人將有不利影響或妨礙交通、安寧者 |

## 納稅人限制與解除出境案件作業流程圖

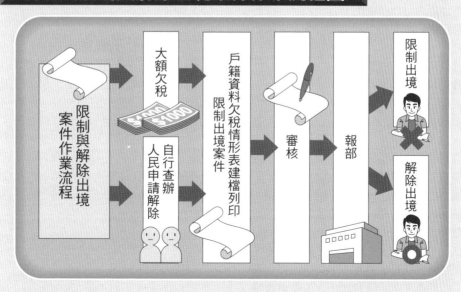

187

# UNIT *11-8*
# 言論自由（一）

圖解憲法

我國憲法第11條：「人民有言論、講學、著作及出版之自由。」

## （一）言論的價值

多元社會之中，人民有自由發表意見，不受非法侵犯的權利，以形成言論競爭的市場，達到「真理越辯越明」的境界。言論通常具有下列價值：「建構自由言論市場（market place of ideas）的追求真理價值」促進民主政治、健全民主之價值（因為有完全、充足的資訊方得為完整的選擇）；監督政府的價值；促進社會安定的價值（言論的發表提供人民宣洩的管道，得以促進社會緩進）；人格自由實現的價值。

由於言論自由非常重要，除了之前所介紹的審查一般自由是否被侵害時的比例原則之外，言論自由還自己發展出一些比較具體的原則，以下一一介紹。

### ❶原則上不做事前審查，只事後追懲

由於言論自由非常重要，原則上我們不會對言論作事前的審查，允許各種言論自由發表散布。但是當言論發表散布之後，造成他人或公益的損害時，我們會有一些事後的處罰。

### ❷雙軌理論

所謂雙軌理論，就是將對言論自由的限制，分成兩類的限制。一類是針對言論內容的限制，一類則是針對言論發表的時間、地點、方式的限制。這兩種限制。我們採取有不同的標準。對於言論的內容方面，應該給予最大的保護、最小的限制；但是若就言論的時間、地點、方式的限制，就可以進行較多的限制。釋字第445號解釋就透露此意旨，認為集會遊行的內容，不可以限制人民主張共產主義或分裂國土，但是就集會遊行的時間地點方面的限制，則是可以允許的。

### ❸雙階理論

所謂的雙階理論，則是針對言論的種類或價值，設定不同的保護強度。比較高價值的言論，我們給予比較多的保護，比較低價值的言論，則比較不給予保護。哪些言論價值比較低呢？一般來說，商業廣告、色情、毀謗等性質之言論，價值比較低，所以受到的保護程度較低。例如，大法官解釋第414號即認為商業言論價值較低，所以對藥物廣告做限制是可以允許的；釋字第407號解釋認為猥褻資訊的價值較低，所以立法限制猥褻出版品，也是合憲的；釋字第509號解釋認為，誹謗言論價值比較低，仍應受到刑事制裁，但降低行為人的舉證責任；釋字第623號解釋認為，性交易廣告算是一種商業廣告，其言論價值較低，所以兒童及少年性交易防制條例處罰性交易廣告的規定，也是合憲的。

## （二）表意vs.不表意自由

憲法第11條保障人民有積極表意之自由，也保護消極不表意之言論自由。過去當被告誹謗原告的名譽時，法院會判決命令被告登報道歉。大法官曾在釋字第656號解釋提出，可以命令被告登報道歉，只要內容「不涉及自我羞辱及人性尊嚴」。但111年憲判字第2號則改變見解，認為強制道歉侵害人民不表達意見的自由。

## 言論自由的價值

言論自由
的價值

- 追求真理價值

- 促進民主政治

- 監督政府的價值

- 促進社會安定的價值

- 人格自由實現的價值

## 雙軌理論

雙軌理論

- 時間、地點、方式的限制
  →可作較多限制

- 內容的限制
  →不可太多限制

## 雙階理論

雙階理論

- 高價值言論：受嚴格保護
  ex.政治言論

- 低價值言論：受低度保護或不受保護
  ex.猥褻、誹謗、商業性言論

## UNIT 11-9
## 言論自由（二）

### （三）猥褻

刑法第235條處罰散播猥褻物品罪，因為猥褻的物品會妨礙風化，對民眾造成不良的影響，所以雖然我們保障言論自由，但是猥褻的資訊卻不受保障。

但什麼是猥褻呢？一般認為構成猥褻，是指含有暴力、性虐待、兒童色情、人獸交、露第三點等無藝術性、醫學性或教育性的資訊。所謂露第三點，並非光露陰毛，而乃是指特別拍攝性器官。

### （四）人獸交

實際上法官於審判時就個別案情而定。例如，很有名的中央大學何春蕤教授設置人獸交網頁，遭到檢察官起訴。後來法官則是認為，雖然單就人獸交這點，的確是屬於猥褻，不過其網站並不是人人都會去看，而且在本案脈絡下是要做學術研究，所以應該是無罪的。

### （五）適當的安全隔離措施

大法官在釋字第617號解釋中，對刑法第235條，又加了一個條件，就是要看是不是有加「適當的安全隔離措施」。如果有限制18歲以上的成人才能看，那麼似乎就算過去認為是猥褻的資訊，也一樣能夠自由散播了。例如說如果一般在外面賣的寫真集，根據過去的釋字第407號解釋，只要有露第三點，就是猥褻，所以寫真集都不敢露第三點。但是根據現在最新的釋字第617號解釋，只要寫真集外面有套一個保鮮膜，防止一般小孩去看，那麼或許露第三點，也不會構成猥褻了。

### （六）誹謗

刑法第310條處罰誹謗罪。所謂的誹謗，就是講人壞話，人家並沒有做的事，卻捏造出來惡意攻擊。根據大法官釋字第509號解釋，被控告誹謗的人並不需要真的去證明自己所講的事情是真的，只要能夠證明根據相關證據資料，其有相當理由確信而加以傳述，就不構成誹謗罪。

但這種「只要有消息來源就可以報導或傳述」的標準太寬鬆。在112年憲判字第8號憲法判決中，大法官釐清二個重點：❶並非只有消息來源就可以報導，還要經過「合理查證程序」；❷所報導的對象，必須「涉及公共利益」。也就是說，如果公眾人物的私事，或者私人，不管有無經過「合理查證」，根本不該報導。

刑法第310條第3項後段規定：「但涉及私德與公益無關，不在此限。」也就是說，縱使所誹謗事情為真，但若其只涉及私德與公益無關，則仍然要受到處罰。這個第3項規定，是要保障人們的隱私，而不是保護事情是否正確，這跟我們一般對誹謗的認知不太一樣。

### 😀 小博士解說

**刑法第310條（誹謗罪）**

「意圖散布於眾，而指摘或傳述足以毀損他人名譽之事者，為誹謗罪，處一年以下有期徒刑、拘役或一萬五千元以下罰金。散布文字、圖畫犯前項之罪者，處二年以下有期徒刑、拘役或三萬元以下罰金。對於所誹謗之事，能證明其為真實者，不罰。但涉於私德而與公共利益無關者，不在此限。」

## 猥褻與色情的區別

| 分類 | 實例 | 法律上 |
|------|------|--------|
| 猥褻 | 兒童色情、人獸交、性虐待、直接拍攝性器官等 | 違反刑法<br>但釋字第617號後，加上安全隔離措施，似乎就無罪了 |
| 色情 | 一般露兩點的色情 | 依照內容分級，色情列為限制級 |

## 電視電影內容分級標識

普遍級：一般網站瀏覽者皆可瀏覽

保護級：未滿六歲之兒童不宜瀏覽

輔導級：未滿十二歲之兒童不宜瀏覽
十二歲以上未滿十八歲之少年需父母或師長輔導瀏覽

限制級：未滿十八歲者不得瀏覽

## 誹謗罪是否成立

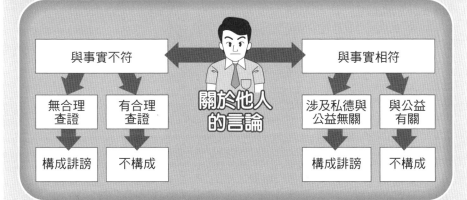

| 與事實不符 | | 關於他人的言論 | 與事實相符 | |
|-----------|-----------|---|-----------|-----------|
| 無合理查證 | 有合理查證 | | 涉及私德與公益無關 | 與公益有關 |
| 構成誹謗 | 不構成 | | 構成誹謗 | 不構成 |

# UNIT **11-10**
# 言論自由（三）

圖解憲法

## （七）商業廣告

商業廣告主要是為了推銷商品，而非促進宣傳何種理念，故在憲法中我們認為其屬於「商業言論」，雖受到言論自由的保障，但是保障的程度較低。從大法官解釋中，可以看到對於商業廣告或消費資訊，大法官都不太給予保障。

## （八）藥物廣告

釋字第414號解釋涉及的是對藥物廣告的管理，藥事法規定藥物廣告必須在刊播前先送主管機關審查，這個事前審查的規定，與一般言論自由所講的不准事前審查有所矛盾。但是大法官認為，因為錯誤的藥物廣告可能會損害人命，所以例外地允許事前限制。

## （九）香菸盒包裝

在釋字第577號解釋中，則是關於香菸盒包裝上強制要印上健康警語和內含成分的規定，認為這是為了保護消費者，而且商業言論價值較低，為了保護公益（主要是消費者權益），可以對之限制。

## （十）性交易廣告

最近的釋字第623號解釋，處理的是兒童及少年性交易防制條例中，規定任何在網路上刊登暗示性交易的訊息，都要處5年以下有期徒刑。性交易本身在臺灣的處罰其實不重，可是在網路上不小心打出性交易暗示的話語，卻要處罰這麼重，有點輕重失衡。故有人聲請大法官解釋。大法官卻認為，原則上因為性交易廣告也是一種商業廣告，言論價值較低，所以該條規定合憲。不過，大法官也認為，法院在判決時，必須考量那些性暗示用語所針對的對象和傳播的效果，不能一概都處罰5年。

## （十一）新聞自由

新聞自由也是表意自由的一種。新聞媒體與一般人有何不同呢？新聞可以分為平面媒體和廣播電視媒體，一般平面媒體受到的管制與一般人差不多，權利和義務都和一般人一樣。但是廣播電視媒體由於頻譜有限，比起一般的平面媒體，受到國家較高的管制。

## （十二）使用媒體權

人民是否擁有使用媒體的積極權利（access to the media）？言論自由原本只具有抵禦國家權力侵害的消極性意義，是否因為傳播媒介的多元化而轉變為積極的請求權性質？大法官釋字第364號明言人民雖具有使用接近媒體之權利，但該權利並非憲法上的積極權，而係需要透過立法的確保。因為人民的接近使用媒體權與媒體工作者之新聞自由、編輯自由恐有衝突，甚至前兩項權利亦與媒體擁有者的表意自由有所差異，此涉及價值判斷與資源分配的問題，自宜由具備民主正當性之國會加以權衡。

## 媒體與國家、人民、記者的關係

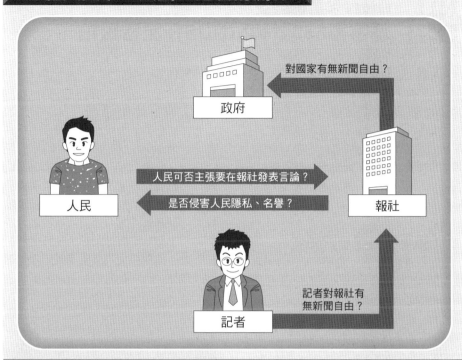

對國家有無新聞自由？

政府

人民可否主張要在報社發表言論？

是否侵害人民隱私、名譽？

人民

報社

記者

記者對報社有無新聞自由？

## 商業廣告的言論限制

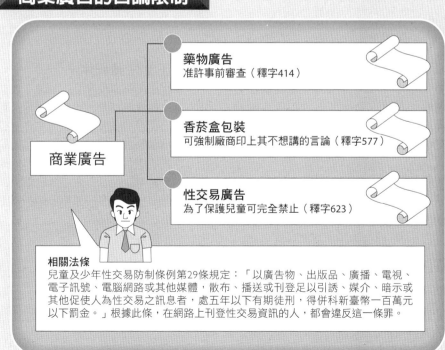

商業廣告

藥物廣告
准許事前審查（釋字414）

香菸盒包裝
可強制廠商印上其不想講的言論（釋字577）

性交易廣告
為了保護兒童可完全禁止（釋字623）

**相關法條**
兒童及少年性交易防制條例第29條規定：「以廣告物、出版品、廣播、電視、電子訊號、電腦網路或其他媒體，散布、播送或刊登足以引誘、媒介、暗示或其他促使人為性交易之訊息者，處五年以下有期徒刑，得併科新臺幣一百萬元以下罰金。」根據此條，在網路上刊登性交易資訊的人，都會違反這一條罪。

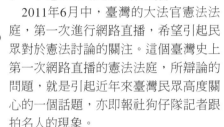

# UNIT *11-11*
## 釋字第689號與限制狗仔記者跟拍

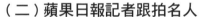

### （一）憲法法庭網路直播

2011年6月中，臺灣的大法官憲法法庭，第一次進行網路直播，希望引起民眾對於憲法討論的關注。這個臺灣史上第一次網路直播的憲法法庭，所辯論的問題，就是引起近年來臺灣民眾高度關心的一個話題，亦即報社狗仔隊記者跟拍名人的現象。

### （二）蘋果日報記者跟拍名人

這件釋憲案聲請人是蘋果日報社記者，主跑娛樂演藝新聞，跟追神通電腦集團副總苗華斌及其曾為演藝人員之新婚妻子，並對彼等拍照，苗副總曾委託律師二度郵寄存證信函以為勸阻，但蘋果日報記者還是於同年9月7日，整日跟追苗某夫婦，苗副總遂於當日下午報警檢舉；案經臺北市政府警察局中山分局調查，以蘋果日報記者違反社會秩序維護法第89條第2款規定：「無正當理由，跟追他人，經勸阻不聽者，處新臺幣三千元以下罰鍰或申誡」，裁處罰鍰新臺幣1,500元。被處罰後，蘋果日報記者不服，用盡救濟途徑後，聲請大法官解釋。

### （三）符合法律明確性原則

大法官的意見大致認為，這個條文可能會限制新聞記者的新聞自由和行動自由，但是人權並非不能受到限制，若想保護更大的公共利益，仍然要受到限制，只是必須用法律限制，法律必須符合法律明確性原則、比例原則、正當法律程序等原則。而大法官認為，社會秩序維護法的條文，有將處罰的條件限定為「無正當理由」跟追，且「經勸阻不聽」，認為這些條件都很清楚，符合了

法律明確性原則。

### （四）符合比例原則

大法官認為，人民在公開場合中還是有一定程度的隱私，但這個隱私的範圍應符合社會大眾合理期待的範圍。由於這一條規定本來並不是針對記者而設計，而是針對某些變態狂會在暗夜跟蹤婦女小孩回家造成他們的人身安危。既然當初不是為了對付記者，且幾十年執法下來，這個條文只被用了三十次，而這次是第一次用在記者身上，所以大法官認為，這個規定本身不是針對狗仔記者而設，只要該法的立法目的是追求重要公益，且所採手段與目的之達成間具有實質關聯，即與比例原則無違。由於實際執法上對記者的限制很少且是合理的，大法官最後認為並沒有違反比例原則。

### （五）正當法律程序

不過在正當法律程序上的討論，大法官認為，參考某些歐美國家的規定，若要限制記者跟拍名人，必須將案件送到法院，由法院斟酌相關事實，來決定是否可以限制記者跟拍。但目前臺灣的規定僅由警察來認定是否是不當跟拍，大法官認為有檢討改進的餘地，但原則上還是尊重立法者的決定。

# 隱私權與新聞自由的衝突

 記者

名人

| 新聞自由、採訪自由 | ←產生衝突→ | 隱私權行動自由 |

# 釋字第689號解釋

| 立法目的 | 社會秩序維護法第89條第2款規定，無正當理由，跟追他人，經勸阻不聽者，處新臺幣三千元以下罰鍰或申誡（即系爭規定）。依系爭規定之文字及立法過程，可知其係參考違警罰法第七十七條第一款規定（32年9月3日國民政府公布，同年10月1日施行，80年6月29日廢止）而制定，旨在禁止跟追他人之後，或盯梢婦女等行為，以保護個人之行動自由。此外，系爭規定亦寓有保護個人身心安全、個人資料自主於及公共場域中不受侵擾之自由。 |
|---|---|
| 法律明確性原則 | 系爭規定所稱跟追，係指以尾隨、盯梢、守候或其他類似方式，持續接近他人或即時知悉他人行蹤，足以對他人身體、行動、私密領域或個人資料自主構成侵擾之行為。至跟追行為是否無正當理由，須視跟追者有無合理化跟追行為之事由而定，亦即綜合考量跟追之目的，行為當時之人、時、地、物等相關情況，及對被跟追人干擾之程度等因素，合理判斷跟追行為所構成之侵擾，是否逾越社會通念所能容忍之界限。至勸阻不聽之要件，具有確認被跟追人表示不受跟追之意願或警示之功能，若經警察或被跟追人勸阻後行為人仍繼續跟追，始構成勸阻後仍繼續為跟追行為者，即應受系爭規定處罰。是系爭規定之意義及適用範圍，依據一般人民日常生活與語言經驗，均非受規範者所難以理解，亦得經司法審查予以確認，尚與法律明確性原則無違。 |
| 比例原則 | 考徵系爭規定之制定，原非針對新聞採訪行為所為之限制，其對新聞採訪行為所造成之限制，如係追求重要公益，且所採手段與目的之達成間具有實質關聯，即與比例原則無違。新聞採訪者縱為採訪新聞而為跟追，如其跟追已達緊迫程度，而可能危及被跟追人身心安全之身體權或行動自由時，即非足以合理化之正當理由，系爭規定授權警察與時介入、制止，要不能謂與憲法第十一條保障新聞採訪自由之意旨有違。新聞採訪者之跟追行為，如侵擾個人於公共場域中得合理期待其私密領域不受他人干擾之自由或個人資料自主，其行為是否受系爭規定所限制，則須衡量採訪內容是否具一定公益性與私人活動領域受干擾之程度，而為合理判斷，如依社會通念所認非屬不能容忍者，其跟追行為即非在系爭規定處罰之列。是新聞採訪者於有事實足認特定事件之報導具一定之公益性，而屬大眾所關切並具有新聞價值者（例如犯罪或重大不當行為之揭發、公共衛生或設施安全之維護、政府施政之妥當性、公職人員之執行職務與適任性、政治人物言行之可信任性、公眾人物影響社會風氣之言行等），如須以跟追方式進行採訪，且其跟追行為依社會通念所認非屬不能容忍，該跟追行為即具正當理由而不在系爭規定處罰之列。 |
| 正當法律程序 | 系爭規定，警察機關就無正當理由之跟追行為，經勸阻而不聽者得予以裁罰，立法者雖未採取直接由法官裁罰之方式，然受裁罰處分者如有不服，尚得依社會秩序維護法第五十五條規定，於五日內經原處分之警察機關向該管法院簡易庭聲明異議以為救濟，就此而言，系爭規定尚難謂與正當法律程序原則有違。惟就新聞採訪者之跟追行為而論，是否符合上述處罰條件，除前述跟追方式已有侵擾被跟追人之身體安全、行動自由之虞之情形外，就其跟追僅涉侵擾私密領域或個人資料自主之情形，應須就是否侵害被跟追人於公共場域中得合理期待不受侵擾之私人活動領域、跟追行為是否逾越依社會通念所認不能容忍之界限、所採訪之事件是否具一定之公益性等法律問題判斷，並應權衡新聞採訪自由與人民不受侵擾自由之具體內涵，始能決定。鑑於其所涉判斷與權衡之複雜性，並斟酌法院與警察機關職掌、專業、功能等之不同，為使國家機關發揮最有效之功能，並確保新聞採訪之自由及維護個人之私密領域及個人資料自主，是否宜由法院直接作裁罰之決定，相關機關應予檢討修法，或另定專法以為周全規定，併此敘明。 |

# UNIT **11-12**
# 講學自由

憲法第11條規定，人民有講學的自由。而這個講學的自由，被學者推衍出許多內涵。

## （一）研究自由、教學自由、學習自由

大法官從所謂的「講學自由」這四個字，先推論出大學有大學自治，而大學自治又是「學術自由」的一種「制度性保障」（可參考前面的德國基本權理論那篇），而學術自由制度性保障的內涵，包括老師的「研究自由」、老師的「教學自由」和學生的「學習自由」等。短短一個講學自由，就推導學校的大學自治，和老師、學生的三種自由。

## （二）軍訓課和共同必修

教育部以前規定，各大學都必須設置軍訓室，設置軍事教官。教育部也規定各大學必須有共同必修課程。但後來大法官做出解釋，認為大學可以自治，基於大學的講學自由，教育部不可以強迫各大學設置軍訓室和規定共同必修課程（釋字380、釋字450）。

## （三）學生與學校的衝突：資格考

前面說到，大法官從講學自由中，推論出大學方面有大學自治，又推論出學生有學習自由。那如果學生的學習自由，與大學自治發生衝突，該怎麼辦呢？類似的事件就發生在資格考爭議和二一退學爭議上。各研究所博士班一般都有所謂的資格考制度，若學生沒辦法通過資格考，就不必再唸下去，學校會直接給予退學。這樣的規定是為了保持學生的素質，逼學生唸書。各校基於大學自治，會有自己關於資格考的規定。可是有學生認為，學校片面制定這樣的制度，是剝奪學生的學習自由，認為違憲。但後來大法官做出解釋，認為講學自由比較保障大學的自治權，而比較不保障學生的學習自由，所以學校可以基於大學的大學自治，設定資格考的條件，並不違憲（釋字563）。同樣的道理，如果學校設定退學門檻（二一或雙二一制度），也是合憲的。

## （四）老師與學校的衝突

同樣地，講學自由包括大學自治，以及老師個人講學的自由。當學校的課程安排與老師的教學理念發生衝突時，何種優先？目前我國大法官解釋中，處理的都是學校課程設計的自由，但實務上卻發生過學校與老師教學理念不合，而將老師開除的問題。

## （五）中小學老師

上述問題，在中小學老師這邊似乎較無爭論，學校可以強迫中小學老師用統一的教材、統一的教學法。一般認為，學術自由保障對象以高等教育機構即大學與研究單位為主，至於中、小學，依學者通說，認為中、小學缺乏研究學術之活動，在教學上僅是單純傳遞知識，並無進一步對學術批評與檢驗之過程，故中小學不享有憲法第11條所稱之學術自由。

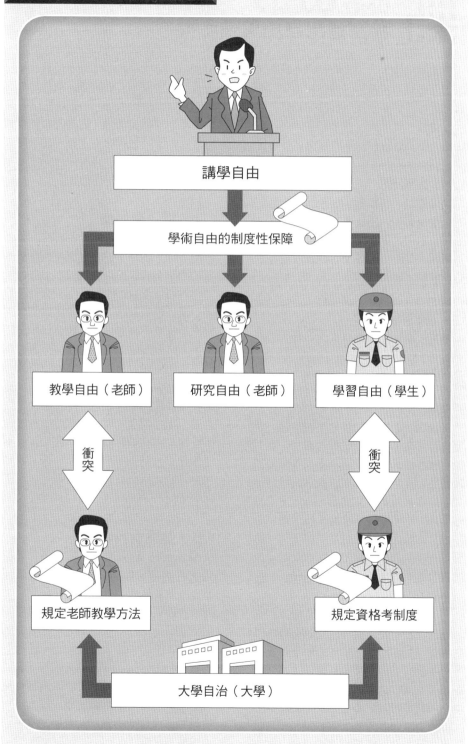

# UNIT **11-13**
## 秘密通訊自由與隱私權

圖解憲法

憲法第12條：「人民有秘密通訊之自由。」人民透過書信、電話、電報等通訊方式，不得無故加以拆閱、竊聽、扣押及隱匿。雖然這一條是在保障通訊的秘密，但其目的在保障隱私權。

### （一）人格權

隱私權是人格權的一種。人格權包含的範圍很廣，凡屬於人性尊嚴者，例如名譽、信用、隱私、貞操等等，都算是人格權。其中，網路上比較會受到侵害的，就是名譽和隱私。

### （二）隱私的概念

什麼是隱私？決定自己事務算不算是隱私？

美國的定義中，私（privacy）的意涵很廣，還包括決定自己私人（private）的事務，也就是所謂的「自主」（autonomy）。例如決定是否墮胎、決定是否避孕、決定自己的性傾向，在美國定義下都算是「私」。不過美國的定義實在太廣泛，原因在於privacy這個英文字使然。其實英文的privacy，意思就是「私」，不限於「隱私」。「隱私」在中文的語境下，比較是「秘密」的意思。一般我們臺灣講的隱私，比較是指是資訊隱私（information privacy）。

### （三）憲法上的資訊隱私權

我國憲法上是否保護資訊隱私權呢？在憲法第8條至第21條列舉的權利保護中，並沒有明文保護隱私權。頂多只有憲法第12條：「人民有秘密通訊之自由」，算是對資訊隱私權的明文保障。

一般憲法學者認為，資訊隱私權可以從憲法第22條的概括條款中得到。釋字第603號解釋，正式說明隱私權的來源自憲法第22條，且資訊隱私權的內容，「乃保障人民決定是否揭露其個人資料、及在何種範圍內、於何時、以何種方式、向何人揭露之決定權，並保障人民對其個人資料之使用有知悉與控制權及資料記載錯誤之更正權。」

### （四）指紋資料庫

根據舊戶籍法第8條，內政部原本要趁換發身分證時，建立全國性指紋資料庫，強迫全國人民按捺指紋。但卻被大法官在釋字第603號解釋中，認為過度侵犯隱私權而宣告違憲。大法官認為，到底為什麼要建立全國指紋資料庫的用意不明，就算是為了「國民身分證之防偽、防止冒領、冒用、辨識路倒病人、迷途失智者、無名屍體等目的而言，亦屬損益失衡、手段過當，不符比例原則之要求。」不過，大法官並沒有說完全禁止建立指紋資料庫，只是如果國家真的想建立，就必須制定專法，而且必須規定清楚使用指紋的程序，避免發生濫用的情況。

### （五）健保資料庫

由於全民健保制度，衛生福利部擁有全台灣人民就醫資料的「健保資料庫」。衛福部將這些資料提供給研究者進行各種衛生醫療研究。人權團體認為這未經人民同意，且他們反對這種利用。

111年憲判字第13號判決認為，基於研究的公共利益，可以將個人資料提供作研究。但也應該考慮增設人民的停止利用權，以及透過獨立監督機制，加強人民個資保護。

## 美國法中私（privacy）的定義

私（privacy）

自主權（autonomy）

資訊隱私（information privacy）

中華民國憲法的隱私屬此類

## 身分證的指紋問題

中華民國國民身分證

釋字第603號認為過度侵犯隱私權，不能放。

指紋

為防止冒領、仿造、冒用，以及辨識路倒病人及失智者、無名屍。

性別 男

統一編號
A100000001

## 資訊隱私權的內涵

資訊隱私權
的內涵

決定是否揭露其個人資料

在何種範圍內、於何時、以何種方式、向何人揭露之決定權

人民對其個人資料之使用有知悉與控制權

資料記載錯誤之更正權

# UNIT 11-14
## 釋字第603號與指紋資料庫

圖解憲法

### (一) 換發身分證與建立指紋資料庫

2005年時，內政部當時要換發身分證，打算建立全民指紋資料庫，在換發身分證的同時，強制要求14歲以上的人民必須按捺指紋建檔。事實上，臺灣全體男性有服兵役義務，在服兵役時，就已經被強制按捺指紋。因此，大部分的民意，支持建立指紋資料庫，認為這可以幫助辨識人民身分、打擊犯罪，且對人民並無造成太大影響。

### (二) 1/3立委連署聲請大法官解釋

部分立法委員，受到人權團體影響，想要在換發身分證按捺指紋前，修法廢除按指紋的要求，但是修法提案無法通過。因而，少數立委決定連署1/3立委，聲請大法官解釋。但是，必須這些立委在「行使職權、適用法律」時產生爭議，才能聲請大法官解釋。但由於多數大法官想要處理此一高度爭議之問題，打破過去對「立法行使職權」的限制，而認為少數立委修法不過，也算是行使職權且對該法律有違憲爭議，而可對該法律聲請釋憲。

### (三) 釋字599與暫時處分

大法官受理該釋憲案後，由於時間倉促，身分證即將換發，還特別先做出釋字第599號解釋，要求身分證換發工作先全面暫停，不准按捺全民的指紋。過了一陣子，大法官做出釋字第603號解釋，宣告建立全民資料庫的戶籍法違憲。

### (四) 違反比例原則？

大法官宣告違憲的理由為：指紋也受隱私權保障，所以不能隨意侵害隱私權，必須符合比例原則。大法官認為，建立全民資料庫的立法目的不明，似乎只是要「辨識迷途失智者、路倒病人、精神病患與無名屍體之身分等」，而排除了「防範犯罪」的目的。其實，既然大法官排除了「防範犯罪」作為立法目的，那麼接下來當然就認為建立全民指紋資料庫有點多餘而不必要。

從「迷途失智者、路倒病人、精神病患與無名屍體之辨認」之目的來看，大法官認為，對於這些老人病人，卻要求14歲以上的全民都按捺指紋，「實屬損益失衡、手段過當，難以符合比例原則之要求」。

有問題的是，比例原則中「必要性」的檢驗，就是要檢查，若能達到相同立法目的，而有侵害更小之手段，則就應採取侵害更小的手段，才能符合必要性原則。但大法官並沒有說明，是否有其他侵害更小的手段，可以達到「辨識老人病人」的目的，所以不是違反「必要性」。

大法官認為，由於失智老人病人一年才幾千人，卻要求全民按捺指紋資料庫，而犧牲全民的利益，有輕重失衡問題，所以違反「衡平性」。但有問題的是，幾千個老人失蹤，對其家人的痛苦煎熬，難道比不上每個人被要求按指紋這種損害嗎？

# 全民指紋資料庫爭議與釋字第603號

## 86.5.21戶籍法修正

第8條第2項規定:「依前項請領國民身分證,應捺指紋並錄存。但未滿十四歲請領者,不予捺指紋,俟年滿十四歲時,應補捺指紋並錄存。」
第3項規定:「請領國民身分證,不依前項規定捺指紋者,不予發給。」

指紋

---

1/3立委連署聲請大法官解釋

---

## 94.6.10釋字第599號

「司法院大法官依據憲法獨立行使憲法解釋及憲法審判權,為確保其解釋或裁判結果實效性之保全制度,乃司法權核心機能之一,不因憲法解釋、審判或民事、刑事、行政訴訟之審判而異。如因系爭憲法疑義或爭議狀態之持續、爭議法令之適用或原因案件裁判之執行,可能對人民基本權利、憲法基本原則或其他重大公益造成不可回復或難以回復之重大損害,而對損害之防止事實上具有急迫必要性,且別無其他手段可資防免時,即得權衡作成暫時處分之利益與不作成暫時處分之不利益,並於利益顯然大於不利益時,依聲請人之聲請,於本案解釋前作成暫時處分以定暫時狀態。」

立法目的

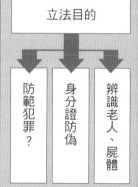

防範犯罪?

身分證防偽

辨識老人、屍體

---

## 94.9.28釋字第603號

### 資訊隱私權

「其中就個人自主控制個人資料之資訊隱私權而言,乃保障人民決定是否揭露其個人資料、及在何種範圍內、於何時、以何種方式、向何人揭露之決定權,並保障人民對其個人資料之使用有知悉與控制權及資料記載錯誤之更正權。惟憲法對資訊隱私權之保障並非絕對,國家得於符合憲法第二十三條規定意旨之範圍內,以法律明確規定對之予以適當之限制。指紋乃重要之個人資訊,個人對其指紋資訊之自主控制,受資訊隱私權之保障。而國民身分證發給與否,則直接影響人民基本權利之行使。」

### 違反比例原則

「其目的為何,戶籍法未設明文規定,於憲法保障人民資訊隱私權之意旨已有未合。縱得以達到國民身分證之防偽、防止冒領、冒用、辨識路倒病人、迷途失智者、無名屍體等目的而言,亦屬損益失衡、手段過當,不符比例原則之要求。」

---

釋字第603號解釋最後提到,在符合一定條件下仍可建立指紋資料庫但立法院至今不再處理此問題。

# UNIT **11-15**
# 信仰宗教自由

## （一）信仰自由之意義

憲法第13條規定：「人民有信仰宗教之自由。」係指人民有「信仰」與「不信仰」任何宗教之自由，以及參與或不參與宗教活動之自由；國家亦不得對特定之宗教加以獎助或禁止，或基於人民之特定信仰為理由予以優待或不利益。

## （二）政教分離原則

信仰自由中，很重要的一個設計就是政教分離原則。其意旨❶國家不得設立國教；❷國家不得由國庫資助任何一種或全部宗教；❸國家不得因人民之信仰或不信仰而予優待或歧視；❹學校不得強迫任何方式之宗教教育。

## （三）信仰自由之保障

根據大法官解釋，憲法第13條的宗教自由，可分為三種：❶內在信仰之自由；❷宗教行為之自由；❸宗教結社之自由。

內在的信仰自由，受絕對的保障。但是外在的宗教行為與宗教結社，因為「可能涉及他人之自由與權利，甚至可能影響公共秩序、善良風俗、社會道德與社會責任，因此，僅能受相對之保障。」亦即，我們不允許人民因為宗教理由而不服從國家法律。例如，不能因為打著宗教旗幟，就任意詐財、騙色；不能主張宗教信仰而破壞一夫一妻制；或者主張宗教儀式自由而吸毒；或者主張宗教自由而拒絕讓小孩受國民教育。

## （四）宗教替代役

曾經有一些基督徒，因為宗教信仰拒絕拿槍，拒服戰鬥役，而被判處刑罰。後來他們申請大法官解釋，認為服兵役

的規定，限制了他們的宗教自由。但是大法官就根據前述的「外在的宗教行為」只受相對的保障，不能牴觸國家的法律，而判定服兵役的法律是合憲的（釋字490）。

但後來國防部認為這樣對這些有堅定宗教信仰的人太殘忍，後來制定替代役制度時，特別設計了「宗教替代役」的制度，讓這些人可以優先選擇不用拿刀槍的替代役。

## （五）監督寺廟條例

國家為了怕有些寺廟會詐財，而制定的監督寺廟條例，其中規定寺廟在處置不動產前，必須先經所屬教會決議，並呈請政府機關許可。但大法官認為這樣的規定，「未顧及宗教組織之自主性、內部管理機制之差異性，以及為宗教傳布目的所為財產經營之需要，對該等寺廟之宗教組織自主權及財產處分權加以限制，妨礙宗教活動自由已逾越必要之程度。」而且監督寺廟條例只適用於部分宗教，也有違宗教中立的原則（釋字573）。

## 政府對宗教的態度

**政府對宗教的態度**

→ 不特別打壓特定宗教（宗教自由）

→ 不特別優惠特定宗教（政教分離）

## 信仰宗教自由之內涵

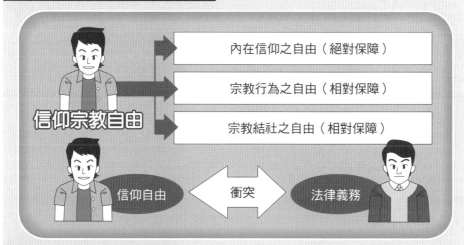

**信仰宗教自由**

→ 內在信仰之自由（絕對保障）

→ 宗教行為之自由（相對保障）

→ 宗教結社之自由（相對保障）

信仰自由 ⟷ 衝突 ⟷ 法律義務

## 信仰自由的限制

**信仰自由的限制**

以不影響他人自由權利及公共權益為限

→ 不得詐財、騙色

→ 不得因宗教違反一夫一妻制

→ 不得因宗教儀式而吸毒

→ 不得因宗教拒絕小孩接受國民教育

→ 不得違反其他法律規定事項

# UNIT 11-16
# 集會結社自由

憲法第14條規定：「人民有集會及結社之自由。」

## （一）集會遊行

集會就是在公共場所或公眾得出入之場所舉行會議、演說或其他聚眾之活動。而遊行則是於市街、道路、巷弄或其他公共場所或公眾得出入之場所之集體行進。對於集會遊行，一般有兩種制度。

## （二）許可制

我國集會遊行法採取「許可制」，室外集會採許可制，應事先申請。室內集會採追懲制，無須事先申請。我國集會遊行法之規定：室外集會遊行需於6日前，先向主管機關申請許可，主管機關則是指集會遊行所在地之警察分局。雖然說室外集會需要申請，但實際上只要符合法律規定，有申請就會過。

## （三）共產主義或分裂國土

我國集會遊行法，過去限制遊行不得主張共產主義、不得主張分裂國土，後來大法官認為這是限制了言論的內容，而宣告違憲。對於言論內容的控制，大法官認為必須集會遊行造成「明顯而立即的危險」，才能加以限制。

但是集會遊行法也規定，集會必須先申請，大法官認為這只是對集會的「時間、地點、方式」的限制，是可以允許的（釋字455）。

## （四）結社自由

所謂的結社，就是特定多數人，為達共同目的而繼續長久的結合組成組織者。我國有一個「人民團體法」，根據該法，人民團體應向主管機關提出申請許可。

## （五）公務人員的結社、罷工權

對於某些公務人員，我們限制了他們的結社自由，不准他們組織公會和罷工，因為怕他們組織公會或罷工的話，會使整個國家的運作停擺。

## （六）社團的名稱

人民既然有組織社團的權利，應該也有選擇社團名稱的權利。過去內政部為了管理國內社團，規定全國性的社團，必須在社團名稱前面冠上「中華民國」，可是這會使得某些民間社團不方便去大陸交流。後來大法官做出解釋，認為這樣的限制是違憲的（釋字479）。

## （七）政黨解散

在我國，政黨成立只需向主管機關備案。不過，我國憲法中有特殊的「政黨解散」制度，這是學習德國「違憲政黨」及「防衛民主」的概念。憲法增修條文第5條第4項規定：「政黨解散由司法院大法官組成憲法法庭審理。」第5項「政黨之目的或其行為，危害中華民國之存在或自由民主憲政秩序者為違憲。」

## 言論自由雙軌理論

**雙軌理論**

→ 限制時間、地點的集會方式

給予時、地，方式較少的保護

→ 必須有明顯而立即的危險才能限制

給予言論內容較多的保護，共產主義、分裂國土也是可表達的意見

## 集會遊行

**集會**

→ 室外：六日前向當地警察局申請

→ 室內：無須申請

集會　遊行

## 結社自由的限制

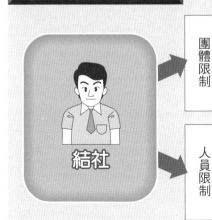

**結社**

**團體限制**

→ **一般民間團體**
要登記，但有權決定團體名稱

→ **政黨**
通常只需要報備，如違憲可被解散

**人員限制**

→ **公務人員**
不可組織公會、罷工，以免妨害國家運作

# UNIT 11-17
# 生存權

憲法第15條規定：「人民之生存權、工作權及財產權，應予保障。」生存權具有兩種性質，一種是防禦權的性質，可要求國家不要剝奪人民的生存權；一種則是受益權的性質，可向國家請求協助維持生存之權。憲法基本國策另外對人民生存權有許多規定，例如憲法第155條和第157條，才是要求國家提供社會福利保障人民生存權的具體規定。

## （一）生存自由

目前我國大法官就憲法第15條生存權的討論，多注重於防禦權的面向，也就是國家不可隨意剝奪人民的生存自由，而且多探討死刑存廢的問題。

## （二）死刑該不該廢除？

臺灣目前還沒有廢除死刑。歐洲許多國家已經明文規定禁止死刑，而國際人權公約也禁止死刑。不過美國這個民主大國，卻仍然也不肯廢除死刑。美國在其憲法中雖然規定禁止「殘忍不道德」的刑罰，但是實際上美國最高法院還是認為死刑並不構成該條所謂的「殘忍不道德」的刑罰，不過其也判決不可對未成年人或者某些精神疾病者施予死刑。那臺灣呢？我們該不該跟隨國際人權潮流廢除死刑呢？

## （三）贊成死刑論

贊成死刑的人認為，這些犯人會被判死刑一定是犯了罪大惡極的事，這種人社會已經無法讓他存在，讓他繼續活下去關在監牢裡也是浪費國家的錢養他。雖然這些人可能會事後悔改而重新向善，但是對一般來講這些死刑犯就算重新向善，還是該為其所做的事情付出代價。而且在中國人殺人償命的想法下，還是多認為既然殺了人，就應該償命，不然無法對死者的家屬交代。

## （四）反對死刑論

反對死刑的人主要是認為偶爾會有冤獄發生，如果死刑不廢除，就還是會發生冤獄，只要一百件死刑犯裡面有一件是冤獄，就是國家在違法殺人，且因為被判處死刑，這些被冤枉的人也永遠無法平反。還有一些學者認為，如果刑罰是為了嚇阻人民不要犯法，那麼死刑其實沒有多餘的威嚇效果，因為對一個想犯罪的人來說，關無期徒刑就已經對他產生足夠的威嚇了。而且，根據統計，沒有死刑的國家，犯罪率並不會比保有死刑國家的犯罪率高，也就是說，死刑並不能夠作為壓制犯罪率的一種有效工具。

基本上在臺灣雖然常常有人辯論是否該廢除死刑，不過立法院從來都沒有考慮過要廢除死刑。這是因為臺灣多數人的主流價值觀還是認為死刑有存在的必要。而大法官在很多號解釋中，也從來未宣告死刑違憲，頂說是說在法律規定唯一死刑的情況下，法官可以透過減輕其刑的方式來彌補。

## 生存權的雙重性質

生存權

防禦權面向
國家不可剝奪人民生命 → 死刑犯的問題

憲法第15條

受益權面向
國家要積極保障人民生存福利 → 提供老人年金等

憲法第155條
社會保險制度

## 廢除與維持死刑的國家分布圖

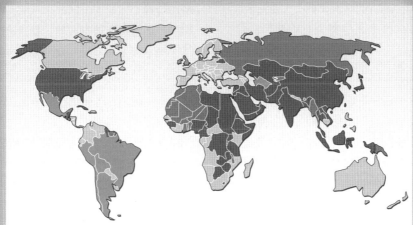

各國死刑圖示 │ 顏色註解
：廢除一切死刑
：廢除非特殊時期罪行的死刑（特殊時期包括戰時等）
：實際上（非法律上）已廢除
：法律規定死刑

**依據國際特赦組織的統計及其他資料**
88國、百慕達、香港、澳門、紐威島、土克斯及開科斯群島沒有死刑
10國和庫克群島只對於例外的犯罪有死刑，對普通的犯罪沒有死刑
24國對於一般的犯罪有死刑而10年內沒有處決，或是有做出不處決的國際承諾
（如俄羅斯）
76國（地區）（包含臺灣和巴勒斯坦）對於一般的犯罪有死刑
**另據統計：**
目前世界上有99個國家仍實行死刑
主要有槍決、絞刑、斬首、電刑、毒氣、石刑、注射等
採用槍決的國家有86個
採用絞刑的國家有77個
僅有中華人民共和國和美國正式採用注射死刑

## UNIT 11-18
# 工作權

一般認為，工作權有兩項內涵，第一項是人民有選擇工作種類的自由，這算是防禦權的性質。第二項則是人民有向國家要求提供工作的權利，這則是受益權的性質。我們憲法中，第15條的工作權，比較偏向防禦權的面向，就是要求國家不要過度剝奪人民工作的自由。至於受益權面向的工作權，比較具體的規定，應該是來自憲法基本國策章中的第152條、第153條等保障勞工權益的條文。

## （一）專門職業技術人員考試

我國因為很重視考試制度，而且把考試院特別拉到五院的等級，所以很多工作都要先考試。這樣某程度，也算是限制了人民的工作權。因為沒通過考試，就不能從事那方面的工作。如果說擔任公務員要考試，這或許合理，可是為什麼在民間工作的專門職業技術人員，也必須考試？這樣會不會過度限制了人民的工作權？

## （二）不用考試也變成要考試

過去臺灣的考試並沒有那麼多，一些民間行業過去並不要求考試，往往師傅帶著徒弟做中學，就可以從事那方面的行業。但在釋字第352號解釋中，就涉及原本過去不用考試的土地代書，後來考試院規定必須考試，而那些過去沒有執照的人，如果5年內不考取執照的話，將來就不能繼續工作。結果大法官支持考試院的立場，認為這樣的規定合憲。在釋字第453號解釋中，原本以前不需要考試的記帳職業，後來考試院設定了相關的考試，但規定那些已經有工作經驗的記帳業者可以換取證照不必考

試。但這次大法官居然比考試院還要嚴格，認為不可以讓那些人沒通過考試就繼續工作。

## （三）中醫師不能開止痛藥

國家除了用考試制度來限制人民的工作自由之外，由於考試制度的切割，也會產生一些不合理的地方。例如，我國醫師法將醫生劃分為醫生、中醫生、牙醫生三種，而規定中醫生不能開西醫的用藥，而且連西醫的成藥（就是一般人民不需要醫師處方自己去藥房就可以買的藥，例如止痛藥），都不可以開。這樣的規定其實很不合理。但大法官卻認為這樣的限制是合憲的（釋字404）。

## （四）殺人犯能不能開計程車

有些重大犯罪的犯人服刑期滿出來後，找不到工作，只好去開計程車。可是因為曾經發生過計程車司機姦殺女乘客的問題，後來修法禁止殺人犯開計程車，這樣算是限制了那些人犯的工作權。大法官認為這樣的限制，是為了保障乘客之安全，確保社會之治安，及增進營業小客車之職業信賴，所以認為其限制合憲（釋字584）。

## 工作權的雙重性質

工作權

防禦面向
國家不要限制人民的工作自由

憲法第15條
工作權

受益面向
國家要主動提供人民工作機會

憲法基本國策153條規定，
國家要保障農民及勞工生活

## 證照考試的變化

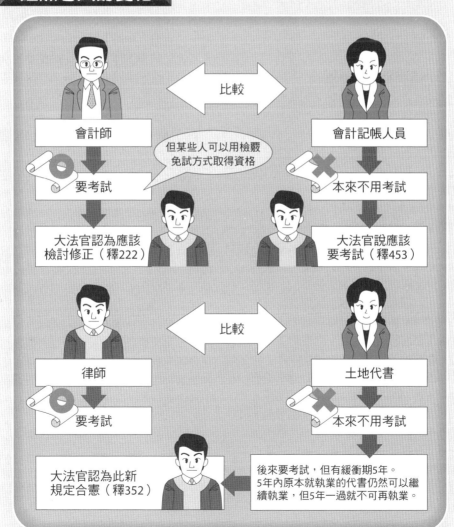

比較

會計師

要考試

但某些人可以用檢覈
免試方式取得資格

大法官認為應該
檢討修正（釋222）

會計記帳人員

本來不用考試

大法官說應該
要考試（釋453）

比較

律師

要考試

大法官認為此新
規定合憲（釋352）

土地代書

本來不用考試

後來要考試，但有緩衝期5年。
5年內原本就執業的代書仍然可以繼
續執業，但5年一過就不可再執業。

## UNIT *11-19*
## 釋字第702號與教師行為不檢有損師道

圖解憲法

### （一）教師法第14條

教師法第14條第1項第6款「教師聘任後除有下列各款之一者外，不得解聘、停聘或不續聘：……六、行為不檢有損師道，經有關機關查證屬實者。」且一旦教師被認為屬於行為不檢、有損師道，被學校不續聘或解聘，將產生「終身不得任教」之效果，亦即不得在聘任為教師，對教師來說，其工作權受到很大的影響。

### （二）釋字第702號解釋

法律效果如此嚴重的條文，其構成要件卻很模糊。到底什麼是「行為不檢有損師道」？法條中並沒有明確規定，而交由有關機關予以認定。對於此恐怖條文，大法官於2012年7月做出釋字第702號解釋。

### （三）符合法律明確性原則

大法官認為，「行為不檢有損師道」乃以不確定法律概念加以表述，而其內涵可以透過程序以及過去的案例，提供人民一些指引。在程序上，由各級學校之教師評審委員會，依其專業知識及社會通念加以認定及判斷。而在實質內涵上，教師可以參考各種法律、規約，預見何種作為或不作為將構成行為不檢有損師道之要件。且教育實務上已累積許多案例，例如校園性騷擾、嚴重體罰、主導考試舞弊、論文抄襲等，可供教師認知上之參考。綜上，系爭規定一之行為不檢有損師道，其意義非難以理解，且為受規範之教師得以預見，並可經由司法審查加以確認，與法律明確性原則尚無違背。

### （四）行為不檢有損師道必須限縮解釋

大法官認為，所謂的行為不檢有損師道，情節輕重不一，不該只有一種終身不得任教的嚴重結果。現行教育法規對於教師行為不檢之各種情形，已多有不同之處置，故應該區分行為之輕重。只有真正嚴重的行為，才屬於有損師道的行為，在教師出現比較嚴重的不當行為時，才能將之解聘、不續聘。此部分大法官透過「合憲性解釋」，限縮條文構成要件，避免實務上將老師的任何小過錯都當成行為不檢有損師道來處理。

### （五）終身不得任教違反比例原則

但是，就算老師出錯而被解聘，教師法第14條終身不得任教的法律效果，大法官卻認為太過嚴重。其指出，倘行為人嗣後因已自省自新，而得重返教職，繼續貢獻所學，對受教學生與整體社會而言，實亦不失為體現教育真諦之典範。系爭規定一律禁止終身再任教職，而未針對行為人有改正可能之情形，訂定再受聘任之合理相隔期間或條件，使客觀上可判斷確已改正者，仍有機會再任教職，就該部分對人民「工作權」之限制實已逾越必要之程度，有違憲法第23條之比例原則。

# 釋字第702號解釋

釋字第702號
解釋

| 法律明確性原則 | 行為不檢有損師道<br>要限縮 | 終身不得任教<br>違反比例原則 |
|---|---|---|

惟法律就其具體內涵尚無從鉅細靡遺詳加規定，乃以不確定法律概念加以表述，而其涵義於個案中尚非不能經由適當組成、立場公正之機構，例如各級學校之教師評審委員會（教師法第十一條、第十四條第二項、大學法第二十條及高級中等以下學校教師評審委員會設置辦法參照），依其專業知識及社會通念加以認定及判斷；而教師亦可藉由其養成教育及有關教師行為標準之各種法律、規約（教師法第十七條、公立高級中等以下學校教師成績考核辦法、全國教師自律公約等參照），預見何種作為或不作為將構成行為不檢有損師道之要件。且教育實務上已累積許多案例，例如校園性騷擾、嚴重體罰、主導考試舞弊、論文抄襲等，可供教師認知上之參考。綜上，系爭規定一之行為不檢有損師道，其意義非難以理解，且為受規範之教師得以預見，並可經由司法審查加以確認，與法律明確性原則尚無違背。惟所謂行為不檢有損師道之行為態樣，於實務形成相當明確之類型後，為提高其可預見性，以明文規定於法律為宜，並配合社會變遷隨時檢討調整，併此指明。

現行教育法規對於教師行為不檢之各種情形，已多有不同之處置，以公立高級中等以下學校教師成績考核辦法而言，其第四條即有就「品德生活較差，情節尚非重大」為留支原薪，同辦法第六條就「有不實言論或不當行為致有損學校名譽」為申誡，就「有不當行為，致損害教育人員聲譽」為記過，或就「言行不檢，致損害教育人員聲譽，情節重大」為記大過等不同程度之處置，顯然「行為不檢」之情節須已達相當嚴重程度，始得認為構成「有損師道」。大學法雖未規定類似之成績考核制度，但通過授權各校訂定之教師評鑑辦法（大學法第二十一條可參），對於教師行為不檢但未達有損師道之情形，亦可以自治方式為不同之處置。另按教師法第十四條第三項之規定，有同條第一項所列與行為不檢相關之事由者，既生相同之法律效果，解釋上系爭規定一之嚴重性自亦應達與其他各款相當之程度，始足當之。故系爭規定三對行為不檢而有損師道之教師，予以解聘、停聘、不續聘，其所為主觀條件之限制，並無其他較溫和手段可達成同樣目的，尚未過當，自未牴觸憲法第二十三條之比例原則，與憲法保障人民工作權之意旨尚無違背。

系爭規定二限制教師終身不得再任教職，不啻完全扼殺其改正之機會，對其人格發展之影響至鉅。倘行為人嗣後因已自省自新，而得重返教職，繼續貢獻所學，對受教學生與整體社會而言，實亦不失為體現教育真諦之典範。系爭規定二一律禁止終身再任教職，而未針對行為人有改正可能之情形，訂定再受聘任之合理相隔期間或條件，使客觀上可判斷確已改正者，仍有機會再任教職，就該部分對人民工作權之限制實已逾越必要之程度，有違憲法第二十三條之比例原則。

## UNIT *11-20*
## 財產權

圖解憲法

### （一）絕對保障

　　財產權為憲法保障之基本權利，在過去18、19世紀之法治國家，認為財產權與人類其他一些與生俱來的權利如人身、信仰、言論等同為人權，享有絕對之支配性。此種將財產權視作人權之見解造成資本主義之興起，財產集中，貧富懸殊。

### （二）相對保障

　　20世紀憲法不再將財產權視為所有者享有絕對之支配性，而是隨所有權而發生的一種社會職務。換言之，財產權行使應以社會利益為前提，財產權不再是所有者一種含有絕對性或不受限制的權利，而只是所有人的一種有條件的與可限制性的權利，亦可說是所有權者一種有條件與可限制的社會職務。法國學者狄驥即為主張社會職務說最力者。所以，國家可以為了公益的需要，限制人民財產權的行使。

### （三）財產權的矛盾

　　財產權是一種很矛盾的權利。因為一般人的財產，必須在國家的遊戲規則下，才能夠進行交易。也就是說，這項財產權的範圍，是由國家一開始制定下來的。但是到後來，國家若修改相關規定，而縮小了原本財產權的範圍，這樣算是侵害財產權嗎？

### （四）財產權所應負擔之社會義務

　　道路交通管理條例，禁止人民在騎樓設置攤位，阻礙通行，是否算是侵害人民財產權？釋字第564號解釋中提到：「……基於增進公共利益之必要，對人民依法取得之土地所有權，國家並非不得以法律為合理之限制，此項限制究至何種程度始逾人民財產權所應忍受之範圍，應就行為之目的與限制手段及其所造成之結果予以衡量，如手段對於目的而言尚屬適當，且限制對土地之利用至為輕微，則屬人民享受財產權同時所應負擔之社會義務，國家以法律所為之合理限制即與憲法保障人民財產權之本旨不相牴觸。」最後認為限制人民在騎樓擺攤，屬於財產權所應負擔的社會義務。

### （五）特別犧牲時補償

　　如果國家為了公益的需要，縮小原本財產權的範圍，這樣應該不能算是侵害財產權。可是如果國家只針對特定的人，剝奪他們的財產，因為「不公平」，算是「特別犧牲」。因為並不是全體國民的財產都受到限制，而是某部分特定人的財產受到限制。因此，政府雖然可以基於公益而立法限制人民財產權的行使，但若構成「特別犧牲」時，也就是只限制某些人的財產權，而不限制其他人的財產權，造成實質上的徵收時，此時即必須予以補償。例如，國家為了蓋高鐵徵收人民土地時，就必須給予補償。

## 財產權與一般自由權的不同

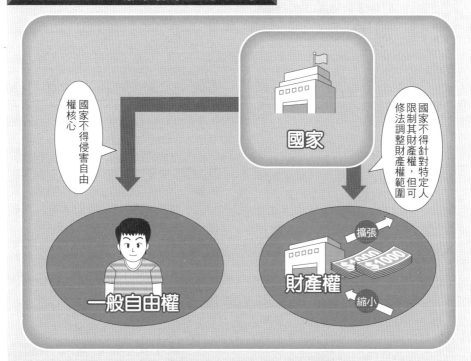

國家

權核心
國家不得侵害自由

修法調整財產權範圍
限制其財產權，但可
國家不得針對特定人

擴張
財產權
縮小

一般自由權

## 限制騎樓擺攤屬於財產權社會義務

| | 釋字第564號解釋理由書 |
|---|---|
| 目的適當 | 騎樓通道建造係為供公眾通行之用者，所有人雖不因此完全喪失管理、使用、收益、處分之權能，但其利用行為原則上不得有礙於通行，道路交通管理處罰條例第3條第1款即本此而將騎樓納入道路管制措施之適用範圍……上述規定均以限制騎樓設攤，維護道路暢通為目的，尚屬適當。 |
| 想設攤還是可以 | 上開規定所限制者為所有權人未經許可之設攤行為，所有權人尚非不能依法申請准予設攤或對該土地為其他形式之利用。 |
| 租稅優惠 | 再鑑於騎樓所有人既為公益負有社會義務，國家則提供不同形式之優惠如賦稅減免等，以減輕其負擔。 |
| 結論 | 從而人民財產權因此所受之限制，尚屬輕微，自無悖於憲法第23條比例原則之要求，亦未逾其社會責任所應忍受之範圍，更未構成個人之特別犧牲，難謂國家對其有何補償責任存在，與憲法保障人民財產權之規定並無違背。 |

## UNIT **11-21**
## 徵收

政府徵收人民土地，是對財產權最大的侵害。但基於公用或公益目的，政府可以依法徵收人民土地，但必須給予補償。

### （一）公用徵收

如果是為了某種公用事業而需要徵收人民土地，徵收的範圍必須是該事業所必須的範圍。例如，大眾捷運系統屬徵收條例第3條第2款所規定之交通事業，其所得徵收土地之範圍，應為捷運交通事業所必須之土地。

### （二）公益徵收

若非為交通事業所必須之公用，亦可基於公益目的而徵收土地。若為公益目的，必須採取侵害最小手段。釋字第732號解釋理由書提到，所謂必要手段，大法官認為不應貿然採取侵害最重的徵收手段，而可採取其他侵害較小手段，例如以市地重劃、區段徵收的方式，讓土地所有權人也能夠拿回部分土地。

### （三）即時徵收補償

釋字第516號解釋提出，若政府徵收人民土地，一定要儘速給予補償金：「……故補償不僅需相當，更應儘速發給，方符憲法第十五條規定，人民財產權應予保障之意旨。倘若應增加補償之數額過於龐大，應動支預備金，或有其他特殊情事，致未能於十五日內發給者，仍應於評定或評議結果確定之日起於相當之期限內儘速發給之，否則徵收土地核准案，即應失其效力。」

### （四）釋字第400號解釋：公用地役關係既成道路

以前有些私人土地，因為允許其他人在上面通行，走久了成為所謂的「既成道路」，成為「公用地役」關係。這種私人土地國家並沒有辦理徵收，卻將私人土地當作一般道路使用。大法官在釋字第400號解釋，認為其已經完全剝奪了私人土地的使用權，理應辦理徵收，但因為政府暫時沒錢徵收，可以訂定期限籌措財源逐年辦理或以他法補償。

之所以政府暫時沒錢徵收可逐年暫緩，主要原因在於，這些公用地役關係形成的既成道路，並非國家行使公權力造成人民土地被剝奪，而是因為他人的長期行走，以及土地所有權人一開始沒有主張權益，才會造成形成公用地役關係。

### （五）釋字第440號解釋：國家行使公權力則應該徵收

臺北市的道路管理規則曾經規定，既成道路和都市計畫用地，在還沒有徵收以前，只要不妨礙原土地在地面上的使用，可以在土地下面埋設管線，而不用辦理徵收。但大法官在第440號解釋：「國家機關依法行使公權力致人民之財產遭受損失，若逾其社會責任所應忍受之範圍，形成個人之特別犧牲者，國家應予合理補償。主管機關對於既成道路或都市計畫道路用地，在依法徵收或價購以前埋設地下設施物妨礙土地權利人對其權利之行使，致生損失，形成其個人特別之犧牲，自應享有受相當補償之權利。」

### （六）釋字第747號解釋：人民請求政府徵收

甚至，倘若政府機關使用人民土地，卻不主動辦理徵收及補償，人民也可以提起訴訟，主動請求政府進行徵收並給予補償。

## 公用地役關係形成的要件

| | 釋字第400號 | 各地方政府放寬規定 |
|---|---|---|
| 第1要件 | 首須為不特定之公眾通行所必要，而非僅為通行之便利或省時 | 現有巷道旁已有編釘門牌房屋二戶以上（只為了鄰近二、三戶特定住戶通行） |
| 第2要件 | 於公眾通行之初，土地所有權人並無阻止之情事 | |
| 第3要件 | 須經歷之年代久遠而未曾中斷，所謂年代久遠雖不必限定其期間，但仍應以時日長久，一般人無復記憶其確實之起始，僅能知其梗概（例如始於日據時期、八七水災等）為必要 | 超過20年即可（並沒有達到年代久遠、不復記憶） |

## 國家行使公權力限制土地所有權與賠償關係

| | 有無行使公權力 | 要不要立即補償 |
|---|---|---|
| 釋字第400號 | 非國家機關行使公權力（❶不特定之公眾長期通行；❷於公眾通行之初，土地所有權人並無阻止之情事） | 籌措財源逐年辦理 |
| 釋字第440號 | 國家機關依法行使公權力致人民財產遭受損失 | 應給予相當之補償 |
| 釋字第747號 | 國家機關依法行使公權力致人民財產遭受損失 | 賦予人民主動徵收補償請求權 |

## UNIT 11-22
## 其他自由權

圖解憲法

### （一）應考試服公職權

憲法第18條規定：「人民有應考試服公職之權。」這也算是一種自由權，國家不可以無故剝奪人民應考試服公職的權利。不過，也有人把應考試服公職權，歸類為參政權的一種。

### （二）憲法第22條其他自由權

憲法第22條規定：「凡人民之其他自由及權利，不妨害社會秩序公共利益者，均受憲法之保障。」此乃所謂的自由權概括條款。目前大法官所做解釋中，從22條推出下列幾種自由權：人格權、婚姻自由、性行為自由、隱私權等。

### （三）人格權

人格是什麼？人性尊嚴是什麼？很難定義，或許對個人來說覺得很重要的，就算是人格權，例如姓名、名譽等。

以前人民要改名字必須符合姓名條例第6條的規定，必須「文字字義粗俗不雅或有特殊原因經主管機關認定者，得申請改名。」後來大法官認為，姓名權也是一種人格權，受憲法第22條保障，所以不可以過度限制人民改名字的權利（釋字399）。

### （四）婚姻自由

以前國軍撤退來台時，很多老兵在大陸已經娶妻，但妻子沒有跟著來臺灣，這些老兵後來在臺灣又再婚，並且還生子。後來開放兩岸交流之後，大陸的原配居然控告老兵再婚，並訴請法院判決第二個婚姻無效。大法官在釋字第242號解釋中說，婚姻自由也受憲法第22條保障，不過必須受一夫一妻制的限制，但像這種老兵再婚的狀況，是大環境悲劇，應該允許這樣作為一夫一妻制的例外。

### （五）性行為自由

原本我國刑法規定，通姦有刑事責任。這和外國不同，歐美國家通姦只有民事責任。所以一直以來都有通姦除罪化的呼聲。大法官在釋字第554號解釋中，就處理這個問題，大法官肯認人民有性行為的自由，這個自由來自於憲法第22條的保障。但是這個自由一旦結婚之後，必須受到限制，不可以與他人通姦。至於立法者將通姦予以刑事處罰，是立法者的選擇，並不違憲。

### （六）隱私權

大法官在釋字第603號關於指紋資料庫的解釋中，提到隱私權也是憲法第22條的一種自由。關於隱私權，已於通訊秘密自由那邊介紹過。

### （七）契約自由

大法官在釋字第576號解釋中，提到契約自由也受憲法第22條保障。但其實一般的契約就是涉及財產交易或勞力交易，應該可以用憲法第15條的財產權和工作權就好，不用再借用第22條。

## 概括的人權規定

**概括人權**
（憲法第22條）

→ 人格權（釋字第399號解釋）

→ 隱私權（釋字第603號解釋）

→ 婚姻自由（釋字第242號、第362號理由書）

→ 性行為自由（釋字第554號解釋）

→ 契約自由（釋字第576號、第580號解釋）

## 釋字第242號解釋的婚姻自由案例

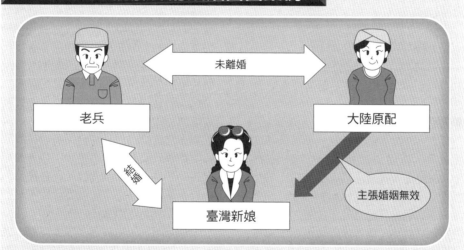

老兵 ←未離婚→ 大陸原配

結婚

臺灣新娘

主張婚姻無效

**知識補充站　★釋字第242號解釋**（民國78年06月23日）

解釋文：中華民國七十四年六月三日修正公布前之民法親屬編，其第九百八十五條規定：「有配偶者，不得重婚」；第九百九十二條規定：「結婚違反第九百八十五條之規定者，利害關係人得向法院請求撤銷之。但在前婚姻關係消滅後，不得請求撤銷」，乃維持一夫一妻婚姻制度之社會秩序所必要，與憲法並無牴觸。惟國家遭遇重大變故，在夫妻隔離，相聚無期之情況下所發生之重婚事件，與一般重婚事件究有不同，對於此種有長期實際共同生活事實之後婚姻關係，仍得適用上開第九百九十二條之規定予以撤銷，嚴重影響其家庭生活及人倫關係，反足妨害社會秩序，就此而言，自與憲法第二十二條保障人民自由及權利之規定有所牴觸。

# UNIT 11-23
# 釋字第791號通姦罪違憲

圖解憲法

## （一）刑法通姦罪與撤回告訴

刑法第239條規定：「有配偶而與人通姦者，處一年以下有期徒刑。其相姦者亦同。」例如甲與乙結婚，老公甲與丙外遇，甲構成通姦罪，丙構成相姦罪。

刑事訴訟法第239條但書規定：「但刑法第二百三十九條之罪，對於配偶撤回告訴者，其效力不及於相姦人。」通姦罪乃告訴乃論，乙可以對甲和丙提告，但也可以撤回告訴。如果乙只對配偶甲撤回告訴，對丙的告訴仍然不撤回，導致老婆可以不告老公，但仍可告小三。

## （二）釋字第554號解釋

2002年時，大法官對通姦罪問題，做出釋字第554號解釋，認為通姦罪合憲。

### ❶婚姻為制度性保障

當時大法官認為婚姻是一種憲法制度性保障，這種制度有許多功能，包括「人格自由，具有維護人倫秩序、男女平等、養育子女等社會性功能」。因而，刑法通姦罪的目的，約束夫妻雙方互負忠誠義務，而追求保護婚姻這個極重要制度。

### ❷性行為自由可受約束

通姦罪限制了人的「性行為自由」，屬於憲法第22條的其他自由。但大法官認為，憲法第22條規定，於不妨害社會秩序公共利益之前提下，始受保障。因此，性行為之自由，自應受婚姻與家庭制度之制約。

### ❸立法自由形成空間

最後大法官說，要不要以刑法處罰通姦罪，應該交由立法者根據民情決定，有自由形成空間。

## （三）釋字第791號解釋宣告通姦罪違憲

過了18年，大法官於2020年做出釋字第791號解釋，推翻18年前的釋字第554號解釋，認為通姦罪違憲，以及「可以僅撤回配偶告訴」規定也違反平等原則。

### ❶限制性自主權，採取中度審查標準

大法官說，通姦罪會限制人民的性自主權，而應該採取中度審查（較嚴格審查）。

### ❷追求之目的正當，但非公益目的

這次大法官不再強調婚姻是一種極為重要的制度性保障。而只說，通姦罪想追求的目的，是在約束配偶雙方履行互負之婚姻忠誠義務，以維護婚姻制度及個別婚姻之存續，其目的應屬正當。

但大法官提到，通姦行為雖然會損及婚姻關係中原應信守之忠誠義務，並有害對方之感情與對婚姻之期待，但尚不致明顯損及公益。意思是說，通姦罪想保護的利益不是公益利益，而是配偶的感情與期待，似乎不是重要利益。

### ❸手段與目的間失衡

大法官認為，由於通姦罪的追訴，會限制人民的性自主權與隱私權，人民受到的影響很大；但追求的目的不是公益目的，因而「限制所致之損害顯然大於其目的所欲維護之利益」，而有失均衡。

## 釋字第554號解釋的概念

### 所追求的利益

極重要利益
因為婚姻是憲法制度
性保障

\>

### 造成的損害

限制人民的
性自主權

釋字第554號解釋認為，人民性自主權較不重要，而婚姻作為制度性保障極為重要。

## 釋字第791號解釋的概念

### 所追求的利益

❶維護婚姻間的忠誠
❷只是私人利益，不涉公益
❸不再強調婚姻是制度性保障的重要利益

\<

### 造成的損害

限制人民的性自主權、隱私權

損害比較重大

釋字第791號解釋認為，維護婚姻間的忠誠並非極重要利益。而通姦罪對人民的性自主權、隱私權限制比較重大。最後認為損害大於利益，違反狹義比例原則。

# 第 **12** 章
# 受益權與基本國策

●●●●●●●●●●●●●●●●●●●●●●●●●●● 章節體系架構  ▼

# UNIT **12-1**
# 受益權概說

圖解憲法

## （一）受益權

所謂的受益權，就是人民可以向國家要求給予福利的權利，故也有人稱之為「給付請求權」。和之前的防禦權（自由）不同，防禦權只要求國家不要沒事來打擾人民的自由，這裡的受益權卻是要國家主動地提供一些社會福利。例如人民很餓，要求國家提供食物，或者人民沒有工作，要求國家提供職業訓練，或者提供工作以及勞工保險等。

## （二）受益權有哪些？

一般會說，憲法第15條的生存、工作、財產權，都是受益權。不過前面已經說明，憲法第15條，其實比較算是防禦權的面向，真正要求國家要主動、積極保障人權生存、工作、財產的規定，其實是放在基本國策的相關規定中。此外憲法第16條的訴訟權，就是要求國家主動提供給人民訴訟制度，因為如果國家不提供法院或相關司法制度，人民將求訴無門。而憲法第21條的國民義務教育權，也是受益權，這是規定國家要主動提供給人民免費義務教育。不過，第21條的國民義務教育，一方面是人民的權利，一方面也是人民的義務。

## （三）受益權的審查

受益權的限制和防禦權的限制不同。防禦權因為要限制國家不要侵害人權，所以會限制的很嚴格，要求國家要符合比例原則。但是受益權不一樣，受益權不怕國家做得太多，只怕國家做得不夠。所以不會有比例原則的問題，但比較會有做得不夠或不公平的問題。

根據目前大法官所累積的解釋，在處理受益權的問題時，我們要考量以下一些因素：①國家給人民的福利是否對每個人民都公平？②國家花錢是否有法律依據？③國家給人民的福利是否不夠？

### ❶平等原則

政府主動提供保護，但得注意是否符合平等原則。由於國家財政困難，當國家沒有提供某項福利的時候，我們很難指責國家違憲；可是如果國家要提供某項福利，但只對少數特定人提供，這時候就要注意是否公平。

### ❷法律保留原則

政府提供保護，也應該有法律依據。以往給付行政認為不需要有法律保留的適用，但根據釋字第443號解釋，則給付行政「倘涉及公共利益之重大事項者，應有法律或法律授權之命令為依據之必要」，所以給付行政若很重要，也需要符合法律保留。大法官在釋字第524號解釋認為健保給付屬涉及公共利益之重大事項，所以要法律保留。

### ❸不足禁止（最大可能性原則）

既然是受益權，國家提供的給付越多越好，就怕國家提供得不夠。大法官在受益權方面，尤其是訴訟權，往往會認為國家提供的訴訟救濟不夠多，而宣告其違憲。例如，釋字第466號解釋，認為國家必須提供訴訟種類來滿足人民的訴訟權。

## 受益權合法實施的標準

**受益權（給付請求權）**

→ 平等原則
國家給予的福利是否對每個人都公平

→ 法律保留原則
國家花錢是否有法律依據

→ 不足禁止
國家給予的是否不足（最大可能性原則）

## 公平性原則

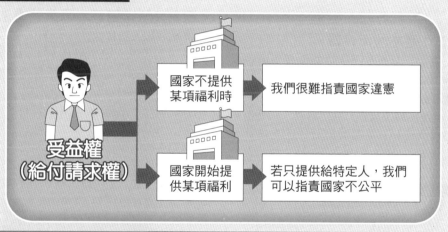

**受益權（給付請求權）**

→ 國家不提供某項福利時 → 我們很難指責國家違憲

→ 國家開始提供某項福利 → 若只提供給特定人，我們可以指責國家不公平

## 受益權的內涵

**受益權的內涵**

→ 15條 生存權、工作權、財產權

→ 16條 請願、訴願及訴訟權

→ 21條 受國民教育權（是權利也是義務）

→ 第13章基本國策第3節國民經濟→保障工作
第4節社會安全→保障生存
第5節教育文化→提供教育
保障文化工作者

# UNIT **12-2**
# 基本國策

圖解憲法

## （一）民族主義與民生主義的落實

　　基本國策主要乃是落實孫中山的民族主義與民生主義。民族主義涉及國內族群問題（第六節），以及國防外交問題（第一節、第二節）。而民生主義則涉及國民經濟（第三節）、社會安全（第四節）和教育文化（第五節）等相關規定。

## （二）基本國策性質

　　傳統認為基本國策可能會有下述性質：

### ❶方針條款

　　該憲法條文僅具有宣示意義，只是指出國家機關日後發展與努力的方向。若立法院不制定相關法律，也不會有責任。

### ❷憲法委託

　　該憲法條文必須透過立法院的立法行為方能加以實現，而立法院有義務透過立法實現該項憲法內容。若立法院不制定相關法律，則是違反了該義務，構成「立法怠惰」。不過就算構成立法怠惰立法委員會承擔什麼責任呢？

### ❸制度性保障

　　憲法條文規定的事項，立法者必須形成一套具體的法律制度，並且不得以其他法律侵犯該項制度，否則司法機關即可宣告其為違憲。

### ❹公法權利

　　該項憲法條文保障之權利，只要國家機關積極加以侵犯或消極不作為，人民即可請求國家給予救濟。

　　一般認為要將基本國策的條文予以分類。有些基本國策的規定規定得很明確，那麼就不能違反，可能類似「制度

性保障」。例如，憲法第164條教育科學文化經費比率的規定（現行增修條文第10條第10項以停止其適用），應解釋為下限的比率，政府預算不得低於這個下限。但大部分基本國策條文都要求「應以法律為之」，那麼立法院不制定相關法律也不會怎樣，類似「方針條款」性質。

## （三）大法官對基本國策的看法

　　歸納我國大法官過去的解釋，大部分的基本國策都只是方針條款，大法官不會介入要求立法院積極落實（模式2）。少部分條款則具有強制效力，必須確實遵守，大法官也會幫忙維持（模式1）。但最近則有一趨勢，即大法官面對基本國策與基本人權的衝突時，大法官似乎比較重視基本人權，而不重視基本國策，會以違反自由權為由宣告基本國策違憲（模式3）。

## （四）基本國策定位重新檢討

　　由於美國憲法、德國憲法中沒有基本國策的規定，所以留德、留美學者多半不重視基本國策，只把它們當作是方針條款，而不把它們當作是受益權。留德學者傾向發展基本權客觀面向功能；而留美學者則傾向著重基本權保障。甚至，國際人權學者開始提倡第二代人權、第三代人權，好像也沒看過我們基本國策中的規定其實早就有第三代人權的規定。其實，基本國策很多條文，比較接近受益權的性質，就是要求國家要主動提供一些福利給人民。

# 基本國策的民族主義與民生主義

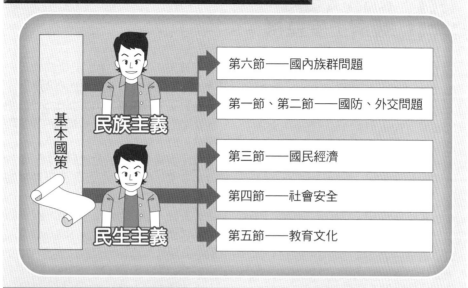

基本國策

民族主義 → 第六節——國內族群問題

→ 第一節、第二節——國防、外交問題

民生主義 → 第三節——國民經濟

→ 第四節——社會安全

→ 第五節——教育文化

# 基本國策的性質

| 學者的看法 | 大法官的操作 |
| --- | --- |
| 大部分為方針條款<br>少部分為制度性保障 | 某些條文當作受益權處理 |

# 大法官看待基本國策的三種模式

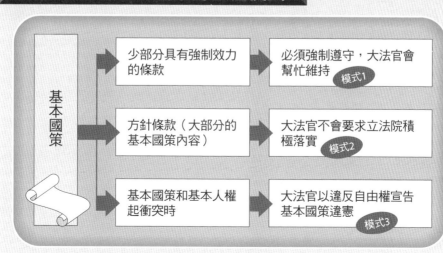

基本國策

少部分具有強制效力的條款 → 必須強制遵守，大法官會幫忙維持　模式1

方針條款（大部分的基本國策內容）→ 大法官不會要求立法院積極落實　模式2

基本國策和基本人權起衝突時 → 大法官以違反自由權宣告基本國策違憲　模式3

# UNIT 12-3
# 經濟上受益權

## （一）經濟上受益權

憲法第15條：「人民之生存權、工作權及財產權，應予保障。」一般認為這屬於經濟上的受益權，不過實際上大法官對於憲法第15條的討論，多集中在防禦權的面向。

真正對於工作權、生存權等受益權的規定，反而規定在基本國策裡面，包括國家如何促進勞工工作權益、如何維護國民健康等等國家應主動提供的服務。尤其是第十三章的第三節國民經濟、第四節社會安全、第五節教育文化，這三節都規定了很多國家應該提供的制度、政策目標，其分別就是保障我們的工作、生存和教育權。

## （二）勞工保障

國家為了保障勞工的生活，制定了很多保護的法律，都可以算是落實憲法第153條：「國家為改良勞工及農民之生活，增進其生產技能，應制定保護勞工及農民之法律，實施保護勞工及農民之政策。婦女兒童從事勞動者，應按其年齡及身體狀態，予以特別之保護。」

若國家沒有制定相關保護的法律，大法官不會說國家違憲，但若制定了法律，卻只保護了某些勞工，而漏掉了別的勞工，大法官就會指責這樣不太公平，而宣告相關法律違憲。例如，勞工保險條例原本只保險全職員工，而不讓兼差的員工納入保險。大法官在釋字第456號就指責，這樣違反了憲法第153條的精神。

## （三）勞工家屬生活保障

另外，憲法第155條：「國家為謀社會福利，應實施社會保險制度。人民之老弱殘廢，無力生活，及受非常災害者，國家應予以適當之扶助與救濟。」則是想要照顧那些無力生存的人，提供社會保險或救助制度。算是國家積極地提供人民生存的條件。

勞保條例對於勞工死亡的時候，會提供給家屬一筆津貼，以確保這些家屬不至於因為勞工死亡，而無法生存。但怕有人冒充勞工的家屬來領津貼，所以限制勞工所收養的子女若未滿6個月，就不能領取該津貼。但大法官於釋字第549號解釋認為，這樣的限制剝奪了勞工家屬的生存保障，是違憲的。

另外，曾經勞保條例施行細則規定，如果公司沒有按時幫勞工繳交保險金，則保險人可以加徵滯納金，甚至可以退保，不予給付。但是大法官卻在釋字第568號中認為，勞保條例只說可以暫時不給付保險金，沒有說可以直接退保，這樣是侵害了勞工的權益。

# 基本國策中對財產權、生存、工作的保障

| | | 基本國策中對財產權、生存、工作的保障 | |
|---|---|---|---|
| 第三節國民經濟 | 142條 | 國民經濟之基本原則 | 對財產權的保障與限制 |
| | 143條 | 平均地權 | |
| | 144條 | 獨占性企業公營原則 | |
| | 145條 | 節制私人資本 | |
| | 146條 | 幫助農業建設 | |
| | 147條 | 省縣經濟平衡發展 | |
| | 148條 | 貨暢其流 | |
| | 149條 | 管理金融機構 | |
| | 150條 | 普設平民金融機構 | |
| | 151條 | 扶助華僑經濟事業 | |
| 第四節社會安全 | 152條 | 給予工作機會 | 保障人民生存與工作 |
| | 153條 | 勞工農民的保障 | |
| | 154條 | 勞資關係與糾紛的處理 | |
| | 155條 | 社會保險與社會救助 | |
| | 156條 | 保護婦女兒童 | |
| | 157條 | 衛生保健事業與公醫制度 | |

# 勞工與家屬生活保障

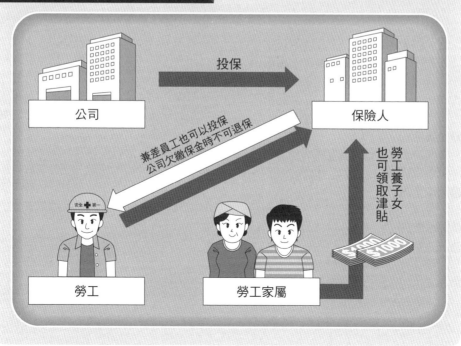

公司 → 投保 → 保險人

兼差員工也可以投保
公司欠繳保金時不可退保

勞工

勞工家屬

勞工養子女也可領取津貼

# UNIT *12-4*
# 請願、訴願、訴訟權

憲法第16條規定：「人民有請願、訴願及訴訟之權。」

## （一）請願權

人民對國家政策、公共利害或其權益之維護，得向職權所屬之民意機關或主管行政機關請願（請願法第2條）。

❶請願事項不得牴觸憲法或干預審判（不得向法院請願）。

❷對應提起訴訟或訴願之事項，不得請願。

## （二）訴願權

人民對中央或地方機關之「行政處分」，認為違法或不當，致損害其權利或利益者，得提起訴願。所謂行政處分，謂中央或地方機關基於職權，就特定之具體事件所為發生公法上效果之單方行政行為（訴願法第3條）。

## （三）訴訟權

人民權益遭受損害有向法院提起訴訟，請求為一定裁判之權。其包括民事訴訟、刑事訴訟、行政訴訟、選舉訴訟。

❶民事訴訟

人民請求國家保護其私權，至普通法院民事庭訴訟。

❷刑事訴訟

人民請求國家處罰犯罪者，至普通法院刑事庭訴訟。

❸行政訴訟

人民因行政機關之違法處分，致損害其權利時，經提起訴願，不服其決定時，得向行政法院請求救濟。

## （四）特別權力關係

特別權力關係理論，源於19世紀德國公法理論，認為國家有一些特殊的國民：軍人、公務員、公立學校學生及監獄受刑人等，和國家係處於一種特殊的權力服從義務關係，因此對這些具有特殊國民地位者之人權，給予較廣泛的限制。

具體方面，國家對這些人施以行政處分時，受到的程序限制較少，而這些人也較不能對國家的行政處分提出救濟。不過近年來大法官已經漸漸打破特別權力關係理論中「剝奪訴訟權」的部分，讓公務員、學生等，都可以在「身分或其他重大影響時」，提出訴訟救濟，採所謂的「重要性理論」。

## （五）知的權力？

到底憲法上有沒有「知的權利」？對此一問題，學者意見也有所分歧。有認為可從第11條的言論自由推出，有認為可從第22條的其他自由權推出，有認為可從第2條國民主權原則推出。不過，知的權利應該是一種受益權，因為是人民主動要求國家提供相關的資訊。事實上我國釋憲實務中，大法官並不重視人民知的權利。過去曾經有一個考生參加國家考試後考得不理想，想要看看自己的考卷哪裡被扣分，但大法官在釋字第319號解釋中卻認為，考生並沒有知的權利。

## 請願、訴願、訴訟權比較

| 請願、訴願、訴訟權比較 | | |
|---|---|---|
| 請願 | 事由 | 人民對國家政策、公共利益或其權益之維護 |
| | 主管機關 | 向職權所屬民意機關或主管機關請願 |
| | 限制 | ①請願事項不得牴觸憲法或干預審判<br>②對應提起訴訟或訴願之事項不得請願 |
| 訴願 | 事由 | 人民對中央或地方「行政處分」認為違法或不當 |
| | 主管機關 | 原處分機關之上級機關 |
| | 限制 | ①需受行政處分後30天內提出<br>②若行政機關應作成行政處分而未作成，則2個月內提出 |
| 訴訟 | 事由 | 人民利益遭受損害時，向法院提出訴訟<br>民事、刑事、行政、選舉皆含在內 |
| | 主管機關 | 各級法院 |
| | 特殊規定 | 如經訴願不服其決定，可轉向行政法院請求救濟 |

## 特別權力關係下的救濟

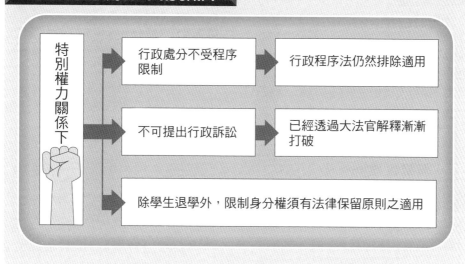

特別權力關係下

行政處分不受程序限制 → 行政程序法仍然排除適用

不可提出行政訴訟 → 已經透過大法官解釋漸漸打破

除學生退學外，限制身分權須有法律保留原則之適用

# UNIT **12-5**
## 國民基本教育

### （一）受國民教育的義務

憲法第21條：「人民有受國民教育之權利與義務。」這一條既是人民的義務，也是人民的權利。

### （二）受教權與學習自由

很多人對於「受教育權」和「學習自由」這些概念，常常容易混淆。前面在介紹憲法第11條的時候，說過大法官曾在釋字第380號解釋中，說講學自由可以推論出大學有「大學自治」，然後又推論出老師有「研究自由、教學自由」，而學生有「學習自由」。從簡單的講學自由，推論出這麼多內涵，已經夠麻煩了。

後來大法官又在釋字第382號中，突然提到所謂的「受教育權」，但並沒有明確指出受教育權的憲法依據。

這樣的體系很混淆，一方面又有學習自由，又有受教育權，還有憲法第21條的國民義務教育權。我們認為比較清楚的方式，應該是說，根據憲法第21條，國民在義務教育階段，有受教育權，這是一種權利，別人不能剝奪。至於學習自由，憲法雖然沒有規定，最好就是從憲法第22條的「其他自由」中推導出來，也就是每個人愛學什麼就學什麼，這是一種學習自由。但自由只是一種防禦權，國家不可以侵害，受教育權則是一種受益權，國家要積極提供。

### （三）義務教育年限

本條規定人民有受國民教育的義務。至於這個義務時間多長？根據憲法第160條第1項前段：「六歲至十二歲之學齡兒童，一律受基本教育，免納學費。」故以前我們的國務義務教育年限

為6年。不過後來國民教育法修正，將國民義務教育延長為9年。這是否過度增加了國民的義務呢？一般認為憲法中「六歲至十二歲」的規定，只是說在那段期間內國家提供免費教育，人民有義務去上學。至於法律延長基本國教的時間（延長為9年），是給予人民多3年的好處，這個多出的3年是人民的權益，但並不是義務。

可否基於宗教自由而拒絕受國民教育？有些人會主張有宗教自由，拒絕讓自己的小孩受國民義務教育。不過，憲法之所以要規定國民教育義務，就是希望小孩有一定的知識水平，提高國民素質，並讓小孩有在社會上生存的能力。所以，一般認為父母不可以基於宗教自由，而剝奪小孩的受教育的權利。當然，這也是一種義務，父母更不可以違背。

### （四）基本國策第五節教育文化

另外，除了憲法第21條之外，基本國策第五節（第158條到第167條）規定了很多國家如何扶助教育事業、提供人民免費教育、獎學金等規定。這些規定也是國家積極主動提供的，算是一種教育受益權更具體的規定。

## 國民義務教育的雙重性質

受國民義務教育

是一種義務：父母不可以拒絕讓小孩去上學

是一種權利：小孩要去上學，國家不能拒絕

## 受教育權與學習自由的比較

| 名詞 | 性質 | 來源 | 備註 |
|---|---|---|---|
| 受教育權 | 對國家要求提供教育 | 憲法第21條 | 6歲到12歲免費教育（憲法第160條） |
| 學習自由 | 人民有自由，國家不要干涉 | 憲法第22條 | 大法官說是憲法第11條的講學自由推論出來的 |

## 基本國策中與教育有關的條文

| | | 基本國策中與教育有關的條文 | |
|---|---|---|---|
| 第五節教育文化 | 158條 | 文化教育目標 | 國家提供良好教育 |
| | 159條 | 受教育機會平等 | |
| | 160條 | 基本教育與補習教育 | |
| | 161條 | 設置獎學金 | |
| | 162條 | 依法監督教育文化機關 | |
| | 163條 | 各地區教育均衡發展 | |
| | 164條 | 教育科學文化經費預算下限（已凍結） | |
| | 165條 | 教育科學藝術工作者生活保障 | |
| | 166條 | 科學獎勵及古蹟保護 | |
| | 167條 | 獎勵或補助教育事業 | |

第**13**章

# 參政權、人民義務、國家賠償

●●●●●●●●●●●●●●●●●●●●●●●●●●●●● 章節體系架構 ▼

# UNIT **13-1**
# 選舉權

圖解憲法

## （一）參政權

參政權係基於人民立於主動地位而產生，必須具備一定資格者方得享有，尤其是以國籍為要素，故屬於國民權，廣義的參政權包括服公職之權以及選舉、罷免、創制、複決之權；狹義的參政權則專指選舉罷免創制複決四項權利。憲法第17條規定：「人民有選舉、罷免、創制及複決之權。」而在憲法第十二章（第129條至第136條），又詳細規定選舉、罷免、創制、複決等權利。

## （二）選舉權

依據憲法129條規定：「本憲法所規定之各種選舉，除本憲法別有規定外，以普通、平等、直接及無記名投票之方法行之。」依此，選舉之原則有如下四點：

### ❶普通選舉

指具一定資格之人民均有選舉權，無教育、階級、宗教……等限制，是為普通原則或一般原則；與其相對者為限制選舉。

### ❷平等選舉

指「一人一票，每票等值」，為平等原則；與其相對者為不平等選舉。

### ❸直接選舉

指由選舉人親自選出當選人，為直接原則；與其相對者為間接選舉。

### ❹秘密選舉

即是指採無記名投票方式，以確保選舉自由之實現，為秘密原則；與其相對者為公開選舉。

## （三）選舉、被選舉資格

依據憲法第130條規定：「中華民國國民年滿二十歲者，有依法選舉之權。除本憲法及法律別有規定者外，年滿二十三歲者，有依法被選舉之權。」憲法除規定總統候選人之年齡為40歲之外，原則規定選舉人之年齡為20歲，被選舉人之年齡為23歲。

## （四）賄選與選舉訴訟

憲法第131條規定：「本憲法所規定各種選舉之候選人，一律公開競選。」另依據憲法第132條規定：「選舉應嚴禁威脅利誘。選舉訴訟，由法院審判之。」其目的即在保障選舉人得以其個人意志為自由選舉，是為自由原則。不法脅迫他人投票者，如買票賄選、武力恐嚇、若不投票給某候選人即不給假或予以解僱等，均觸犯刑法妨害投票罪。

現在競選激烈，常常投票結果差距很小時，就會有人提出選舉訴訟。選舉訴訟分為兩種，一種叫做「當選無效之訴」，乃是於候選人有出現違法競選行為時提出的。另一種叫做「選舉無效之訴」，則是於選舉機關所採取的選舉措施違法時所提出的。

## 參政權的定義

參政權

參與政權
（狹義的參政權）

- 選舉
- 罷免 → 原選區罷免
- 創制
- 複決
→ 依據法律
（公民投票法）

參與治權
（廣義的參政權）

應考試服公職

## 選舉權的相關原則

選舉

- 投票方式：普通、平等、直接、秘密
- 競選方式：公開競選、嚴禁威脅利誘

年齡

- 投票權（選舉權）：20歲
- 被選舉權：23歲
- 選總統：40歲

## 2004年總統大選後所提出的選舉訴訟

|  | 性質 | 被告 | 法院理由 |
|---|---|---|---|
| 當選無效之訴 | 候選人有出現違法競選行為時 | 以陳水扁總統為被告 | 陳水扁總統大選綁公投，並沒有「強暴、脅迫」人民去投票，不算違法 |
| 選舉無效之訴 | 選舉機關所採取的選舉措施違法時 | 以中選會為被告 | 公投時間是陳水扁總統決定的，中選會只是照辦 |

# UNIT 13-2
## 罷免、創制、複決

圖解憲法

### （一）罷免

罷免是指人民以自己之意思，以投票或其他方式，罷免其所選出之代表或政府人員之權。憲法第133條規定：「被選舉人得由原選舉區依法罷免之。」且公職人員選舉罷免法第75條又規定：「公職人員之罷免，……但就職未滿一年者，不得罷免。」

### （二）立委的罷免

而至於一般的區域立委，原本選舉時，過去採取的是複數選區制，也就是一個選區會有應選席次很多人，每個候選人可能只要得票占10％就可以當選，並不要求過半。但是在罷免時，卻要求必須原本的選區出席投票的人過半罷免，才能罷免該名立委。也就是說，罷免的票數，會比當初選上的票數要高的多，所以臺灣很少出現罷免民意代表的情形。但立委選舉改採單一選區制後，選舉門檻和罷免門檻就差不多了。

至於不分區立委，因為是由全國不分區的政黨名單中依序排列當選的，並沒有所謂的原選區，所以要讓不分區立委下台，只能由原提名的政黨開除其黨籍，人民沒辦法進行罷免。

### （三）創制、複決

創制是指人民在立法院還沒有任何法案以前，就主動地自己提案，「創造一個制度」，進行投票，而如果通過的話，立法院就議案照創制案的精神來制定法律。

複決則是指立法院已經有一個法案在審查，而通過了該草案，此時可能是憲法規定必須交由人民再投票一次，或者是人民不認同立法院投票的結果，自己想要再投票一次，故舉辦公民投票對這個草案進行複決。如果人民複決的結果，和立法院之前的結果不同，那麼立法院就必須按照人民的結果修改之前的決議。

### （四）憲法規定

「創制、複決兩權之行使，以法律定之。」（憲法第136條）「縣民關於縣自治事項，依法律行使創制、複決之權，對於縣長及其他縣自治人員，依法律行使選舉、罷免之權。」（憲法第123條）關於創制、複決兩權，除憲法之修正案及複決立法院所提憲法修正案外，需俟全國有半數之縣市曾經行使創制、複決兩項政權時，由國民大會制定辦法行使之（憲法第27條）。

因此根據憲法本文，必須先有創制複決法，讓縣民就縣自治事項能夠行使創制複決權。等到全國過半數縣都行使過創制複決權，國民大會就可以代表人民行使創制複決權。

但由於我們一直沒有創制複決法，各地方都沒有舉行過公民投票，所以國民大會也沒有代表人民行使過創制複決權。我國一直要到2003年12月31日，立法院終於公布公民投票法，使人民的創制、複決權有法律依據。而2004年的320全民公投，就是我們第一次行使公投的權力。

## 罷免權的行使

**罷免權的行使**

民意代表 → 一般民意代表
由各選區選民1/2投票人數即罷免

民意代表 → 不分區民意代表
開除黨籍即罷免

總統 → 立委2/3提罷免案 → 人民1/2參與投票 1/2投票人數同意罷免

2006年8月，民進黨前主席施明德發起百萬人上街頭倒扁運動。之所以會用上街頭遊行的方式，是因為憲法所提供的罷免和彈劾機制，在立法院那關的門檻都很高，被人民認為剝奪了他們的罷免權。

## 創制複決權的概念

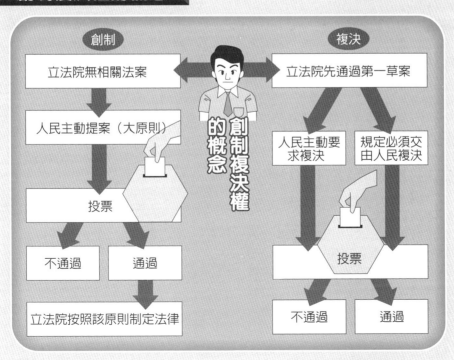

# UNIT 13-3
## 公民投票（一）

圖解憲法

## （一）全國性公民投票

全國性公民投票的內容，分為：法律案之複決、立法原則之創制及重大政策之創制或複決。

### ❶公民提案、連署

全國性公民投票由公民發動者，其提案人數，應達提案時最近一次總統大選選舉人總數的萬分之一以上；連署人數，應達提案時最近一次總統大選選舉人總數的1.5％以上。

### ❷立法院對重大政策之公投

立法院對於「國家重大政策之創制或複決」之事項，認為有進行公民投票之必要者，得附具主文與理由書，經立法院院會通過後，交由中央選舉委員會辦理公民投票。立法院之提案經否決者，自該否決之日起2年內，不得就該公投事項重新提出。

### ❸總統交付之防禦性公投

當國家遭受外力威脅至國家主權有改變之虞，總統得經行政院院會之決議，就攸關國家安全事項交付公民投票。此項公投方式又稱之為「防禦性公投」。其投票時間不受到下述投票時間之限制。

## （二）投票時間：可不可以綁大選？

### ❶原本規定綁大選

一般的全國性公投，原則上要與全國性大選一起舉辦，這樣才比較容易衝高投票率？舊公投法規定，中央選舉委員會應於公民投票按公告成立後1個月起至6個月內舉行公民投票，並得與全國性之選舉同日舉行（舊公投法第23條）。

### ❷防禦性公投可以綁大選嗎？

根據舊公投法第16條第2項規定，防禦性公投「不適用第二十三條之規定。」有人認為，既然防禦性公投排除第23條的規定，那麼意思就是「不需」與全國性選舉同時舉辦。但也有人認為，公投法第23條乃是對於公投舉辦的時間有所限制，而防禦性公投就是因為太緊急了，所以不需要受到時間上的限制，總統想要在何時舉行應該都可以，而不該解讀為「不得與全國性選舉同時舉行」。

### ❸新修法：獨立公投日

2018年11月24日，地方選舉綁10案公民投票議題，投票動線設計不佳，導致投票隊伍大排長龍，到投票時間截止下午四點，還有很多人都沒有投完票。因此，立法院於2019年6月修改公投法，決定往後將公民投票與全國性大選脫鉤，規定獨立的公民投票日。新公投法第23條規定：「公民投票日定於八月第四個星期六，自中華民國一百十年起，每二年舉行一次。」

## 公投流程表

### 1 提案

公投提案門檻為最近一次總統選舉人總數的萬分之一

### 2 審查

主管機關收到提案，60天內完成審核

### 3 連署

連署人數需達提案時最近一次總統大選選舉人總數的1.5%，並於60天內完成

### 4 宣傳

主管機關在公投投票日前90天內，公告投票日期、公投內容，及以公費在全國性無線電視頻道發表意見或辯論時應遵行事項。全國至少需舉辦五場

### 5 投票

投票日定8月第四個星期六。自2021年起每2年舉行一次。投票日應為放假日

### 6 結果

有效同意票達投票人總數25%（四分之一）後，同意票相對多數就算通過

# UNIT **13-4**
# 公民投票（二）

圖解憲法

## （三）地方性公民投票

有關地方自治法規之複決、地方自治法規立法原則之創制、重大政策之創制或複決均可是用；為有關於預算、租稅、投資、薪俸規定，不得作為公民投票之提案。原來地方性公民投票的提案人數、連署人數，與全國性公民投票一樣，但後來為了落實地方自治精神，刪除地方性公民投票之提案、連署、投票等相關規定，交由各直轄市、縣（市）因地制宜自行訂之。

## （四）立法院提案公投是否違反複決精神？

有人認為，人民之所以要行使創制、複決權，就是對立法院不信任，所以要提出公投。但公民投票法中，居然有立法院提案交付的公投案，這樣是否牴觸了複決權的精神呢？釋字第645號解釋說：「……旨在使立法院就重大政策之爭議，而有由人民直接決定之必要者，得交付公民投票，由人民直接決定之，並不違反我國憲政體制為代議民主之原則，亦符合憲法主權在民與人民有創制、複決權之意旨；此一規定於立法院行使憲法所賦予之權限範圍內，且不違反憲法權力分立之基本原則下，與憲法尚無牴觸。」

## （五）通過與不通過
### ❶公民投票結果

原本舊公投法規定，必須投票人數達全國、直轄市、縣（市）有投票權人總數1/2以上，且有效投票數超過1/2同意者，公投才算通過。因而，過去反對公投的政黨，會發動支持者不領取公投票，導致參與投票的人不達有投票權人總數1/2，使公投失敗。

為了解決這個問題，新公投法第29條降低公投通過門檻，規定：「公民投票案投票結果，有效同意票數多於不同意票，且有效同意票達投票權人總額四分之一以上者，即為通過。」

### ❷再行提出公投之限制

公民投票案之提案經通過或否決者，自該選舉委員會公告該投票結果之日起2年內，不得就同一事項重行提出。

## （六）廢除公民投票審議委員會

原本舊公投法設置「公民投票審議委員會」，置委員21人、任期3年，由各政黨依立法院各黨團席次比例推薦，送交主管機關提請總統任命，但此規定遭大法官釋字第645號解釋，認為剝奪行政院長人事任命權而被宣告違憲。2018年公投法修正時，立法院認為公民投票審議委員會對於公投案的審查過於嚴格，阻礙、拖延公民投票程序之進行。因此刪除公民投票審議委員會，改由中選會負責主管公投事項。

# 公投法修正重點

| 原有規定 | 項目 | 2018.1及2019.6 修正新制 |
|---|---|---|
| ①人民連署<br>②立法院提案公投<br>③總統防禦性公投 | 公投提案者 | ①人民連署<br>②立法院提案公投<br>③總統防禦性公投<br>④新增加行政院提案公投 |
| 20歲 | 年齡 | 18歲 |
| 5/1000<br>（約9.4萬人） | 提案門檻 | 1/10000<br>（約1,800萬人） |
| 5%（約94萬人） | 連署門檻 | 1.5%（約28萬人） |
| 公民投票審議委員會 | 公投事項之認定 | 廢除公投審議委員會<br>全國性公投由中選會審核 |
| 無相關規定 | 不在籍投票 | 全國性公投得不在籍投票，實施方式另以法律定之 |
| 公民投票案公告成立後一個月起至六個月內舉行公民投票，並得與全國性之選舉同日舉行 | 投票日 | 公民投票日定於八月第四個星期六，自中華民國一百十年起，每二年舉行一次 |
| 投票率過半<br>同意票過半 | 通過門檻 | 同意票高於不同意票且達選舉人總數1/4（約450萬人） |
| 三年內，不得就同一事項重行提出 | 不通過再次提案 | 二年內，不得就同一事項重行提出 |

241

# UNIT 13-5
# 義務

在憲法規定的人民義務中，有三種，分別是納稅、服兵役和受國民義務教育的義務。但國民並非只有這三種義務，應該還有守法的義務，但這三種義務是人民必須「積極作為」的義務，故特別規定於憲法中。至於人民消極的、不違法的守法義務，則不待特別規定。

## （一）納稅之義務

憲法第19條：「人民有依法律納稅之義務。」根據這一條，就出現一個我們常說的「稅捐法定主義」，也就是需依法律之規定，方得對人民課稅。

## （二）依法服兵役之義務

憲法第20條：「人民有依法律服兵役之義務。」

一般國家兵役制度上，有徵兵制和募兵制之分。

### ❶徵兵制

亦即規定人民皆有服兵役的義務。

### ❷募兵制

人民沒有服兵役義務，而是在國家招募下，人民主動投效國家。

必須注意，本條乃是人民有「依法」服兵役的義務，不代表我國一定要採取徵兵制。我國也可以修法採取募兵制，廢除徵兵，這並不會違反憲法。目前國防部計畫將來改為徵募並行制，減少役期，增加募兵人數。

## （三）兵役制度公平性

女生不當兵或許也會遭人質疑違反男女平等，不過根據本條所謂「依法」服兵役，至少兵役法第1條即規定，女生沒有服兵役的法律義務。但是依法還是必須公平，但大法官在釋字第490號解釋中開頭就提到，男女因為生理差異造成社會功能角色不同，所以女生不用當兵並沒有不平等的問題。

另外，最近有一種國防役制度，針對理工的研究生，可以選擇到民間的科技公司服役，就跟正常人一樣上下班，領公司的薪水和年終獎金，服役期間3年半。這種國防役制度很吸引人，因為役男不用在軍隊裡面被限制自由，雖然被某一家公司綁了3年半，但至少也確保3年半內不會失業，而且可以領很多薪水。但這引發了監察院的質疑，認為不公平，而向國防部提出糾正案。

## （四）受國民教育的義務

憲法第21條：「人民有受國民教育之權利與義務。」這一條既是人民的義務，也是人民的權利。

## （五）其他法律義務

但是在釋字第472號解釋曾經引發，人民是否除了稅之外，還需要參加健保、繳交健保費？大法官認為人民這三種義務也只是例示規定，不代表人民沒有其他的法律義務。不過，人民雖然有一般不作為的守法義務，但除了憲法中明訂的三種義務外，是否有積極的作為義務？

由於「國家應推行全民健保」是規定在憲法增修條文第10條第5項中，故或許可認為人民參加健保也是一種憲法中規定的義務。不過，除此之外，人民是否有其他積極的作為義務？

## 義務的內容

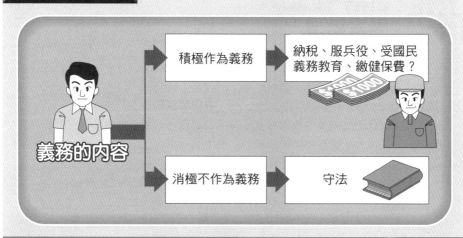

| | | |
|---|---|---|
| 義務的內容 | 積極作為義務 | 納稅、服兵役、受國民義務教育、繳健保費？ |
| | 消極不作為義務 | 守法 |

## 三種「積極作為」義務

三種「積極作為」義務

**納稅義務** → 稅捐法定主義，人民需依法繳稅

**服兵役之義務** →

一般兵役
為期四個月

替代役
❶ 基於宗教理由優先服役
❷ 一般人抽籤決定是否服社會替代役

國防役
為期三年六個月，不受軍隊管理，領公司薪水，如平民準時上下班

**受國民教育之義務** → 是權利也是義務

# UNIT 13-6
# 國家賠償

圖解憲法

## （一）國家賠償制度

憲法保障基本權利，除了防止國家行為侵害基本權利之外，尚需於侵害之後提供完善的權利救濟制度，此即為基本權利之事後保障。當國家侵害人民權利時，國家必須負責，已經成為今日法治國家之基本觀念，不論國家為何種行為，只要侵害人民權利，人民可以請求救濟，要求國家停止侵害、回復原狀或損害賠償。我國憲法第24條即為基本權利事後保障之憲法規範。

憲法第24條：「凡公務員違法侵害人民之自由或權利者，除依法律受懲戒外，應負刑事及民事責任。被害人民就其所受損害，並得依法律向國家請求賠償。」

## （二）公務員之責任

### ❶懲戒責任

公務員懲戒法第2條：「公務員有下列各款情事之一，有懲戒之必要者，應受懲戒：一、違法執行職務、怠於執行職務或其他失職行為。二、非執行職務之違法行為，致嚴重損害政府之信譽。」公務員懲戒法第9條：「公務員之懲戒處分如下：一、免除職務。二、撤職。三、剝奪、減少退休（職、伍）金。四、休職。五、降級。六、減俸。七、罰款。八、記過。九、申誡。前項第三款之處分，以退休（職、伍）或其他原因離職之公務員為限。第一項第七款得與第三款、第六款以外之其餘各款併為處分。第一項第四款、第五款及第八款之處分於政務人員不適用之。」

### ❷刑事責任

公務員若有貪贓枉法，可能會有刑法上相關條文的處罰，而我們也有一個特別的「貪污治罪條例」，專門處理公務員貪污的問題。

### ❸民事責任

公務員的民事責任，就是有國家賠償法的適用。

## （三）國家之賠償責任

國家賠償法於69年7月2日公布，70年7月1日實施，共計十七條。其重點如下：

### ❶賠償事由

①公務員於執行職務，行使公權力時，因故意或過失不法侵害人民之自由或權利者。公務員怠於執行職務，致人民之自由或權利遭受損害者亦同（採過失責任）；②公共設施因設置或管理有欠缺，致人民生命、身體、人身自由或財產受損害（無過失責任）；③受委託行使公權力之團體或個人，其執行職務之人於行使公權力時，視同委託機關之公務員。

### ❷賠償主體及賠償義務機關

以國家為賠償主體，該公務員或該公共設施或管理所屬機關為賠償義務機關。該機關裁撤或改組時，以其上級機關為賠償義務機關。

### ❸賠償方法

以金錢為原則，回復原狀為例外。

### ❹國家之求償權

對公務員或其他應負責任之人之求償權（採重大過失責任）。

### ❺時效期間

賠償請求權，自請求權人知有損害時起，因2年間不行使而消滅；自損害發生時起，逾5年者亦同。

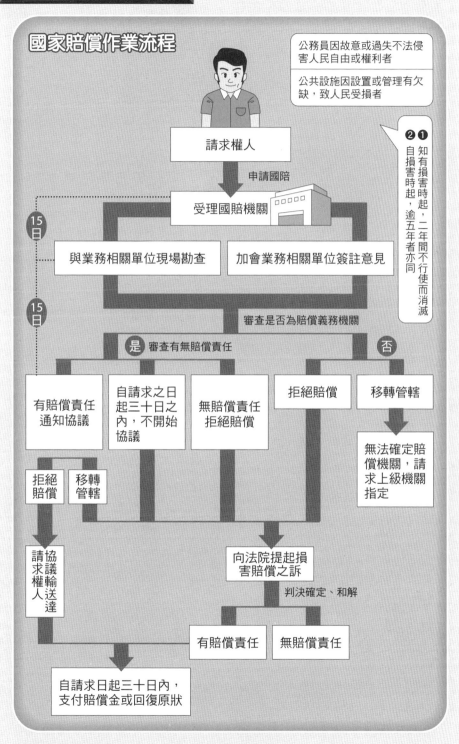

國家賠償作業流程

公務員因故意或過失不法侵害人民自由或權利者

公共設施因設置或管理有欠缺，致人民受損者

請求權人

申請國賠

受理國賠機關

15日

與業務相關單位現場勘查　　加會業務相關單位簽註意見

15日

審查是否為賠償義務機關

是　審查有無賠償責任　　　　　　　　否

有賠償責任通知協議　｜　自請求之日起三十日之內，不開始協議　｜　無賠償責任拒絕賠償　｜　拒絕賠償　｜　移轉管轄

拒絕賠償　｜　移轉管轄

無法確定賠償機關，請求上級機關指定

請求權人　協議輸送達

向法院提起損害賠償之訴

判決確定、和解

有賠償責任　｜　無賠償責任

自請求日起三十日內，支付賠償金或回復原狀

❷❶
知有損害時起，二年間不行使而消滅
自損害時起，逾五年者亦同

**國家圖書館出版品預行編目資料**

圖解憲法 / 楊智傑著.
--四版, --臺北市：五南圖書出版股份有限公司,
2024.06
　　　面；　公分. --(圖解法律系列：5)
ISBN 978-626-393-257-9 (平裝)

1.CST: 中華民國憲法

581.21　　　　　　　　　　　　113004591

1QK5

# 圖解憲法

作　　者 ─ 楊智傑（317.3）

發 行 人 ─ 楊榮川

總 經 理 ─ 楊士清

總 編 輯 ─ 楊秀麗

副總編輯 ─ 劉靜芬

校對編輯 ─ 呂伊真

封面設計 ─ P. Design視覺企劃、姚孝慈

出 版 者 ─ 五南圖書出版股份有限公司

地　　址：106 台北市大安區和平東路二段339號4樓

電　　話：(02)2705-5066　　傳　　真：(02)2706-6100

網　　址：https://www.wunan.com.tw

電子郵件：wunan@wunan.com.tw

劃撥帳號：０１０６８９５３

戶　　名：五南圖書出版股份有限公司

法律顧問　林勝安律師

出版日期　2012年10月初版一刷（共二刷）
　　　　　2017年 8月二版一刷（共二刷）
　　　　　2020年 8月三版一刷（共二刷）
　　　　　2024年 6月四版一刷

定　　價　新臺幣 350 元

# 經典永恆・名著常在

## 五十週年的獻禮 —— 經典名著文庫

五南，五十年了，半個世紀，人生旅程的一大半，走過來了。

思索著，邁向百年的未來歷程，能為知識界、文化學術界作些什麼？

在速食文化的生態下，有什麼值得讓人雋永品味的？

歷代經典・當今名著，經過時間的洗禮，千錘百鍊，流傳至今，光芒耀人；

不僅使我們能領悟前人的智慧，同時也增深加廣我們思考的深度與視野。

我們決心投入巨資，有計畫的系統梳選，成立「經典名著文庫」，

希望收入古今中外思想性的、充滿睿智與獨見的經典、名著。

這是一項理想性的、永續性的巨大出版工程。

不在意讀者的眾寡，只考慮它的學術價值，力求完整展現先哲思想的軌跡；

為知識界開啟一片智慧之窗，營造一座百花綻放的世界文明公園，

任君邀遊、取菁吸蜜、嘉惠學子！